21世纪应用型本科金融系列规划教材

商业银行经营管理

（第五版）

温红梅　庄　岩　王　沫　主编

东北财经大学出版社
Dongbei University of Finance & Economics Press
大　连

图书在版编目（CIP）数据

商业银行经营管理 / 温红梅，庄岩，王沫主编．—5版．—大连：东北财经大学出版社，2022.10

（21世纪应用型本科金融系列规划教材）

ISBN 978-7-5654-4218-6

Ⅰ.商…　Ⅱ.①温…②庄…③王…　Ⅲ.商业银行-经营管理-高等学校-教材　Ⅳ.F830.33

中国版本图书馆CIP数据核字（2022）第147334号

东北财经大学出版社出版

（大连市黑石礁尖山街217号　邮政编码　116025）

网　　址：http：//www.dufep.cn

读者信箱：dufep@dufe.edu.cn

大连东泰彩印技术开发有限公司印刷　东北财经大学出版社发行

幅面尺寸：170mm×240mm　字数：359千字　印张：17.75

2022年10月第5版　2022年10月第1次印刷

责任编辑：孙晓梅　责任校对：吴　焕

封面设计：张智波　版式设计：原　皓

定价：48.00元

教学支持　售后服务　联系电话：（0411）84710309

如有印装质量问题，请联系营销部：（0411）84710711

第五版前言

进入21世纪后，全球经济一体化程度不断加深，金融业的发展对经济和社会发展的影响更为广泛和深入。党的二十大报告指出，金融作为现代经济的血液，更是实体经济的血液。支持实体经济，是金融部门义不容辞的责任。金融工作者要深刻领会习近平新时代中国特色社会主义思想，提高服务实体经济、防控金融风险的能力。商业银行作为金融业的核心，行业竞争加剧、盈利空间缩小、业务特点发生变化，在严峻的形势下，进一步提升国内商业银行的经营管理水平至关重要。继20世纪90年代推出金融业的基本法规和制度后，我国金融业监管法律法规不断完善。2008年金融危机之后的十几年，各国经济发生了较大变化；同时，随着《巴塞尔资本协议Ⅲ》的实施，我国监管机构对商业银行的经营管理提出了更高的要求。为了适应新形势，满足应用型本科财会、金融、投资等专业的教学需要，也为了满足商业银行从业人员的业务学习和培训需要，我们组织具有丰富教学经验和实践经验的教师，精心修订了这本《商业银行经营管理》（第五版）。

本书以《中华人民共和国公司法》（2018年10月26日第四次修正），中国人民银行发布的《中华人民共和国商业银行法（修改建议稿）》（2020年10月），中国银监会颁布实施的《商业银行内部审计指引》（2016年4月）、《商业银行内部控制指引》（2014年9月）、《商业银行资本管理办法（试行）》（2013年1月1日起施行），财政部颁布的《企业会计准则第22号——金融工具确认和计量》（2017年）、《金融企业财务规则》（2007年）、《商业银行绩效评价办法》（2020年12月），以及中共中央、国务院颁布的《关于完善国有金融资本管理的指导意见》（2018年6月）等法规和有关规定为指导，以金融学相关课程教学经验和科研成果为基础，借鉴相关学者的研究成果，体现了应用型本科专业教材的特点和要求。

本书具有以下特点：一是全面贯彻课程思政理念，将发扬中国精神和职业精神的信念贯穿于本书修订全过程，体现人才培养的时代要求。本书各章均设置“思政小课堂”板块，充分挖掘银行业务中的事件及案例，展现社会发展与变迁，展示金融从业人员的精神与职业操守。二是充分发挥教材建设引领人才培养的重要作用。

在构建产业全球竞争力以及新业态、新模式蓬勃发展，金融改革不断深化的大背景下，培养高端金融专业人才的责任意识、创新意识及实践能力尤为重要。三是内容全面、重点突出。本书内容包括商业银行基本管理理念和方法、传统业务和创新业务管理，也包括商业银行营销、绩效评价、风险管理的基本理论与方法，满足读者了解和掌握商业银行全面管理的需求，在全面系统的基础上突出了重点业务与重要知识点。四是知识更新及时，积极指导实践。本书内容紧扣国家金融管理法律法规和监管机构的最新要求，阐释前沿的管理方法和技术，为学生从事商业银行管理工作奠定基础，为商业银行从业人员的学习和培训提供参考资料。本书设有本章小结、即测即评等栏目，将理论与实践紧密结合。全书力求概念准确、语言精练、层次分明、通俗易懂、难易适当。

本书由温红梅、庄岩、王沫主编。第1章、第2章、第11章、第12章及相关即测即评由温红梅编写，第3章、第5章、第6章、第7章及相关即测即评由庄岩编写，第4章、第8章、第9章、第10章及相关即测即评由王沫编写，最后由温红梅总纂定稿。

本书的出版得到了有关单位和人士的大力支持，谨在此表示衷心的感谢！另外，为了尽量吸收和借鉴金融风险管理的最新理论及实践成果，在编写过程中参考了大量相关资料，但由于不具备广泛且深入地查询馆藏资料的条件，以及电子数据资源的覆盖范围有限，可能在脚注和“参考文献”中没有列全资料来源，或者所列的不是原创作者的作品，请相关作者谅解；若相关作者与我们联系，我们愿意为引用您的作品提供相应的报酬。在此，我们也向所有相关作者表示感谢！

受编写人员的水平所限，书中难免存在一些不足之处，恳请各位读者批评指正。

编　者

2022年7月

目 录

第7章　网络银行业务管理 / 133

第8章　商业银行营销管理 / 159

第9章　商业银行绩效评价 / 179

第10章　商业银行资产负债管理策略 / 191

第1章

导 论

思政小课堂

提升商业银行核心竞争力　全面促进经济高质量发展

党的十九大报告提出，到2035年基本实现社会主义现代化，到本世纪中叶建成富强民主文明和谐美丽的社会主义现代化强国。为此，必须相应建设社会主义现代金融、社会主义强国金融。金融是现代经济的核心，而银行业又是现代金融体系的核心，所以银行业要以深化改革、扩大开放为动力，加快提升核心竞争力；以深化供给侧结构性改革为主线，全面增强服务实体经济的能力；以自身高质量发展促进经济高质量发展，坚决守住不发生系统性风险的底线。

1.1 商业银行的性质与发展

1.1.1 商业银行的定义和性质

1.商业银行的定义

“商业银行”是英文commercial bank的意译。一般认为，商业银行的定义应包括以下3点：第一，商业银行是一个信用授受的中介机构；第二，商业银行是以获取利润为目的的企业；第三，商业银行是唯一能提供“银行货币”（活期存款）的金融组织。在我国，商业银行是指依照《中华人民共和国商业银行法（修改建议稿）》（以下简称《商业银行法（修改建议稿）》）和《中华人民共和国公司法》（以下简称《公司法》）设立的吸收公众存款、发放贷款、办理结算等业务的企业法人①。商业银行包括全国性商业银行、城市商业银行、农村商业银行，以及根据经济社会发展需要设立的村镇银行等其他类型商业银行。

① 截至2021年6月30日，我国共有银行业金融机构4 608家；截至2021年第四季度末，银行业金融机构本外币资产344.8万亿元，同比增长7.8%。

2. 商业银行的性质

（1）商业银行是企业

商业银行具有企业的一般特征，以营利为目的；具有从事业务经营所需要的自有资本，并达到管理部门所规定的最低资本要求；依法自主经营，照章纳税，自担风险，自负盈亏，自我约束。

（2）商业银行是特殊企业——金融企业

商业银行的特殊性具体表现在其经营对象上。工商企业经营的是具有一定使用价值的商品，从事商品生产和流通；商业银行以金融资产和金融负债为经营对象，经营的是特殊商品——货币和货币资本。商业银行的经营内容包括货币收付、借贷以及各种与货币运动有关或者与之相联系的金融服务。从社会再生产过程看，商业银行的经营是工商企业经营的条件。

（3）商业银行是特殊的银行

商业银行与其他银行不同。在经营性质和经营目标上，商业银行与中央银行和政策性金融机构不同。商业银行以营利为目的，在经营过程中坚持安全性、流动性和效益性原则，依法开展业务，不受任何单位和个人的干涉。商业银行的业务更综合，功能更全面，经营多种金融“零售”业务和“批发”业务，为客户提供全面的金融服务。商业银行可以借助于支票及转账结算制度创造存款货币，这使其具有信用创造的功能。

1.1.2 商业银行的产生和发展

1. 商业银行的发展阶段

1580年建立的威尼斯银行①是最早的近代银行，它第一个以“银行”为名称。1694年，在英国政府的支持下，由私人创办的英格兰银行是最早的股份制银行，英格兰银行的成立标志着现代银行制度的产生。1897年在上海建立的中国通商银行是我国自行开办的第一家现代银行②。

2. 我国商业银行的改革与发展

20世纪80年代以来，受金融自由化、电子化和信息化的影响，全球商业银行的经营方式和竞争格局一直处于快速的变革之中。在国内，渐进的经济体制改革推动了金融业的发展。从重建金融体系、实现金融宏观调控到全面展开金融部门的市场化改革，我国金融改革使商业银行业从无到有，不断壮大和规范，商业银行开始形成较完整的组织体系，开展市场化竞争，经营管理方式和竞争格局发

---

① 一般认为，最早的银行是1580年建立的威尼斯银行。威尼斯银行早期是由货币兑换商组成的，主要是兑换各国货币以方便贸易。其后，在荷兰的阿姆斯特丹、德国的汉堡、英国的伦敦也相继设立了银行。18世纪末至19世纪初，银行得到了普遍发展。

② 银行在我国起源于唐朝。1897年5月，中国人自办的第一家商业银行（上海第一家华资银行）——中国通商银行正式成立。中国通商银行总行设在上海，在北京、天津、汉口、广州、汕头、烟台、镇江等地设立分行。该银行成立时就有纸币发行权，1898年开始发行纸币，它是我国近代史上第一家发行纸币的银行。1904年建立的大清户部银行是我国最早的官办银行。

生演变。

（1）组建“专业银行”

20世纪80年代初期，我国打破中国人民银行“一统天下”的格局，形成了由中国银行、中国建设银行、中国工商银行和中国农业银行4大银行组成的专业银行体系，这是中国商业银行体系的最初形态。

（2）商业银行诞生

4大专业银行逐步被改造成国有独资商业银行。20世纪90年代初期，中国银行体系弱化了“专业银行”这一概念，在银行体系中起绝对支撑作用的中、建、工、农被改造为国有独资商业银行。

（3）设立一批新型商业银行

1987年国家恢复了交通银行，招商银行等一批新兴商业银行随即成立。截至2021年6月，我国设立国有大型商业银行6家、股份制商业银行12家，丰富和完善了商业银行体系。

（4）组建政策性银行

政策性银行承担分离商业性金融和政策性金融的职能。目前，我国有开发性金融机构1家——国家开发银行、政策性金融机构2家——中国进出口银行和中国农业发展银行，实现了金融体系内商业性金融与政策性金融职能的分离。

（5）组建地方商业银行

地方商业银行突破了地方不能办银行的限制，全国各地的大中城市分两步组建了近百家地方性商业银行。从1995年开始，我国将分散的城市信用社改组、合并成城市商业银行，这些银行基本上是地方政府（通过财政渠道）掌握一部分股权加以控制；21世纪初，这些城市商业银行改组为股份制商业银行，部分银行开始向全国发展。截至2021年6月，我国有城市商业银行130家。

（6）发展新型农村金融机构

21世纪初，我国政府为推动农村经济发展，服务“三农”，积极推动新型农村金融机构的发展。三类新型农村金融机构是指2006年12月20日中国银监会发布《关于调整放宽农村地区银行业金融机构准入政策，更好地支持社会主义新农村建设的意见》后，按有关规定设立的村镇银行、贷款公司和资金互助社。截至2021年6月，我国有村镇银行1 642家、贷款公司7家、农村资金互助社41家。之后，我国又陆续改制或成立农村商业银行1 569家、农村信用社609家、农村合作银行26家。

（7）成立外资银行

加入世界贸易组织（WTO）之后，我国加快发展外资银行，其机构数量和业务发展迅速。截至2021年6月，我国有外资法人银行41家。

（8）成立民营银行

2014年，我国开展民营银行试点工作，首批5家民营银行完成批筹，即深圳前海微众银行、温州民商银行、天津金城银行、浙江网商银行、上海华瑞银行，有4家获批开业。截至2021年6月，我国有民营银行19家。

（9）建立和完善与国际惯例接轨的商业银行风险控制机制

进入20世纪90年代以后，商业银行面临防范和化解金融风险的迫切任务。从1998年开始，我国改变传统的信贷资产按时间分类的办法，改用国际通行的五级分类制。同时，从更谨慎的原则出发，改革了商业银行呆账准备金的提取制度。2012年中国银监会颁布了《商业银行资本管理办法（试行）》，对商业银行的风险管理提出了更明确、更严格的要求。《商业银行法（修改建议稿）》提出了宏观审慎管理与风险监管要求及风险管理机制与策略。

（10）积极推进商业银行上市步伐

自1991年深圳发展银行上市以来，银行上市一直受到严格限制，直至1999年年末，上海浦东发展银行成为政策解冻后第一家上市商业银行。2000年，中国人民银行明确表示，支持商业银行进行股份制改造和股票发行上市，国有独资商业银行可以进行国家控股改造，具备条件的也可以上市。2010年6月9日，中国农业银行A股首发申请获中国证监会发审委通过。至此，中国国有商业银行已全部完成改制上市。截至2020年年末，我国上市银行数量达54家，包括6家大型银行、10家股份制银行、28家城市商业银行、10家农村商业银行。

1.1.3 商业银行的设立和组织机构

1.商业银行设立的资金要求

按照《商业银行法（修改建议稿）》的规定，设立全国性商业银行的注册资本最低限额为100亿元人民币，设立城市商业银行的注册资本最低限额为10亿元人民币，设立农村商业银行的注册资本最低限额为1亿元人民币。注册资本应当是实缴资本。国务院银行业监督管理机构根据审慎监管的要求可以调整注册资本最低限额，但不得少于前款规定的限额。

2.商业银行的组织机构

设立商业银行应当经国务院银行业监督管理机构审查批准。未经国务院银行业监督管理机构批准，任何单位和个人不得从事吸收公众存款等商业银行业务，任何单位不得在名称中使用“银行”字样。

商业银行的组织形式、组织机构适用《公司法》。

商业银行根据业务需要可以在境内外设立分支机构，设立分支机构必须经国务院银行业监督管理机构审查批准。在我国境内设立分支机构，应当按照规定拨付与其经营规模相适应的营运资金。

经批准或者备案设立的商业银行分支机构，由国务院银行业监督管理机构颁发经营许可证，并凭该许可证向市场监督管理部门办理登记，领取营业执照。商业银行对其分支机构实行全行统一核算、统一调度资金、分级管理的财务制度。商业银行分支机构不具有法人资格，在总行授权范围内依法开展业务，其民事责任由总行承担。

1.2 商业银行的职能与地位

1.2.1 商业银行的职能

1.信用中介

信用中介是商业银行最基本、最能反映其经营活动特征的职能。这一职能的实质是通过银行的负债业务把社会上的各种闲散货币集中到银行里，再通过资产业务把它投向各经济业务部门。商业银行作为货币资本的贷出者与借入者的中介人或代表，实现资本的融通，并从吸收资金的成本与发放贷款的利息收入、投资收益的差额中获取利益收入，形成银行利润。商业银行通过信用中介的职能实现资本盈余和短缺之间的融通，并不改变货币资本的所有权，改变的只是货币资本的使用权。

2.支付中介

商业银行除了作为信用中介，融通货币资本以外，还从事货币经营。通过存款在账户上的转移，代理客户支付，在存款的基础上，为客户兑付现款等，成为工商企业、团体和个人的货币保管者、出纳者和支付代理人。以商业银行为中心，形成了经济过程中无始无终的支付链条和债权债务关系。

3.信用创造

商业银行在信用中介和支付中介职能的基础上，产生了信用创造职能。商业银行能够吸收各种存款，能用其所吸收的各种存款发放贷款，在支票流通和转账结算的基础上，贷款又转化为存款，在这种存款不提取现金或不完全提现的基础上，就增加了商业银行的资金来源，最后在整个银行体系，形成了数倍于原始存款的派生存款。长期以来，商业银行是各种金融机构中唯一能吸收活期存款、开设支票存款账户的机构，在此基础上产生了转账和支票流通。商业银行通过自己的信贷活动创造和收缩活期存款，而活期存款是构成货币供给量的主要部分，因此，商业银行可以把自己的负债作为货币来流通，具有了信用创造的职能。

4.金融服务

随着经济的发展，工商企业的业务经营环境日益复杂，银行间的业务竞争也日益激烈。由于联系面广、信息比较灵通，特别是计算机在银行业务中广泛应用，银行具备了为客户提供信息服务的条件，咨询服务、对企业“决策支援”等服务应运而生。工商企业生产和流通专业化的发展，又要求它们把许多原来属于企业自身的货币业务转交给银行代为办理，如发放工资、代理支付其他费用等。个人消费也由原来的单纯钱物交易发展为转账结算。现代化的社会生活，从多方面给商业银行提出了金融服务的要求。在激烈的竞争中，各商业银行不断开拓服务领域，通过金融服务业务的发展，进一步扩大资产负债业务，并把资产负债业务与金融服务业务结合起来，开拓新的业务领域。在现代经济生活中，金融服务已成为商业银行的重要职能之一。

5.调节经济

调节经济是指商业银行通过信用中介活动，调剂社会各部门的资金短缺，同时在央行货币政策和其他国家宏观政策的指引下，实现经济结构、消费投资比例和产业结构等方面的调整。此外，商业银行通过其在国际市场上的融资活动，还可以调节本国的国际收支状况。

商业银行有广泛的职能，对社会经济活动有十分重要的影响，在整个金融体系乃至国民经济中居于特殊地位。随着市场经济的发展和全球经济一体化进程的深入，现在的商业银行已经凸现了职能多元化的发展趋势。

1.2.2 商业银行的地位

1.商业银行的法律地位

现行《商业银行法》确定了商业银行的企业法人地位，规定商业银行以其全部法人财产独立承担民事责任。

2.商业银行在金融体系中的主导地位

从世界各国金融体系的历史演变过程来看，商业银行是金融主体的初始和最基本的形式，中央银行和其他各类银行都是在商业银行发展到一定程度后演化派生出来的。此外，从世界各国商业银行的机构数量、从业人员和资产规模来看，商业银行在金融体系中处于主导地位。

3.商业银行在经济发展中的重要地位

商业银行是国家实施宏观调控的基础和重要渠道。商业银行的放款、转账结算和投资活动可以引发派生存款，产生乘数效应，即围绕资金的价格信号——利率，可以通过派生存款的增加与减少影响全社会的货币供给总量和规模。显然，商业银行与宏观调控的两大政策——财政政策和货币政策密切相关。

商业银行是全社会经济活动的枢纽。商业银行为所有公、私客户提供产品和服务。资金是经济发展的第一推动力。商业银行的放款业务可以解决客户的资金融通问题；商业银行的存款业务为社会积聚闲散资金，影响社会资金的供应和需求；商业银行的结算业务可以加速资金的周转，提高资金的使用效率；商业银行的代理业务既为客户提供资金经营方便，又帮助客户创造新的财富。商业银行无疑是全社会经济活动的中心和纽带。

1.3 商业银行业务与经营原则

1.3.1 商业银行业务范围

尽管各国商业银行的组织形式、名称、经营内容和重点各异，但就其经营的主要业务来说，一般分为负债业务、资产业务以及表外业务。随着银行业的国际化发展，国内业务还可以延伸为国际业务。

根据2020年10月发布的《商业银行法（修改建议稿）》的内容，我国商业银行可以经营下列部分或者全部业务：吸收公众存款；发放短期、中期和长期贷款；办理国内外结算；办理票据承兑与贴现；发行金融债券；代理发行、代理兑付、承销政府债券；买卖政府债券、金融债券及其他债券；从事同业拆借；买卖、代理买卖外汇；从事银行卡业务；提供信用证服务及担保；代理收付款项、代理保险及其他代理业务；办理托管业务；提供保管箱服务；办理衍生品交易业务；办理贵金属业务；办理离岸银行业务；经国务院银行业监督管理机构核准的其他业务。商业银行经中国人民银行批准，可以经营结汇、售汇业务。

商业银行在我国境内不得从事信托投资和证券经营业务，不得向非自用不动产投资或者向非银行金融机构和企业投资，但国家另有规定的除外。

1. 商业银行自有资本

自有资本是指股东出资形成的资本金、资本盈余以及其运行结果累积的留存收益，它们统称为所有者权益，本质上归属出资人——股东。银行自有资本也称银行资本金。国际上的商业银行大多数是股份制的，其自有资本金指银行股东的投资和税后留存的利润。自有资本一般只占商业银行全部资金来源的很小部分。银行自有资本的多少体现银行的实力和信誉，也是一个银行吸收外来资金的基础，因此自有资本的多少还体现银行资本实力对债权人的保障程度。

2. 各类存款业务

依据不同的原则、标准划分，商业银行吸收的存款可以有不同的分类。长期以来，我国按所有者的归属来划分存款种类，一般将存款分为单位存款和个人储蓄存款等；西方国家通常把存款分为活期存款、定期存款和储蓄存款。

（1）单位存款和个人储蓄存款

单位存款，又称对公存款，是指银行存款中除去个人存款后的其他存款。单位存款包括企业存款、财政存款、基本建设存款、机关团体存款、部队存款等。另外，农村存款和专用基金存款也可归入单位存款。

个人储蓄存款，是指为居民个人积蓄货币资产和获取利息而设定的一种存款。个人储蓄存款可分为活期和定期两种。现行《商业银行法》规定，商业银行办理个人储蓄存款业务，应当遵循存款自愿、取款自由、存款有息、为存款人保密的原则。

（2）活期存款、定期存款和储蓄存款

活期存款，是指可由存款户随时存取和转让的存款。它没有确切的期限规定，银行也无权要求客户取款时事先书面通知。持有活期存款账户的存款者可以用各种方式提取存款，如开出支票、本票、汇票，电话转账，使用自动柜员机或其他各种方式。由于各种经济交易，包括信用卡商业零售等都是通过活期存款账户进行的，所以在国外又把活期存款称为交易账户。

定期存款，是指客户与银行预先约定存款期限的存款。存款期限通常为3个月、6个月和1年不等，期限最长可达5年或10年。利率根据期限的不同而存在差异，但都高于活期存款。定期存款的存单可以作为抵押品取得银行贷款。

储蓄存款，是指个人或公司为了积蓄货币和取得一定的利息收入而开立的存款账户。储蓄存款可分为活期和定期两种。

除上述传统存款业务以外，为了吸收更多存款，打破有关法规的限制，西方国家商业银行在存款工具上有许多创新，如可转让支付命令账户、自动转账账户、货币市场存款账户、大额定期存单等。

3.商业银行的短期借款和中长期借款

商业银行对外借款根据时间不同，可分为短期借款和中长期借款。

（1）短期借款

短期借款是指期限在1年以内的债务，包括同业借款、向中央银行借款和其他渠道的短期借款。

同业借款是指金融机构之间的短期资金融通，主要用于支持日常性资金周转，是商业银行为解决资金短期短缺、调剂法定准备金头寸而融通资金的重要渠道。由于同业拆借一般是通过中央银行的存款账户进行的，实际上是超额准备金的调剂，因此又被称为中央银行基金，在美国也被称为联邦基金。

向中央银行借款是中央银行向商业银行提供的信用，主要有两种形式：一是再贴现；二是再贷款。再贴现是经营票据贴现业务的商业银行将其买入的未到期的票据向中央银行再次申请贴现，也叫间接借款。再贷款是中央银行向商业银行提供的信用放款，也叫直接借款。再贷款和再贴现不仅是商业银行筹措短期资金的重要渠道，也是中央银行重要的货币政策工具。

其他渠道的短期借款包括转贴现、回购协议、欧洲货币市场借款等。

（2）中长期借款

中长期借款是指偿还期限在1年以上的债务。商业银行的中长期借款主要采取发行金融债券的形式。金融债券可分为资本性债券、一般性金融债券和国际金融债券。

4.商业银行的贷款业务

贷款是商业银行作为贷款人按照一定的贷款原则和政策，以还本付息为条件，将一定数量的货币资金提供给借款人使用的一种借贷行为。贷款是商业银行最大的资产业务，占其全部资产业务的60%左右。贷款业务按照不同的标准，有以下几种分类：

一是按贷款期限分类，可分为短期贷款、中期贷款和长期贷款。

二是按贷款的保障条件分类，可分为信用贷款、担保贷款和抵押（质押）贷款。

三是按贷款用途分类，比较复杂。若按行业划分，可分为工业贷款、商业贷款、农业贷款、科技贷款和消费贷款；按具体用途划分，可分为流动资金贷款和固定资产贷款等。

四是按贷款的偿还方式分类，可分为一次性偿还贷款和分期偿还贷款。

五是按贷款质量分类，可分为正常贷款、关注贷款、次级贷款、可疑贷款和损失贷款等。

对于任何一笔贷款，都必须遵循以下基本程序：贷款的申请、贷款的调查、对借款人的信用评估、贷款的审批、借款合同的签订和担保、贷款发放、贷款检查、贷款收回。

5.商业银行的证券投资业务

商业银行的证券投资业务是商业银行将资金用于购买有价证券的活动。它主要是通过在证券市场买卖股票、债券进行投资的一种方式。商业银行的证券投资业务能分散风险、保持流动性、合理避税和提高收益。商业银行投资业务的主要对象是各种证券，包括国库券、中长期国债、政府机构债券、市政债券或地方政府债券以及公司债券。在这些证券中，国库券由于风险低、流动性高而成为商业银行重要的投资工具。由于公司债券的差别较大，20世纪80年代以来，商业银行投资公司债券的比例越来越小。

6.商业银行的中间业务

中间业务是指商业银行从事的按会计准则的规定不列入资产负债表内，不影响其资产负债总额，但影响银行当期损益，改变银行资产报酬率的经营活动。

（1）中间业务的含义

中间业务有狭义和广义之分。狭义的中间业务是指那些没有列入资产负债表，但同资产业务和负债业务关系密切，并在一定条件下会转为资产业务或负债业务的经营活动。广义的中间业务除了包括狭义的中间业务外，还包括结算、代理、咨询等无风险经营活动。广义的中间业务是指商业银行从事的所有不在资产负债表内反映的业务。按照《巴塞尔协议》的要求，广义的中间业务可分为两大类：一是或有债权业务，即狭义的中间业务，包括贷款承诺、担保、金融衍生工具和投资银行业务；二是金融服务类业务，包括信托与咨询服务、支付与结算、代理人服务、与贷款有关的服务以及进出口服务等。20世纪60年代以来，在金融自由化的推动下，各国商业银行在生存压力与发展需求的推动下，纷纷利用自己的优势大量开展中间业务，以获取更多的非利息收入。随着中间业务的大量增加以及商业银行的非利息收入迅速增加，中间业务在商业银行盈利来源中的比重不断增加，但近几年出现下降趋势[1]。

（2）商业银行中间业务的主要类别

根据《巴塞尔协议》的有关规定，商业银行经营的中间业务主要有3类：担保和类似的或有负债、承诺，以及与利率或汇率有关的或有项目。

担保和类似的或有负债包括担保、备用信用证、跟单信用证、承兑票据等。这类表外业务有一个共同的特征，就是由某银行向交易活动中的第三者的现行债务提供担保，并且承担现行的风险。

承诺可以分为两类：一是不可撤销的承诺。在任何情况下，即使在潜在借款者的信用质量下降或完全恶化的情况下，银行也必须履行事先允诺的义务。二是可撤销的承诺。在某种情况下，特别是在借款者的信用质量下降或完全恶化的情况下，银行可以收回原先允诺的义务而不会受到任何金融方面的制裁或惩罚。

与利率或汇率有关的或有项目是指20世纪80年代以来与利率或汇率有关的衍生金融工具，主要有金融期货、期权、互换和远期利率协议等。

1.3.2 商业银行的业务特点

由于商业银行经营活动的特殊性，其业务具有以下特点：第一，经营大量货币性项目，要建立健全严格的内部控制；第二，从事的交易种类繁多、次数频繁、金额巨大，要建立严密的会计信息系统，并广泛使用计算机信息系统及电子资金转账系统；第三，分支机构众多、分布区域广、会计处理和控制职能分散，要保持统一的操作规程和会计信息系统；第四，存在大量不涉及资金流动的资产负债表表外业务，要采取控制程序进行记录和监控；第五，高负债经营，债权人众多，与社会公众利益密切相关，受到银行监管法规的严格约束和政府有关部门的严格监管。

1.3.3 商业银行经营的原则性要求

1.经营原则

商业银行以安全性、流动性、效益性为经营原则，实行自主经营、自担风险、自负盈亏、自我约束。

（1）安全性

安全性目标是指商业银行在经营活动中，必须保持足够的清偿能力，经得起重大风险和损失。这体现在两个方面：一是对银行的债务人，如借款企业，要求其能按期向银行还本付息；二是对银行的债权人，如储户，必须对其还本付息。这些信用活动的安全性始终是商业银行经营的生命线。

（2）流动性

流动性目标是指商业银行能够随时满足全部应付款的支付和清偿要求以及各种合理的资金需求的能力。这体现在两个方面：一是资产变现的速度，某项资产变现

① 截止到2021年年末，我国银行业全年净利润增长12.6%，非利息收入占比降至19.81%。

的速度越快，其变现越容易，其流动性也就越高；二是资产变现的成本，某项资产变现的成本越低，该项资产的流动性越高。

（3）效益性

效益性目标是指商业银行的经营在可能的情况下，尽可能追求利润最大化。利润最大化既是商业银行实现充实资本、增强实力、巩固信用、提高竞争力的基础，也体现了股东利益最大化的要求。

小资料1-1

商业银行安全性、流动性、效益性状态及趋势

截止到2021年年末，我国商业银行资本充足率为15.13%，不良贷款率为1.73%，拨备覆盖率为196.91%。2021年，商业银行累计实现净利润2.2万亿元，同比增长12.6%。商业银行平均资产利润率（ROA）为0.79%，平均资本利润率（ROE）为9.64%，总体状况较好。

《商业银行流动性风险管理办法》于2018年7月1日起正式实施，流动性风险管理引入了净稳定资金比例、优质流动性资产充足率、流动性匹配率3个监管指标，对商业银行的流动性风险进行更加全方位的监管。近几年来，商业银行流动性水平保持稳健。2021年第四季度末，商业银行流动性覆盖率为145.30%，流动性比例为60.32%。

2.业务原则

商业银行与客户的业务往来，应当遵循平等、自愿、公平和诚实信用的原则。商业银行与客户之间是平等主体之间的民事法律关系，因此，商业银行与客户之间的业务往来不得附加不合理的条件，双方均应善意、全面地履行各自的义务。商业银行开展业务，应当遵守公平竞争的原则，不得从事不正当竞争。

3.监管原则

商业银行依法接受国务院银行业监督管理机构的监督管理，但法律、行政法规规定其有关业务接受其他监督管理部门或者机构监督管理的，依照其规定。

系统重要性商业银行依法接受中国人民银行的并表监管，执行附加监管要求。系统重要性商业银行由中国人民银行会同相关部门依法认定。

1.4 商业银行的经营环境与发展趋势

1.4.1 商业银行的经营环境

1.商业银行经营的外部环境

（1）宏观经济波动加剧

近几十年来，全球经济总体呈现波动幅度增大的特征。在发达国家，由于布雷顿森林体系崩溃，实行浮动汇率制度，美元和欧洲主要国家货币的汇率出现剧烈波动。1974年后，石油输出国组织发起石油禁运，发达国家出现物价和利率水平的大幅度上升，诱发了世界性的经济衰退。20世纪80年代末，发达国家经济才摆脱退步，进入稳定增长阶段，但东南亚金融危机又使发达国家的经济发展受到影响。进入21世纪，全球性的通货紧缩使各国经济发展都遇到困难。2006年开始，由美国住房市场和金融业疯狂投机引发的危机持续恶化，美国的次贷危机逐步演变成为一场席卷全球的国际性金融危机，对世界金融稳定和全球经济增长造成了严重威胁。2020年以来，受新冠肺炎疫情影响，全球经济遭遇供应链断裂、能源短缺、通胀明显等危机，对各国经济造成不同程度的打击。在全球化时代，高度发展的金融业既面临机遇，也暗藏着巨大的风险。如何趋利避害是所有国家在经济发展中必须考虑的问题。

（2）同业竞争激烈

银行业一直是竞争与合作并存，随着金融自由化、金融非中介化和资讯技术的迅猛发展，国内外银行业的竞争日趋激烈。各大银行为获得竞争优势，运用联合、并购等经营战略，在加剧金融业竞争的同时，也推动了银行的改革与发展。20世纪90年代以来，银行业的竞争主要体现在以下3个方面：第一，商业银行的竞争对手由同业扩大到各类金融企业；第二，商业银行的竞争范围由传统业务扩展到新兴业务；第三，商业银行的竞争空间国际化。

（3）政府强化监管

政府监管是指政府对银行的监督与管理，即政府或权力机构为保证银行遵守各项规章、避免不谨慎的经营行为而通过法律和行政措施对银行进行的监督与管理。近几十年来，国际金融监管层加强合作，建立起有效的国际金融协调监管新机制。在现代社会经济环境中，国际资本的流动速度加快，使国际巨额游资对金融秩序的影响加大，增强了经济金融运行的不确定性，银行经营面临的风险范围和程度都有所扩大。为了在全球范围内有效控制金融风险，在《巴塞尔协议》规定银行的资本充足率比例的基础上，国际清算银行于1996年和1999年先后出台了《资本协议市场风险补充规定》和《新资本充足比率框架》，对测度和防范风险又进行了更为严格的规定；2008年全球金融危机爆发，促成了《巴塞尔资本协议Ⅲ》的颁布实施。要避免区域性和全球性金融危机的爆发，保持国际金融秩序的稳定与安全，就需要世界各国共同努力，对现行的国际金融制度和货币体系进行改革，建立有效防范全球性和地区性金融危机的国际金融协调新机制。

2.商业银行经营的内部环境

（1）业务多元化

随着金融非中介化趋势加剧，商业银行收存放贷、赚取息差的传统中介角色逐渐淡化。为提高盈利水平，银行设法提高非利息收入，个人银行业务及投资银行业务快速发展起来。银行开始涉足基金、信托、金融租赁、保险等业务。银行的业务多元化必然会带来银行对市场主体、对企业、对经济服务的能力提升和范围扩大。

（2）自动化与电子化

在信息时代，银行需要处理海量信息，所以银行越来越重视利用新技术，在自动化和电子化方面进行大量投入。西方国家商业银行投入量最大的业务包括：第一，普及自动机部件，包括外币找换机、客户风险评估和视频系统等；第二，开拓家居远程银行服务，使客户可以足不出户办理个人账务和投资事务；第三，发展电子货币，快捷地为客户处理大量信息。同时，多元化策略联盟①成为开拓网上金融服务的大趋势。

（3）内部控制加强

内部控制是商业银行为实现经营目标，通过制定和实施一系列制度、程序和方法，对风险进行事前防范、事中控制、事后监督和纠正的动态过程和机制。国际监管机构着力改善银行内部控制机制。

巴塞尔银行监管委员会把商业银行内部控制目标分解为操作性目标、信息性目标和合规性目标。《商业银行内部控制指引》中描述商业银行内部控制目标为：第一，保证国家有关法律法规及规章的贯彻执行；第二，保证商业银行发展战略和经营目标的实现；第三，保证商业银行风险管理的有效性；第四，保证商业银行业务记录、会计信息、财务信息和其他管理信息的真实、准确、完整和及时。

1.4.2 商业银行的发展趋势

在信息技术飞速发展和金融自由化浪潮的推动下，银行业正朝着以金融品牌为主导、以全面服务为内涵、以互联网为依托、以物理网络为基础的综合化、全球化、电子化、集团化、虚拟化的全能服务机构的方向发展。同时，全球银行业发展继续分化，需统筹兼顾，平衡好规模、结构、质量、效率、风险和市场表现等方面的关系，在新的不确定环境中保持发展。

1.国际商业银行的发展趋势

（1）各国政府和商业银行更加重视银行资本充足率及其增补方式的扩展

自1998年《巴塞尔协议》颁布及实施以来，资本充足率成为国际银行业衡量银行抵御风险能力的主要指标。近年来，世界各大银行一级资本充足率显著增加，原因主要是金融危机使各国政府和银行认识到，银行体系的稳健性直接关系到整个经济的运行，而银行体系的稳健性在很大程度上取决于银行的资本规模和资本充足率。因此，各国政府和银行都在加大增加资本金的力度。

① 策略联盟已成为全球竞争策略的重要环节，它起源于企业在面临国际竞争压力时，基于本身资源及能力的不足，期望通过合资、共同研发、交互授权、物流协议等方式，结合各自稀缺的有限资源，共同分担研发的成本及风险，掌握市场流通，制定产业标准。在技术产业中，由于竞争激烈，产品生命周期短，研发及销售渠道开发不但投资额巨大，而且费时长、风险高，并常涉及国际营销、国际专利权及其他法规等问题，策略联盟成为一种快速有效的方式，它能够协助企业进入特定的市场、行业、科技领域或弥补本身在价值链中的短处。在当前经营环境瞬息万变的情况下，策略联盟所具有的快速性、互补性、效果相乘等特质已成为企业应对管理变化的一剂良方。

（2）银行业的规模扩张和兼并成为极具影响的发展趋势

为防范和控制金融风险、提高经营效率，银行做出扩张规模的选择。从20世纪90年代开始，全球性银行业兼并使资产规模发生了巨大变化，世界前十大银行的资产规模从2008年的8.3903万亿美元增加到2020年的28.7561万亿美元。部分大银行的发展壮大是通过兼并活动实现的，世界银行业的兼并浪潮仍在持续。银行的集团化、全能化使金融监管层和现行的法律体系遇到严峻挑战，使国际银行体系及其发展格局发生了深刻变革。全球经济和金融一体化，一方面使国际银行业拥有了更广阔的市场空间，使其更有必要和可能扩大业务范围，实现规模经济；另一方面也使其面临全球范围内的激烈竞争，原有的市场份额及垄断格局将不可避免地受到挑战和重组。这种外在环境的变化使银行的并购不仅要追求规模经济和盈利水平，更要重组全球范围内的产业分工体系。银行通过并购原有的竞争对手，强强联合，利用各自的比较优势，实现业务和服务扩张，取得产业垄断地位和领导地位。

（3）网络银行及虚拟银行的发展成为金融创新的重要内容

1995年世界第一家网络银行——美国安全第一网络银行诞生以来，全球银行业在电子化方面迈开了巨大的步伐。目前，一些以网络银行为代表的新型银行已跻身世界大银行之列，一些传统银行如花旗银行、汇丰银行等也纷纷向网络银行发展。更为重要的是，网络银行的发展正在改写“银行”这个古老词汇的内涵和外延，改变人们的支付方式以及信用体系。

（4）危机后的西方国家银行业发展

21世纪初，席卷全球的金融危机使银行业的运行框架发生了数十年来最为深刻的变革。银行业受到的监管日趋严苛，国有股在所有权结构中占比更高，对投资者的审查力度显著加大，股东权益比率大幅提高。在这种情况下，全球银行业的增长速度和盈利能力可能下降。在美国，随着私人家庭降低负债水平，银行业的收入增长可能持续低迷好几年。随着贷款增长乏力、高额贷款损失重现，以及交易收入和现代资本市场活动（如证券化）的重要性大幅降低，银行业可能缺乏增长的主要动力。欧洲银行的国际化进程可能放缓。银行业未来前景（尤其是在国外市场）的不确定性以及本国严格的银行业稳定计划，正在促使银行机构重新定位于国内市场。

2.我国商业银行的发展趋势

我国银行业正向着规范化的商业银行国际标准靠拢，银行业的综合实力和竞争能力不断提高[①]。中国银行业经过多年的改革发展，不仅提高了银行业的经营效率，而且较好地适应了宏观经济体制改革，满足了国家经济发展对银行业的要求，为国民经济持续、快速和健康发展提供了有力的金融支持。由于商业银行数量增加

① 由英国《银行家》杂志联合Brand Finance共同打造的“全球银行品牌价值500强”2022年榜单中，前十大银行中，中国有5家。中国工商银行排名第一，中国建设银行排名第二，中国农业银行排名第三，中国银行排名第四，招商银行排名第十。

和规模扩大，商业银行之间的业务竞争以及由业务竞争所派生出来的机构竞争、工具竞争、手段竞争、客户竞争、人才竞争等也越来越激烈。我国商业银行的发展趋势体现在以下3个方面：

（1）建立健全商业银行资本供给机制，多渠道筹集商业银行的资本金

确保商业银行的资本有稳定广泛的供给，实现银行资本结构合理化，才能不断增强商业银行的风险抵御能力。商业银行资本供给机制包括外部供给机制和内部供给机制。内部供给机制主要是每年的留存收益以及部分超额拨备；外部供给机制主要有上市融资，增资扩股，发行可转债、优先股、永续债、二级资本债等。考虑到我国的经济环境、政策条件以及商业银行的盈利能力，内部供给机制的作用是有限的。现实、有效的途径是发挥外部供给机制的作用。当前，永续债是银行补充资本的一个较好渠道。永续债没有固定期限，或是到期日为机构存续期，具有一定损失吸收能力，可计入银行其他一级资本。永续债是国际上银行补充其他一级资本比较常用的一种工具，有比较成熟的模式[①]。

（2）发展网络银行业务，扩大商业银行盈利空间

面对网络经济引发的银行业的激烈竞争，商业银行应改变管理理念、经营方式和组织结构以及战略导向，以适应电子商务的需求，推动网络经济时代银行业的发展。在业务体系上，银行业要以网络为业务发展平台，以银行业务为核心，构筑辐射保险、证券、基金等金融服务领域的金融超市，为“E客户”提供一站式全方位服务。在经营方式上，银行业应该把传统营销渠道和网络营销渠道紧密结合起来，走多渠道并存的道路；在经营理念上，银行业必须实现由产品中心主义向客户中心主义的转变。在网络经济条件下，随着客户对银行产品和服务的个性化需求越来越大、期望越来越高，商业银行必须从客户需求出发，充分体现以质胜出和客户驱动，为客户量身打造个性化金融产品和金融服务；在战略导向上，银行业必须整合与其他金融机构的关系，争取成为网络经济的金融门户。网络经济对金融服务业提出了整合和协同要求，各类金融机构将以建立金融门户的形式共享资源、提升效率。网上金融门户的建立和经营体现了各类金融服务机构间关系从冲突到协同的过程，对于我国金融业向综合化、全能化转型具有特别重要的意义。

（3）推动金融科技发展，履行服务实体经济使命

近几年，我国在金融科技方面已具备一定的基础，但也要认识到，金融科技的快速发展促使金融业务边界逐渐模糊，金融风险传导突破时空限制，给货币政策、金融市场、金融稳定、金融监管等方面带来新的挑战。2022年1月，中国人民银行印发了《金融科技发展规划（2022—2025年）》（以下简称《规划》）。《规划》依据《中华人民共和国国民经济和社会发展第十四个五年规划和2035年远景目标纲

① 2019年1月17日，中国银保监会批准中国银行发行不超过400亿元无固定期限资本债券（永续债）。中国银保监会表示，这是我国商业银行获批发行的首单此类新的资本工具，有利于进一步充实资本，优化资本结构，扩大信贷投放空间，提升风险抵御能力；也有利于丰富债券市场投资品种，满足投资者多样化需求。2021年，我国永续债累计发行规模达5 855亿元，占总发债规模的29.64%。

要》制定，提出新时期金融科技发展指导意见，明确金融数字化转型的总体思路、发展目标、重点任务和实施保障。《规划》指出，要坚持“数字驱动、智慧为民、绿色低碳、公平普惠”的原则，以加强金融数据要素应用为基础，以深化金融供给侧结构性改革为目标，以加快金融机构数字化转型、强化金融科技审慎监管为主线，将数字元素注入金融服务全流程，将数字思维贯穿业务运营全链条，注重金融创新的科技驱动和数据赋能，推动我国金融科技从“立柱架梁”全面迈入“积厚成势”新阶段，力争到2025年实现整体水平与核心竞争力跨越式提升；并从“强化金融科技治理、加强数据能力建设、建设绿色高可用数据中心、深化数字技术金融应用、健全安全高效的金融科技创新体系、深化金融服务智慧再造、加快监管科技的全方位应用、扎实做好金融科技人才培养”等方面提出8个重点任务。

本章小结

商业银行是指依照《商业银行法（修改建议稿）》和《公司法》设立的吸收公众存款、发放贷款、办理结算等业务的企业法人。设立商业银行必须满足最低资本限额的要求。商业银行具有信用中介、支付中介、信用创造、金融服务和调节经济的职能。商业银行是企业，但它是特殊企业——金融企业。多年来，我国商业银行体系日渐完善。商业银行在金融体系中具有主导地位，在经济发展中发挥重要作用。商业银行经营的主要业务为负债业务、资产业务及表外业务，随着银行业国际化的发展，商业银行的国内业务还可以延伸为国际业务。商业银行的经营原则为安全性、流动性和效益性。商业银行发展中面临复杂的经济环境和国内外环境，要加强监管和经营管理。

即测即评

第1章单项选择题

第1章多项选择题

第1章判断题

第2章 商业银行的资本管理

思政小课堂

壮大资本实力　彰显金融业大国担当

习近平主席在博鳌亚洲论坛2018年年会开幕式上的主旨演讲中指出，中国在对外开放中展现大国担当，从引进来到走出去，从加入世界贸易组织到共建“一带一路”，为应对亚洲金融危机和国际金融危机做出重大贡献，连续多年对世界经济增长贡献率超过30%，成为世界经济增长的主要稳定器和动力源，促进了人类和平与发展的崇高事业。实践证明，扩大金融业对外开放是从金融大国走向金融强国必须迈出的一步。经过40多年的奋斗，中国已成为世界公认的金融大国。由英国《银行家》杂志联合Brand Finance共同打造的“全球银行品牌价值500强”2022年排行榜，中资银行有48家进入500强；2022年世界银行1 000强排名，前20名中有10家中国商业银行。在这两个排名中，中国工商银行、中国建设银行、中国农业银行、中国银行都是榜单前四位。中国工商银行一级资本总额4 400亿美元，信用评级AAA+；中国建设银行一级资本总额3 620亿美元，信用评级AAA；中国农业银行一级资本总额3 360亿美元，信用评级AAA；中国银行一级资本总额3 050亿美元，信用评级AAA。雄厚的资本实力，彰显了我国金融业大国的自信、承诺与担当。

2.1 资本的含义及构成

2.1.1 资本的含义、特点和作用

1.商业银行资本的含义

商业银行资本是指银行投资者为了正常的经营活动以及获取利润而投入的货币资金和保留在银行的利润。商业银行资本应能抵御其所面临的风险，包括个体风险

和系统性风险。资本比例增加，银行的安全性也随之提高。资本的定义在理论界一直存在争议，至今也没有形成统一的被各国金融当局认可的定义。从本质上看，属于商业银行的自有资金才是资本，它代表投资者对商业银行的所有权，也代表投资者对所欠债务的偿还能力，这是从所有者权益的角度来理解资本的定义。但在实际工作中，一些债务也被当作银行资本，如商业银行持有的长期债券等。各国商业银行法均对商业银行的设立规定了最低注册资本限额。

2.商业银行资本的特点

① 商业银行资本是商业银行业务活动的基础性资金，可以自由支配和使用。

② 在正常的业务经营过程中，商业银行资本无须偿还。

3.商业银行资本的作用

商业银行的资本在商业银行的日常经营和保证长期生存能力中起到关键作用。

① 资本是一种减震器。当管理层注意到银行的问题并恢复银行的营利性之前，资本通过吸收财务和经营损失，减少了银行破产的风险。《商业银行法（修改建议稿）》提出，商业银行应当建立资本充足内部评估程序和可持续的资本补充机制，确保资本充足水平持续满足监管要求，充分覆盖所面临的各类风险。

② 在存款流入之前，资本为银行注册、组建和经营提供了所需资金。一家新银行需要启动资金来购买土地、盖新楼或租场地、购买或建设装备设施，还要聘请职员。

③ 资本增强了公众对银行的信心，消除了债权人（包括存款人）对银行财务能力的疑虑。银行必须有足够的资本，才能使借款人相信银行在经济衰退时也能满足其信贷需求。

④ 资本为银行的发展和新业务、新设施的增加提供资金。当银行成长时，它需要额外的资本，用来支持其发展，并且承担开展新业务和建设新设施的风险。大部分银行最终的规模超过了创始时的规模。资本的注入使银行在更多地区开展业务，建立新的分支机构来满足扩大了的市场需求，为客户提供更加便利的服务。

⑤ 资本有助于银行实现长期可持续增长。管理层和金融市场要求银行资本的增长大致和贷款及风险资产的增长一致，因此，随着银行风险的增加，银行资本吸收损失的能力也要增加。银行的贷款和存款如果迅速扩大，市场和管理机构会给出信号，要求它或者放慢速度，或者增加资本。《商业银行法（修改建议稿）》提出，商业银行可以按照中国人民银行、国务院银行业监督管理机构的规定，通过合格的资本补充工具补充资本，包括转股型或者减记型无固定期限资本债券、二级资本债券等。

2.1.2 资本的构成

1.资本的来源

商业银行资本有两个来源：一是商业银行在开业注册登记时所载明的、界定银行经营规模的资金；二是商业银行在业务经营过程中以各种方式补充的资金。

2.我国商业银行资本的构成

商业银行可以采用吸收现金、实物、无形资产或发行股票等方式筹集资本金，并按有关规定入账。我国商业银行资本包括以下部分：

（1）核心一级资本

核心一级资本包括实收资本或普通股、资本公积、盈余公积、一般风险准备、未分配利润和少数股东资本可计入部分。

实收资本：投资者按照章程或合同、协议的约定，实际投入商业银行的资本。

资本公积：包括资本溢价与其他资本公积。

盈余公积：包括法定盈余公积、任意盈余公积。

一般风险准备：商业银行根据《金融企业财务规则》提取的一般风险准备。

未分配利润：包括当期利润和以前年度利润或未弥补亏损。

少数股东资本可计入部分：商业银行附属公司核心一级资本中少数股东资本用于满足核心一级资本最低要求和储备资本要求的部分，可计入并表核心一级资本。

（2）其他一级资本

其他一级资本包括其他一级资本工具及其溢价、少数股东资本可计入部分。

其他一级资本工具及其溢价：如果一项资本工具能够符合其他一级资本标准并经过中国银保监会批准，则该项资本工具及其溢价可以计入其他一级资本。

少数股东资本可计入部分：附属公司一级资本中少数股东资本用于满足一级资本最低要求和储备资本要求的部分，扣除已计入并表核心一级资本的部分后，剩余部分可以计入并表其他一级资本。

（3）二级资本

二级资本包括二级资本工具及其溢价、超额贷款损失准备、少数股东资本可计入部分。

二级资本工具及其溢价：如果一项资本工具能够符合二级资本标准并经过中国银保监会批准，则该项资本工具及其发行溢价可以计入二级资本。

超额贷款损失准备：商业银行采用权重法计量信用风险加权资产的，超额贷款损失准备（指商业银行实际计提的贷款损失准备超过最低要求的部分。贷款损失准备最低要求指100%拨备覆盖率对应的贷款损失准备和应计提的贷款损失专项准备两者中的较大者）可计入二级资本，但不得超过信用风险加权资产的1.25%；商业银行采用内部评级法计量信用风险加权资产的，超额贷款损失准备（指商业银行实际计提的贷款损失准备超过预期损失的部分）可计入二级资本，但不得超过信用风险加权资产的0.6%。

少数股东资本可计入部分：商业银行附属公司总资本中少数股东资本用于满足总资本最低要求和储备资本要求的部分，扣除已计入并表一级资本的部分后，剩余部分可以计入并表二级资本。

3.商业银行资本金与一般企业资本金的区别

（1）资本金所包含的内容不同

一般企业资本金等于资产总值减去负债总值的净值，即所有者权益或者产权资本，也可称为自有资金。商业银行资本金既包括所有者权益部分的资本，也包括一定比例的债务资本。

（2）资本在全部资产中所占比例不同，绝对数额相差很大

一般企业都具有负债经营的特点，即经营中都依赖一定的外援资金，但由于企业发展的性质和特点不同，资本金在全部资产中所占比例也就不同。按照国际惯例，一般企业的资产负债率为66%左右，即自有资金应保持在34%左右。而商业银行作为特殊的金融企业，其80%~90%的资金是从各种各样的客户手中借来的，也就是说，商业银行资本金占全部资产的比例一般为10%~20%，因此也就形成了商业银行高负债经营的状况。

（3）固定资产的形成能力与资本金的数量关联性不同

一般企业固定资产既可以由其资本金形成，也可以由各种借入资金，包括商业银行的贷款形成，与资本金的关联性不大。商业银行固定资产的形成能力却与其资本金的数量有非常明确的关联关系，因为银行的固定资产是商业银行形成较强的业务经营能力的必要物质条件，这些设施的资金占用时间较长，只能依赖自有资本金。

2.2 资本的管理策略

2.2.1 我国商业银行资本金的状况

目前，我国商业银行资本充足率监管是根据《商业银行资本管理办法（试行）》(2013年1月1日起施行）的要求进行的，包括最低资本要求、储备资本和逆周期资本要求、系统重要性银行附加资本要求以及第二支柱资本要求。商业银行资本充足率不得低于8%。在最低资本要求的基础上，应计提储备资本。储备资本要求为风险加权资产的2.5%，由核心一级资本来满足。在特定情况下，商业银行应当在最低资本要求和储备资本要求之上计提逆周期资本。逆周期资本要求为风险加权资产的0~2.5%，由核心一级资本来满足。此外，还应当计提系统重要性银行附加资本。国内系统重要性银行附加资本要求为风险加权资产的1%，由核心一级资本满足。若国内银行被认定为全球系统重要性银行，所适用的附加资本要求不得低于巴塞尔银行监管委员会的统一规定。同时，中国银保监会有权在第二支柱框架下提出更审慎的资本要求，确保资本充分覆盖风险。这主要包括：根据风险判断，针对部分资产组合提出特定资本要求；根据监督检查结果，针对单家银行提出特定

资本要求。

我国商业银行资本金保持较充足的状态，截止到2021年第四季度末，商业银行（不含外国银行分行）资本充足率为15.13%，一级资本充足率为12.35%，核心一级资本充足率为10.78%。

2.2.2 《巴塞尔协议》对商业银行资本的要求

1.《巴塞尔新资本协议》的要求

根据《巴塞尔新资本协议》的规定，银行的合法资本包括股东权益（加上留存收益和少数股东权益）、普通准备、混合资本工具、长期次级债券。银行资本的作用是承担可能的经营损失，保障高级债券持有者的利益。根据吸收损失的能力和质量，作为合法银行资本的金融工具可以分为3个层次：

一级资本工具必须符合以下条件：股息可以撤销且非累积，受偿权次于所有的负债，无具体到期日。只要一级资本工具中的可赎回优先股所占比例不超过15%，银行持有的一级资本工具规模不受限制。一般来说，一级资本工具包括普通股、优先股和公开储备。一级资本必须达到风险加权资产的4%。

二级资本工具包括资本重估准备、非公开准备、普通准备（不超过风险加权资本的1.25%）、混合资本工具和长期次级债券。其中，混合资本工具包括债务工具，特别是永久次级债券以及累积优先股。银行持有的二级资本工具不应超过一级资本工具的100%。

三级资本工具包括距到期日不足两年的长期次级债券。三级资本工具的存续期较短，在银行资本中不占重要地位。二级、三级资本工具的总和不得超过一级资本工具。

银行资本总额必须达到风险加权资产的8%。

2.《巴塞尔资本协议Ⅲ》的要求

2010年9月12日，全球主要国家和经济体的央行代表在巴塞尔银行监管委员会的主导下，就《巴塞尔资本协议Ⅲ》达成一致，该协议于2010年11月在韩国首尔举行的G20峰会上获得批准。该协议旨在加强银行业监管，核心内容是提高商业银行核心一级资本充足率至7%，增强其抵御金融风险的能力。《巴塞尔资本协议Ⅲ》规定，全球各商业银行为应对潜在亏损划拨的资本总额至少占风险加权资产的8%，不过，各银行应增设资本防护缓冲资金，总额不得低于银行风险加权资产的2.5%，因此原比例从8%提升至10.5%。

在各类资产中，一级资本充足率的下限从4%上调至6%，由普通股构成的核心一级资本占银行风险加权资产的下限从2%提高至4.5%，加上2.5%具有同等质量的资本防护缓冲资金，银行所持有的普通股比例至少要达到7%。

为减轻资本新规对全球各银行和金融市场所造成的压力，《巴塞尔资本协议Ⅲ》规定，资本新规在2016年1月至2019年1月间分阶段执行。各银行在2013年1

月至2015年1月期间执行新的一级资本规定，资本防护缓冲资金规定则在2016年1月至2019年1月间执行。

这项资本新规可能使全球银行在未来增加资本金数千亿美元，但由于资本新规为全球银行提供了将近10年的适应期，在很大程度上缓解了投资者的担忧情绪。《巴塞尔资本协议Ⅲ》是近几十年来全球银行监管领域规模最大的改革，各国央行和监管部门希望借此促使银行减少高风险业务，同时确保银行储备足够的资本金，能够独自应对今后可能发生的金融危机。可以认为，《巴塞尔资本协议Ⅲ》将彻底改变商业银行现状，银行的高风险业务将被压缩，银行将面临更加严格的审查与监管。此外，国际货币基金组织的有关专家指出，资本新规还将使部分银行需要通过市场进行融资。

2.2.3 资本充足性管理

资本充足性是指银行资本数量必须超过金融监管层所规定的能够保障正常营业并足以维持充分信誉的最低限度，同时，银行现有资本或新增资本的构成应该符合银行总体经营目标或新增资本的具体目的。银行资本充足性包括数量和结构两个层面。加强资本充足性管理有利于银行间的公平竞争；有利于控制信贷规模，提高资产质量；有利于保障存款人的利益；有利于促进银行内部改革，改善银行的盈利状况；有利于推动国有商业银行业务创新。

1.最佳资本需要量

最佳资本需要量是指在满足了银行管理层规定的最低资本比率后，使资本成本最低、资本收益最佳、资本风险最小的资本充足度。最佳资本需要量原理认为：银行资本既不能过多也不能过少。银行资本过多会使财务杠杆比率下降，增加筹集资金的成本，最终影响银行利润；资本过少会增加对存款等其他资金来源的需求，使银行边际收益下降。

2.资本充足性测定

（1）单一比率法

单一比率法是以银行资本金与银行资产和负债之间的某个比率来确定银行资本需要量的一种方法，是西方国家较早采用的方法。

① 资本/存款比率。20世纪初，西方国家银行广泛将银行资本金与存款总额的比率作为确定商业银行资本需要量的尺度，它表明银行资本对存款的保障和应对流动性冲击的能力。根据实际经验，银行资本金至少应等于其存款的10%。

② 资本/资产总额比率。该指标把资本需要量与银行的全部资产，包括现金资产、同业存款、放款、投资资产等相联系，在一定程度上反映了银行抵御资产意外损失的能力。例如，美国联邦储备体系曾经要求商业银行的资本金应相当于其资产总额的7%，美国联邦存款保险公司则以全国银行资本与资产总额的平均比率作为

衡量银行资本需要量的尺度。

③ 资本/风险资产比率。银行的风险资产是指可能发生损失的资产，主要包括放款和投资，其计算方法是用银行的资产总额减去库存现金、同业存款和政府短期证券。资本/风险资产比率是资本/资产总额比率的延伸，因为资产中只有放款和投资才具有较高的信贷风险，需要由银行资本金提供保障。将银行资本需要量与风险资产联系起来考虑，较好地体现了银行资本抵御资产意外损失的能力，具有一定的科学性。这一比率通常为15%~20%。

（2）分类比率法

分类比率法又称纽约公式，是20世纪50年代初美国纽约联邦储备银行设计的一种资本需要量测定方法。它按照银行资产风险程度不同，将全部资产分成6类：无风险资产、风险较低资产、普通风险资产、风险较高资产、有问题资产、亏损资产和固定资产。在对资产进行分类的基础上，利用加权平均法将6类资产额分别乘以各自的资本/资产比率要求并加总，即可求得银行最低资本需要量。分类比率法克服了单一比率法的不足，其基本思想为在银行资本衡量与管理方面具有国际权威的《巴塞尔协议》所采纳。

（3）综合分析法

综合分析法是把银行的全部业务活动作为分析对象，在综合考虑各种影响银行经营管理因素的基础上，确定银行应保持的资本量。美国货币监理署提出以下8个因素：一是银行经营管理水平；二是银行资产的流动性；三是银行盈利及留存收益的历史；四是银行股东的信誉及特点；五是银行营业费用的数量；六是银行存款结构的潜在变化；七是银行经营活动的效率；八是银行在竞争环境下满足本地区目前和今后金融需求的能力。在其他条件相同的情况下，经营管理水平高、经营能力强的银行只需要较少的资本就能抵御所面临的风险。虽然用综合分析法比较容易得出银行资本需要量的一般水平，但难以计算出较为精确的数值，且计算时比较烦琐，要与其他方法并用。现在各国银行均执行《巴塞尔协议》统一的资本标准。

显然，用综合分析法比用单一比率法来衡量银行资本需要量更加全面、合理、科学。在此基础上，又演变出在西方国家非常流行的一种评级制度，即骆驼评级制。骆驼评级制（CAMEL）是由美国商业银行创设的一种重要的评价银行经营能力、管理水平的评级制度。其评估的5个方面包括资本充足率、资产质量、经营水平、收益、流动性。

（4）《巴塞尔协议》法

1988年，西方12国在瑞士巴塞尔达成了《关于统一国际银行资本衡量和资本标准的协议》（简称《巴塞尔协议》），规定12个参加国应以国际可比性及一致性为基础，制定各自对于银行资本的标准及规定。《巴塞尔协议》的核心内容是资本的分类。也正因为如此，许多人将《巴塞尔协议》称为规定资本充足率的协议。

2003年年底，巴塞尔银行监管委员会通过《资本计量和资本标准的国际协议：修订框架》（简称《巴塞尔新资本协议》），2006年年底在G10国家全面实施①。《巴塞尔新资本协议》作为一个完整的银行业资本充足率监管框架，将国际银行业的风险监控范围由单一的信用风险扩大到信用风险、市场风险、操作风险和利率风险，并提出“三个支柱”（最低资本规定、监督检查程序和市场约束）。其中，最低资本规定即核心资本充足率不低于4%，资本（包括核心资本和附属资本）充足率不低于8%。2010年9月，巴塞尔银行监管委员会出台了《巴塞尔资本协议Ⅲ》，提出将商业银行核心一级资本充足率提高至7%、资本充足率提高到10.5%，增强商业银行抵御金融风险的能力。

3.我国商业银行资本充足率的测定②

（1）商业银行资本充足率的计算

资本充足率的计算公式如下：

$$资本充足率=\frac{总资本-对应资本扣减项}{风险加权资产}\times100\%$$

资本充足率不得低于8%。

$$一级资本充足率=\frac{一级资本-对应资本扣减项}{风险加权资产}\times100\%$$

一级资本充足率不得低于6%。

$$核心一级资本充足率=\frac{核心一级资本-对应资本扣减项}{风险加权资产}\times100\%$$

核心一级资本充足率不得低于5%。

风险加权资产包括信用风险加权资产、市场风险加权资产和操作风险加权资产。

（2）商业银行计算资本充足率的扣除项

计算资本充足率时，商业银行应当从核心一级资本中全额扣除以下项目：

① 商誉。

② 其他无形资产（土地使用权除外）。

③ 由经营亏损引起的净递延所得税资产。

④ 贷款损失准备缺口。商业银行采用权重法计量信用风险加权资产的，贷款损失准备缺口是指商业银行实际计提的贷款损失准备低于贷款损失准备最低要求的部分；商业银行采用内部评级法计量信用风险加权资产的，贷款损失准备缺口是指商业银行实际计提的贷款损失准备低于预期损失的部分。

⑤ 资产证券化销售利得。

---

① 2007年2月28日，中国银监会发布了《中国银行业实施新资本协议指导意见》，标志着我国正式启动了实施《巴塞尔新资本协议》的工程。根据我国商业银行的发展水平和外部环境，短期内我国银行业尚不具备全面实施《巴塞尔新资本协议》的条件，因此，中国银监会确立了分类实施、分层推进、分步达标的基本原则。

② 中国银监会．商业银行资本管理办法（试行）[S]．北京：中国银监会，2012．

⑥ 确定收益类的养老金资产净额。

⑦ 直接或间接持有本银行的股票。

⑧ 对资产负债表中未按公允价值计量的项目进行套期形成的现金流储备，若为正值，应予以扣除；若为负值，应予以加回。

⑨ 商业银行自身信用风险变化导致其负债公允价值变化带来的未实现损益。

（3）中国银保监会根据资本充足状况对商业银行的分类及监管

根据资本充足状况，中国银保监会将商业银行分为4类：

① 第一类：资本充足率、一级资本充足率和核心一级资本充足率均达到规定的各级资本要求。对该类商业银行，中国银保监会支持其稳健发展业务。为防止其资本充足率水平快速下降，中国银保监会可以采取的预警监管措施包括：第一，要求商业银行加强对资本充足率水平下降的原因进行分析及预测；第二，要求商业银行制订切实可行的资本充足率管理计划；第三，要求商业银行提高风险控制能力。

② 第二类：资本充足率、一级资本充足率和核心一级资本充足率未达到第二支柱资本要求，但均不低于其他各级资本要求。对该类商业银行，除可以采取上述①中的监管措施外，中国银保监会还可以采取的监管措施为：第一，与商业银行董事会、高级管理层进行审慎性会谈；第二，下发监管意见书，监管意见书的内容包括商业银行资本管理存在的问题、拟采取的纠正措施和限期达标意见等；第三，要求商业银行制订切实可行的资本补充计划和限期达标计划；第四，增加对商业银行资本充足状况的监督检查频率；第五，要求商业银行对特定风险领域采取风险缓释措施。

③ 第三类：资本充足率、一级资本充足率和核心一级资本充足率均不低于最低资本要求，但未达到其他各级资本要求。对该类商业银行，除可以采取上述①、②中的监管措施外，中国银保监会还可以采取的监管措施为：第一，限制商业银行分配红利和其他收入；第二，限制商业银行向董事、高级管理人员实施任何形式的激励；第三，限制商业银行进行股权投资或回购资本工具；第四，限制商业银行重要资本性支出；第五，要求商业银行控制风险资产增长。

④ 第四类：资本充足率、一级资本充足率和核心一级资本充足率任意一项未达到最低资本要求。对该类商业银行，除可以采取上述①、②、③中的监管措施外，中国银保监会还可以采取的监管措施为：第一，要求商业银行大幅降低风险资产的规模；第二，责令商业银行停办一切高风险资产业务；第三，限制或禁止商业银行增设新机构、开办新业务；第四，强制要求商业银行对二级资本工具进行减记或转为普通股；第五，责令商业银行调整董事、高级管理人员或限制其权利；第六，依法对商业银行实行接管或者促成机构重组，直至予以撤销。在处置此类商业银行时，中国银保监会还将综合考虑外部因素，采取其他必要的措施。

小资料2-1

我国商业银行可以采用权重法计量信用风险加权资产

在权重法下，信用风险加权资产为银行账户表内资产信用风险加权资产与表外项目信用风险加权资产之和。

（1）商业银行计量各类表内资产信用风险加权资产，应首先从资产账面价值中扣除相应的减值准备，然后乘以风险权重。

（2）商业银行计量各类表外项目信用风险加权资产，应将表外项目名义金额乘以信用转换系数，得到等值的表内资产，再按表内资产的处理方式计量风险加权资产。

（3）现金及现金等价物的风险权重为0。

（4）商业银行对境外主权和金融机构债权的风险权重，以所在国家或地区的外部信用评级结果为基准。

①商业银行对其他国家或地区政府及其中央银行债权，该国家或地区的评级为AA-（含）以上的，风险权重为0；AA-以下、A-（含）以上的，风险权重为20%；A-以下、BBB-（含）以上的，风险权重为50%；BBB-以下、B-（含）以上的，风险权重为100%；B-以下的，风险权重为150%；未评级的，风险权重为100%。

②商业银行对公共部门实体债权的风险权重，与对所在国家或地区注册的商业银行债权的风险权重相同。

③商业银行对境外商业银行债权，注册地所在国家或地区的评级为AA-（含）以上的，风险权重为25%；AA-以下、A-（含）以上的，风险权重为50%；A-以下、B-（含）以上的，风险权重为100%；B-以下的，风险权重为150%；未评级的，风险权重为100%。

④商业银行对境外其他金融机构债权的风险权重为100%。

（5）商业银行对多边开发银行、国际清算银行和国际货币基金组织债权的风险权重为0。多边开发银行包括世界银行集团、亚洲开发银行、非洲开发银行、欧洲复兴开发银行、泛美开发银行、欧洲投资银行、欧洲投资基金、北欧投资银行、加勒比海开发银行、伊斯兰开发银行和欧洲开发银行理事会。

（6）商业银行对我国中央政府和中国人民银行债权的风险权重为0。

（7）商业银行对我国公共部门实体债权的风险权重为20%。我国公共部门实体包括：

①除财政部和中国人民银行以外，其他收入主要源于中央财政的公共部门。

②省级（直辖区、自治区）以及计划单列市人民政府。

商业银行对前款所列公共部门实体投资的工商企业的债权不适用20%的风险权重。

(8) 商业银行对我国政策性银行债权的风险权重为0。

商业银行对我国政策性银行的次级债权（未扣除部分）的风险权重为100%。

(9) 商业银行持有我国中央政府投资的金融资产管理公司为收购国有银行不良贷款而定向发行的债券的风险权重为0。

商业银行对我国中央政府投资的金融资产管理公司其他债权的风险权重为100%。

(10) 商业银行对我国其他商业银行债权的风险权重为25%，其中原始期限3个月以内（含）债权的风险权重为20%。以风险权重为0的金融资产作为质押的债权，其覆盖部分的风险权重为0。

商业银行对我国其他商业银行的次级债权（未扣除部分）的风险权重为100%。

(11) 商业银行对我国其他金融机构债权的风险权重为100%。

(12) 商业银行对一般企业债权的风险权重为100%。

(13) 商业银行对同时符合以下条件的微型和小型企业债权的风险权重为75%：

①企业符合国家相关部门规定的微型和小型企业认定标准。

②商业银行对单家企业（或企业集团）的风险暴露不超过500万元人民币。

③商业银行对单家企业（或企业集团）的风险暴露占本行信用风险暴露总额的比例不高于0.5%。

(14) 商业银行对个人债权的风险权重：

①个人住房抵押贷款的风险权重为50%。

②对已抵押房产，在购房人没有全部归还贷款前，商业银行以再评估后的净值为抵押追加贷款的，追加部分的风险权重为150%。

③对个人其他债权的风险权重为75%。

(15) 租赁业务的租赁资产余值的风险权重为100%。

(16) 下列资产适用250%的风险权重：

①对金融机构的股权投资（未扣除部分）。

②依赖银行未来盈利的净递延所得税资产（未扣除部分）。

(17) 商业银行对工商企业股权投资的风险权重：

①商业银行被动持有的对工商企业股权投资在法律规定处分期限内的风险权重为400%。

②商业银行因政策性原因并经国务院特别批准的对工商企业股权投资的风险权重为400%。

③商业银行对工商企业其他股权投资的风险权重为1 250%。

(18) 商业银行非自用不动产的风险权重为1 250%。

商业银行因行使抵押权而持有的非自用不动产在法律规定处分期限内的风险权重为100%。

（19）商业银行其他资产的风险权重为100%。

（20）商业银行各类表外项目的信用转换系数：

①等同于贷款的授信业务的信用转换系数为100%。

②原始期限不超过1年和1年以上的贷款承诺的信用转换系数分别为20%和50%，可随时无条件撤销的贷款承诺的信用转换系数为0。

③未使用的信用卡授信额度的信用转换系数为50%，但同时符合以下条件的未使用的信用卡授信额度的信用转换系数为20%：第一，授信对象为自然人，授信方式为无担保循环授信；第二，对同一持卡人的授信额度不超过100万元人民币；第三，商业银行应至少每年一次评估持卡人的信用程度，按季监控授信额度的使用情况，若持卡人信用状况恶化，商业银行有权降低甚至取消其授信额度。

④票据发行便利和循环认购便利的信用转换系数为50%。

⑤银行借出的证券或用作抵押物的证券，包括回购交易中的证券借贷，信用转换系数为100%。

⑥与贸易直接相关的短期或有项目，信用转换系数为20%。

⑦与交易直接相关的或有项目，信用转换系数为50%。

⑧信用风险仍在银行的资产销售与购买协议，信用转换系数为100%。

⑨远期资产购买、远期定期存款、部分交款的股票及证券，信用转换系数为100%。

⑩其他表外项目的信用转换系数均为100%。

2.2.4 资本结构管理

根据《巴塞尔新资本协议》和我国监管机构对商业银行资本的规定，银行的最低资本限额应与银行资产结构决定的资产风险相联系。资产风险越高，资本限额则越高。同时，银行的股本被认为是最重要的第一类资本或核心资本，因此，银行资本的需要量与银行资本结构及资产结构直接相关。

1.分子对策

分子对策就是针对各版《巴塞尔协议》的资本计算方法，尽量提高商业银行的资本总量，优化资本结构。银行的资本计划应建立在管理目标所需的银行资本金数额以及金融监管层所规定的银行最低资本限额要求的基础上。在实施过程中，提高核心资本往往会带来股东权益与每股收益稀释，或者股息发放太少引起股价下跌等不良后果，因此，银行不可能过分增加核心资本。筹集附属资本一般成本较低，并且常会给银行带来杠杆收益，但金融监管层对其有数量限制，这使得附属资本的扩张受到制约。资本的筹集方式包括内源资本策略和外源资本策略。

(1) 内源资本策略

内源资本策略是银行充实资本金的第一选择，在实施过程中要考虑留存收益及股利政策两方面。

① 留存收益。银行可以通过增加留存收益保持资本金的增长，但这种增加内源资本的策略有其局限性。第一，适度资本金数额的限制。内源资本支持资产增长的程度取决于资本/资产比率的要求。第二，银行创利能力的限制。在银行股利政策不变的情况下，银行留存收益的数额完全取决于银行的营利性，由此影响对资产增大的支持程度。

② 股利政策。银行的股利政策在吸引投资者方面具有重要作用。由于银行的股利政策是投资者实现投资收益的重要依据，也是潜在投资者评价银行价值的重要指标之一，因此，银行的股利政策影响投资者的行为，同时对银行的市场价值有重要影响。一般而言，银行的股利水平应在相对稳定的基础上随银行净收益的增加而逐步提高，这对保持银行内在价值及稳定市场价值有重要作用。实际上，银行的股利政策也会成为内源资本支持资产增长的第三种限制。

(2) 外源资本策略

商业银行通过发行普通股、优先股、长期债券及出售资产和出租设备等方式，从银行外部获取的资本就是外源资本。通过发行普通股来增加银行资本，改善资本结构，这是金融监管层推崇的最理想的筹集外源资本方式。这种方式充实了银行资本的核心部分。但有些商业银行不这样认为，因为这种外源资本会稀释银行的股东权益与每股净收益。从银行成本方面考虑，由于债务融资的税盾效应，银行更倾向于采用增加附属资本来提高其资本总量，这种方式还能给银行带来杠杆效应。当然，这种方式会受到金融监管层的限制。

基于以上分析，核心资本不足的银行，一般通过发行新股的方式来增加资本，同时，充分考虑这种方式的可得性、能否为将来进一步筹集资本提供灵活性以及所造成的融资后果。为了不影响股东的利益以及增强今后进一步筹资的灵活性，银行可以通过发行非累积优先股或将资本盈余部分以股息形式发给股东等方式增加核心资本。核心资本已占到全部资本50%以上的银行，主要通过发行新增债务等方式获取附属资本。实践表明，银行通过外源资本充实资本金以达到支持银行资产增长目的的手段已成为主流。

2.分母对策

分母对策在于优化资产结构，尽量降低风险权数高的资产在总资产中所占的比重，同时加强表外业务管理，尽可能选择转换系数较小及相应风险权数小的表外资产。因此，分母对策的重点是压缩资产规模和调整资产结构。

(1) 压缩资产规模

银行的资产规模越大，对资本的要求也就越高。对一些资本不足的银行，可以通过销售一部分高风险或有问题或市价水平较高的金融资产，减少资产规模，相应提高资本/资产比率。银行资产的构成有其自身的特点：第一，现金存量较大；第二，金融债权比例较高；第三，房产等被固化了的资产相对较少。因此，压缩银行资产规模应在银行资产管理的要求下从现金存量和金融债权着手。

银行现金存量受以下4个因素的制约：第一，满足客户提取存款进行日常交易的要求；第二，符合金融监管层对法定存款准备金的规定；第三，必须在央行或其他往来行存有足够的清偿资金；第四，满足其向代理行支付现金以换取服务的需要。

银行的金融债权主要包括各种证券投资和贷款，它们是银行收入的基本来源，所占比例很高。银行的证券投资主要包括其持有的高流动性及低风险的金融证券，不能简单压缩该类资产的规模，应进行有效的投资组合，以达到降低风险、提高流动性与营利性的目的。贷款构成银行资产项目的主要部分，银行贷款总额的多少可以用存贷比来衡量。存贷比的大小往往受经济景气度的影响，如果经济不景气，可以通过缩小贷款规模以降低经营风险。

（2）调整资产结构

银行可以在资产总额不变的情况下，通过调整资产结构，提高资本充足率。资产结构调整空间较大的部分在于证券投资与贷款。银行的证券投资多为信誉等级很高的金融证券，此外，银行也可以投资不同种类、期限的证券，既可以投资货币市场、资本市场的金融工具，也可以投资创新金融工具，目的是通过投资组合降低投资风险，减少风险资产数量，降低风险资产权数，实现流动性和营利性的均衡。贷款是银行变现能力较差的资产，为降低贷款风险，可以进行贷款组合或创造衍生工具。

不论是分子对策还是分母对策，目的都是降低银行的经营风险和财务风险，提高银行的安全性和流动性。一般来说，商业银行可以同时采用两种对策，以便随着业务和监管的变化不断调整资本、资产规模和结构，满足银行资本充足性的要求，实现经营效果最优化。

本章小结

商业银行资本是指银行投资者为了正常的经营活动以及获取利润而投入的货币资金和保留在银行的利润。商业银行资本是商业银行业务活动的基础性资金，可以自由支配使用，在正常的业务经营过程中无须偿还。商业银行资本有两部分来源：一是商业银行在开业注册登记时所载明、界定银行经营规模的资金；二是商业银行在业务经营过程中通过各种方式不断补充的资金。我国商业银行资本由核心一级资本、其他一级资本和二级资本构成。根据《巴塞尔协议》的规定，银行的合法资本包括股东权益（加上留存收益和少数股东权益）、普通准备、混合资本工具、长期次级债券。银行资本的作用是承担可能的经营损失，保障高级债券持有者的利益。

商业银行为满足经营需要，达到盈利要求，必须保有最佳资本需要量，并且满足资本充足性的监管要求。商业银行在资本结构管理中有分子对策和分母对策。

即测即评

第2章单项选择题

第2章多项选择题

第2章判断题

第3章

商业银行负债业务管理

思政小课堂

强化负债质量管理　维护稳健运行

党的十九大和十九届五中全会明确提出，我国经济已转向高质量发展阶段，必须坚持质量第一，效益优先。良好的负债质量管理是商业银行稳健经营的基础，是商业银行服务实体经济的支撑。近年来，随着利率市场化的推进和资本市场、互联网金融、影子银行等金融业态的发展，商业银行负债业务复杂程度上升、管理难度加大。商业银行最主要的负债资金来源于存款，存款为立行之本。一直以来，我国都是储蓄大国之一。中国人民银行相关数据显示，我国商业银行的存款规模呈现逐年增长趋势，截止到2020年12月末，本外币存款余额达218.37万亿元，资金供给能力不断增强。2021年3月，中国银保监会发布了《商业银行负债质量管理办法》，促使商业银行提升负债质量管理水平，维护银行体系安全稳健运行。

3.1 负债业务概述

3.1.1 负债业务的含义和特征

1.负债的含义

负债是指由银行过去的交易或者事项形成的、预期会导致经济利益流出银行的现时义务。银行的负债按其流动性分类，可分为流动负债、长期借款和应付债券等。

流动负债是指将在1年（含1年）内偿还的债务，主要包括短期借款、向中央银行借款、同业及其他金融机构存放款项、拆入资金、交易性金融负债、衍生金融负债、卖出回购金融资产款、吸收存款、应付职工薪酬、应交税费、应付款项等。

应付债券是指金融企业发行的金融债券。

2. 负债的基本特征

① 负债是银行承担的现时义务。现时义务是指银行在现行条件下已承担的义务，未来发生的交易或者事项形成的义务不属于现时义务，不应当确认为负债。

② 负债的清偿预期会导致经济利益流出银行。只有在履行义务时会导致经济利益流出的，才符合负债的定义；如果不会导致经济利益流出，就不符合负债的定义。在履行现时义务清偿负债时，导致经济利益流出银行的形式多种多样，如用现金偿还或以实物资产形式偿还，以提供劳务形式偿还，以部分转移资产、部分提供劳务形式偿还，将负债转为资本等。

③ 负债是由过去的交易或事项形成的。只有过去的交易或者事项才形成负债，银行将在未来发生的承诺、签订的合同等交易或者事项，不形成负债。

④ 负债以法律、有关制度和条例或合同契约的承诺作为依据。负债实质上是银行在一定时期之后必须偿还的经济债务，其偿还期或具体金额在其发生或成立之时就已由合同、法规所规定与制约，是银行必须履行的义务。

3.1.2 负债的作用①

1. 负债是商业银行吸收资金的主要来源和银行经营的先决条件

商业银行通过负债业务吸收大量资金，通过资产业务有效地运用，负债业务是商业银行开展资产业务的基础和前提。银行负债提供了90%左右的资金来源。银行负债规模的大小制约着资产规模的大小；银行负债的结构包括期限结构、利率结构、币种结构等，决定资产的运用方向和结构特征。负债业务也是银行开展中间业务的基础。

2. 负债是银行保持流动性的手段和决定营利性的基础

银行通过负债聚集大量可用资金，满足合理的贷款需求和存款提取、转移资金的需要。负债也是决定银行营利性的基础。一方面，在资产价格水平一定的情况下，负债成本的高低决定了银行盈利水平的高低；另一方面，银行聚集的资金不直接投资于生产经营，而是贷放给企业，银行只能获取所贷放资金的一部分收益。这两方面都决定了银行的盈利水平远远低于一般的工商企业，银行要获取社会平均利润，必须尽量扩大负债规模，使资产总额几倍于自有资本。负债是银行生存和发展的基础。

3. 负债是社会经济发展的推动力

商业银行通过负债业务把社会各方的闲置资金集中起来，形成巨额资金，能在社会存量资金不变的情况下扩大社会生产资金总量。据统计，2021年第三季度末，我国银行业负债总额为310.7万亿元人民币，成为经济建设的主要资金来源。

---

① 本部分内容参考戴国强．商业银行经营学［M］．6版．北京：高等教育出版社，2022．

4.银行负债构成社会流通中的货币量

社会流通中的货币量主要由现金和银行存款构成。现金是中央银行的负债，存款是商业银行的负债。如果贷款增长了而存款没有相应扩大，社会流通中的货币量就会增加。稳定银行负债对稳定社会货币流通量有决定性作用。

5.负债是银行同社会各界联系的主要渠道

社会所有经济单位的暂时闲散资金和货币收支，都离不开银行的负债业务。市场的资金流向、企业的经营活动、机关事业单位和社会团体以及居民的货币收支，时刻反映在银行的账面上。负债是银行和社会各界密切联系、进行金融服务和监督的主要渠道。

3.1.3 负债的管理原则

1.依法筹集

商业银行在筹资过程中，要严格遵守国家的相关法律法规，不得进行违法筹资和违规筹资活动。依法筹资有两重含义：一是商业银行的筹资范围和渠道都必须符合现行《商业银行法》等有关法律的规定，不得超范围筹集资金；二是商业银行筹资必须严格遵守国家的利率政策，严禁高息揽储。

2.成本控制

在筹资活动中，商业银行要通过各种方法、手段降低筹资成本，为取得合理的利差创造条件，努力提高盈利水平。商业银行盈利水平的高低在很大程度上取决于收入与成本的配比关系，其中筹资成本是经营成本的重要内容。在其他条件相同的情况下，筹资成本直接影响商业银行的盈利水平。

3.量力而行

商业银行要按照资产负债比例管理的规定组织筹资活动，避免过度负债。商业银行具有高负债、高风险的特点，客观上要求商业银行严格遵守资产负债比例管理的规定，保证经营安全性，提高经营信誉。量力而行是商业银行稳健经营在筹资方面的具体体现。

4.结构合理

在筹资活动中，商业银行通过保持合理的负债结构，降低筹资成本和负债风险。商业银行的负债结构是否合理可以从两个方面来判断：一是负债的综合成本；二是保持稳定的资金来源，实行多样化的筹资方式和筹资渠道，减少筹资来源的不稳定因素。

3.1.4 负债质量管理

为贯彻落实党中央决策部署，针对商业银行负债业务管理的新形势，为促进商业银行提升负债质量管理水平，维护银行体系安全稳健运行，2021年3月，中国银保监会制定并发布了《商业银行负债质量管理办法》（以下简称《管理办法》）。

《管理办法》规定，负债质量管理是指商业银行以确保经营的安全性、流动性和效益性为目的，按照与其经营战略、风险偏好和总体业务特征相适应的原则，就负债来源、结构、成本等方面所开展的管理活动。《管理办法》包括以下内容：

① 明确商业银行负债质量管理内涵和业务范围。

② 确立负债质量管理体系。从组织架构、公司治理、内部控制、业务创新管理等方面对商业银行负债质量管理提出了明确要求。

③ 提出负债质量管理的“六性”要素。从负债来源稳定性、负债结构多样性、负债与资产匹配合理性、负债获取的主动性、负债成本适当性、负债项目真实性等6个方面明确了负债质量管理的核心要素。

④ 强化负债质量相关监督检查和监管措施。明确商业银行向监管部门报告负债质量管理情况的要求及负债质量监管评价结果运用的范围等。

3.2 存款业务管理

3.2.1 存款的含义和特点

1.存款的含义

存款是指存款人在保留所有权的条件下把资金或货币暂时转让或存储于银行或其他金融机构，是银行最基本也是最重要的资金来源。长期以来，我国按所有者的归属来划分存款种类，商业银行一般将存款分为单位存款和个人储蓄存款，西方国家通行把存款分为活期存款、定期存款、储蓄存款。

2.存款的特点

（1）活期存款的特点

① 活期存款具有很强的派生能力。活期存款存取频繁，流动性高，在非现金结算情况下，银行可以将吸收的原始存款中的超额准备金用于发放贷款。如果客户在取得贷款后不立即提现，而是转入活期存款账户，银行就一方面增加了贷款，另一方面增加了活期存款，由此创造出派生存款。

② 活期存款流动性高、存取频繁、手续复杂、风险较高。由于活期存款存取频繁，而且要提供多种服务，成本较高，因此活期存款的利息较少或没有利息。

③ 活期存款相对稳定部分可以用于发放贷款。虽然活期存款流动性高，但在银行的诸多储户中，总有一些余额可用于对外放款。

④ 活期存款是密切联系银行与客户关系的桥梁。商业银行通过与客户频繁的活期存款存取业务，建立比较密切的业务往来关系，从而争取更多的客户，扩大业务规模。

（2）定期存款的特点

① 定期存款带有投资性。由于定期存款利率高，并且风险低，因而是一种风

险最低的投资方式。对于银行来说，由于期限较长，按规定一般不能提前支取，因而是银行稳定的资金来源。

② 定期存款所要求的存款准备金率低于活期存款。因为定期存款有期限约束，有较高的稳定性，所以存款准备金率就低一些。

③ 定期存款手续简单、费用较低、风险较低。由于定期存款的存取是一次性办理，在存款期间不必有其他服务，因此除了利息以外没有其他的费用，费用较低。同时，定期存款较高的稳定性使其风险较低。

（3）储蓄存款的特点

① 储蓄存款多数是个人为了积蓄购买力而进行的存款。

② 金融监管层对经营储蓄业务的商业银行有严格的规定。因为储蓄存款多数属于个人，分散于社会上的各家各户，为了保障储户的利益，各国对经营储蓄存款业务的商业银行有严格的管理规定，并要求银行对储蓄存款负无限清偿责任。

3.2.2 对存款人的保护

1.储蓄存款管理原则

商业银行办理个人储蓄存款业务，应当遵循存款自愿、取款自由、存款有息、为存款人保密的原则。对个人储蓄存款，商业银行有权拒绝任何单位或者个人查询、冻结、扣划，但法律另有规定的除外。

2.对单位存款的管理

对单位存款，商业银行有权拒绝任何单位或者个人查询，但法律、行政法规另有规定的除外；有权拒绝任何单位或者个人冻结、扣划，但法律另有规定的除外。

3.利率和利息的规定

商业银行按照中国人民银行的有关规定，可以与客户自主协商确定存贷款利率。商业银行应当按照中国人民银行的规定，向中国人民银行交存准备金。商业银行应当保证存款本金和利息的支付，不得拖延、拒绝支付存款本金和利息。

4.存款保险制度

存款保险是指投保机构向存款保险基金管理机构交纳保费，形成存款保险基金，存款保险基金管理机构依照规定向存款人偿付被保险存款，并采取必要措施维护存款以及存款保险基金安全的制度。我国于2015年颁布《存款保险条例》，明确对存款人合法权益的保护。我国的存款保险实行限额偿付，最高偿付限额为人民币50万元。

3.2.3 传统存款业务和存款工具创新

1.传统存款业务

根据中国人民银行《人民币银行结算账户管理办法》的规定，银行结算账户按照存款对象不同，分为单位银行结算账户和个人银行结算账户。

（1）单位银行结算账户

单位银行结算账户是指存款人以单位名称开立的银行结算账户。单位银行结算账户一般是活期存款账户，按照用途不同，分为基本存款账户、一般存款账户、专用存款账户、临时存款账户。

① 基本存款账户，是存款人因办理日常转账结算和现金收付需要开立的银行结算账户。凡开立基本存款账户的单位，必须是独立核算的单位。基本存款账户是存款人的主办账户，只能开设一个。

② 一般存款账户，是存款人因借款或其他结算需要，在基本存款账户开户银行以外的银行机构开立的银行结算账户。一般存款账户用于办理存款人借款转存、借款归还和其他结算业务的资金收付。一般存款账户可以办理现金缴存，但不得办理现金支取。

③ 专用存款账户，是存款人按照法律、行政法规和规章，对其特定用途资金进行专项管理和使用而开立的银行结算账户。专用存款账户用于办理基本建设资金、更新改造资金、财政预算外资金、粮棉油收购资金、证券交易结算资金、期货交易保证金、信托基金、金融机构存放同业资金、政策性房地产开发资金、单位银行卡备用金、住房基金、社会保障基金、收入汇缴资金和业务支出资金等各项业务的资金收付，这些业务所涉资金需要专项管理和使用。合格境外机构投资者在境内从事证券投资开立的人民币特殊账户和人民币结算资金账户，纳入专用存款账户管理。

④ 临时存款账户，是存款人因临时需要并在规定期限内使用而开立的银行结算账户。临时存款账户应根据有关开户证明文件确定的期限或存款人的需要确定其有效期限，有效期最长不得超过2年。临时存款账户支取现金，应按照国家现金管理的规定办理。

单位存款除活期存款之外，还有定期存款、通知存款、协定存款以及中国人民银行批准的其他存款。

截至2021年第三季度末，全国共开立单位银行账户8 143.88万户，环比增长2.84%。其中，基本存款账户5 821.64万户，一般存款账户1 875.28万户，专用存款账户428.16万户，临时存款账户18.81万户。

（2）个人银行结算账户

个人银行结算账户是指存款人凭个人身份证件、以自然人名称开立的银行结算账户。个人银行结算账户是自然人因投资、消费、结算等而开立的可办理支付结算业务的存款账户。自然人既可以根据需要申请开立个人银行结算账户，也可以在已开立的储蓄账户中选择并向开户银行申请确认为个人银行结算账户。

此外，个人还可以在银行开立储蓄账户。城乡居民个人将自己结余或待用的货币资金存入银行营业网点，由银行营业网点开具存折、存单、银行卡作为凭证。储蓄账户可以支取存款本息，但不得办理转账结算。

截至2021年第三季度末，全国共开立个人银行账户132.99亿户，环比增长1.99%。

商业银行开立账户，应当遵守中国人民银行的规定，对账户开立、使用、撤销实施全流程管理，健全以风险防控为核心的账户管理制度，采取有效措施，防止银行账户被用于非法活动。

2.存款工具创新

银行的存款负债称为被动型负债，其主动权掌握在存款人手中。随着金融创新的不断深化，存款业务不断推出新品种，如商业银行发行的大额定期可转让存单，就是较为典型的变被动为主动的吸收存款业务。这里以美国为例介绍存款工具创新。

（1）活期存款工具创新

自20世纪70年代以来，美国市场活期存款的竞争趋向于规避利率优惠，又能在一定程度上享受支票账户的便利。主要创新工具有：

① 可转让支付命令账户（NOW），是一种计息的新型支票账户（活期存款账户）。可转让支付命令账户由美国马萨诸塞州的互助储蓄银行在1972年首创，只对居民和非营利机构开放。在该账户下，存户转账或支付不使用支票而代之以支付命令。该支付命令与支票在实质上无异，能用于直接取现或对第三者支付，经过背书后还可转让。可转让支付命令账户的开放产生了兼具储蓄存款和活期存款优点的新式存款工具，在客户中具有很强的吸引力。

② 超级可转让支付命令账户（Super NOW），是可转让支付命令账户的延伸。超级可转让支付命令账户较可转让支付命令账户的先进之处在于它不存在利率上限，银行根据货币市场的利率变动每周调整超级可转让支付命令账户存款的利率。超级可转让支付命令账户对最低开户金额有所限制，开户的最低存款金额必须达到2 500美元，而且账户的日常平均余额不得低于最低开户金额；否则，按类似可转让支付命令账户的利率水平计息。

③ 货币市场存款账户（MMDAs），是美国银行在20世纪80年代初创办的一种新型活期存款账户。该存款账户的出现与货币市场基金有关。开立这种账户后，可支付较高利率，并可以浮动，还可使用支票。这种账户的存款者可定期收到一份结算单，记载所得利息、存款余额、提款或转账支付的数额等。

（2）定期存款工具创新

① 大额可转让定期存单（CDs），商业银行的定期存款以其较高的利率吸引资金，但其最大的弱点在于流动性低。1961年，美国花旗银行发行了第一张大额可转让定期存单。它既可以使客户获得高于储蓄账户的利息，又可以在二级市场上流通、转让而变现，使客户原本闲置在账上的资金找到了短期高利投资的对象，所以一经面世就大受欢迎。随着金融机构竞争的加剧，大额可转让定期存单也出现了许多新的变种，主要有：可变利率定期存单（Variable Rate CD），该种存单在存期内

被分成几个结转期，在每一个结转期，银行根据当地的市场利率水平重新设定存单利率；牛市定期存单（Bull CD），该种存单与美国标准普尔公司的500种股票相联系，虽然存单的投资者没有固定的利息收益，但可根据定期存单的时限长短而获取股票指数增长额37%~70%的利率上升收益；扬基定期存单（Yankee CD），这是外国银行在美国发行的可转让定期存单，大多由位于纽约的外国著名银行发行；欧洲或亚洲美元存单（Eurodollar or Asiadollar CD），这是美国银行在欧洲或亚洲金融市场上发行的定期存单，以吸引国外资金，不必向美联储交存准备金和存款保证金。2015年6月2日，中国人民银行宣布推出大额存单产品，并制定和实施《大额存单管理暂行办法》。

② 货币市场存单（MMC），由美国储蓄机构于1987年首创。鉴于当时市场利率上升的态势，为避免银行等存款机构因存款资金锐减而陷于危机，美国金融当局允许发行这种存单。货币市场存单为期半年，最低面额为1万美元，是一种不可转让定期存单。银行可向这种存单支付相当于半年期国库券的平均贴现率水平的最高利率，但该最高利率不得比“Q条例”规定的银行利率上限高出0.25%。该存单若不转为别种储蓄存款，只按单利计算。货币市场存单的目标存户为家庭和小型企业。

③ 自动转账服务账户（ATS），由电话转账服务发展而来。1975年，美国联邦储备体系成员银行首创电话转账服务，银行给存户同时建立付息的储蓄账户和不付息的活期存款账户，可应存户电话指示将存户存款在两账户间划拨。1978年又发展为自动转账服务，省去了电话指示这道程序，存户在银行照样开两个户头，但活期存款账户余额为1美元，储蓄账户余额则随时可变。存户事先授权银行，当银行收到存户支票时，可立即从储蓄账户上拨支票所载金额至活期存款账户以兑付支票。

④ 协定账户（AA），是一种可以在活期存款账户、可转让支付命令账户和货币市场存款账户三者之间自动转账的新型活期存款账户。协定账户是银行与客户达成一种协议，存户授权银行可将款项存在活期存款账户、可转让支付命令账户或货币市场存款账户中的任何一个账户上。对前两个账户，规定一个最低余额，超过最低余额的款项由银行自动转入同一存户的货币市场存款账户，以便取得较高的利息。如果低于最低余额，也可由银行将同一存户在货币市场存款账户的一部分款项转入活期存款账户或可转让支付命令账户，以补足最低余额。

（3）储蓄存款工具创新

储蓄存款属于商业银行的零售业务，具有小额和分散的特点，因此创新主要围绕这两个特点展开。在发达国家，具有代表性的有以下几种：

① 零续定期储蓄存款，这是一种多次存入，期限在半年以上、5年以下的储蓄存款。其特点为：对每次存入的金额没有最低和最高限制，也没有固定的日期限制；期满前3个月为“搁置期”，既不能存，也不能取；利息采用定期利率计算。

这种存款对收入较高而又不稳定的客户较有吸引力。

② 联立定期储蓄存款，它把整存整取和零存整取的优点巧妙地结合起来，在一本存折上有多笔定期存款，每笔存款都规定了最低限额，但不规定存入期限。每到年末，银行自动将存满半年的每笔存款汇集成一个大数。客户取款时，需提前通知银行，凡年限已满1年的存款，提取一笔或同时提取几笔均可。这种存款十分便于存户化零为整，增加收益。

③ 指数存款证，这是在通货膨胀下为确保客户的存款不贬值而推出的存款工具。它使定期储蓄存款的利率与物价上涨指数相挂钩，在确保实际利率不变的前提下，名义利率随物价指数的升降而变化[①]。

④ 股金汇票账户（SDA），由美国信贷协会在1974年首创，该种储蓄账户兼具支票账户功能，允许储户像签发支票那样开出汇票取现或转账。在取现或转账前，存户的资金可取得相当于储蓄存款的利息收入。

⑤ 特种储蓄存款，这是商业银行针对客户的某种特殊需求设计的存款创新工具，品种繁多，主要有养老金储蓄、团体储蓄、存贷结合储蓄、国债定期户头储蓄等。我国开设的住房储蓄[②]、礼仪储蓄[③]等显然受此启发。

3.2.4 存款成本管理

1.存款成本构成

（1）利息成本

利息成本是指银行按约定的存款利率，以货币形式付给存款人的开支，是银行存款成本的重要组成部分。存款利率有固定利率和浮动利率之分。固定利率是在一定的存款期内，存款利率按约定利率计息并保持不变，我国的存款一般按固定利率计息；浮动利率是在一定的存款期内，存款利率以市场上的某种利率作基准并在一定范围内浮动计息，西方国家普遍使用这种计息办法。

（2）营业成本

营业成本也称服务成本，指银行除利息以外的其他所有开支，包括柜台和外勤人员的工资、广告宣传费、折旧摊提费、办公费以及为存户提供其他服务的费用等。营业成本又可以进一步划分为变动成本、固定成本和混合成本等。

（3）资金成本

资金成本指为服务客户存款而支付的一切费用，包括利息成本和营业成本之和。资金成本率的计算公式为：

---

① 我国1988年9月10日起开办人民币长期保值储蓄存款业务，推出3年、5年、8年期保值储蓄，也可称为实际利率为零的指数存款证。该储蓄种类1996年4月1日停办。

② 2004年2月15日，由中国建设银行和欧洲最大、最成功的住房储蓄专业银行——德国施威比豪尔住房储蓄银行共同投资成立的中德住房储蓄银行在天津开业，这是国内首家按照国际通行标准运作的专业化住房储蓄银行。

③ 2005年2月，上海的一些银行推出了一种记名的定活两便的礼仪储蓄形式，存款金额从200元到10 000元不等。存款时，不约定存期；取款时，凭存单和密码支取。

$$资金成本率 = \frac{利息成本 + 营业成本}{吸收的全部存款资金} \times 100\%$$

（4）可用资金成本

可用资金是指银行吸收的资金在扣除应缴的法定存款准备金、必要的备付金后，可以实际用于贷款和投资的资金。可用资金成本也称银行的资金转移价格，指银行可用资金所应负担的资金成本。它是确定银行营利性资产价格的基础，也是银行经营中资金成本分析的重点。

（5）相关成本

相关成本指与增加存款有关，但未包括在以上4种成本之中的支出，主要有以下两种：

① 风险成本，指因存款增加引起银行风险增大而必须付出的代价。例如，利率敏感性存款增加会增大利率风险，可变利率存款取决于市场利率变动的风险，保值储蓄贴补率取决于物价指数上涨的风险等。

② 连锁反应成本，指银行因对新吸收存款增加的服务和利息支出，而引起对原有存款增加的开支。

（6）加权平均成本

加权平均成本是指存款资金的每单位平均借入成本。其计算公式为：

$$\begin{array}{c}银行全部存款资金\\的加权平均成本\end{array} = \frac{\sum 每种存款资金来源的数量 \times 每种存款的单位平均成本}{各类存款资金来源的总量}$$

（7）边际存款成本

边际存款成本是指银行增加最后一单位存款所支付的成本。其计算公式为：

$$边际存款成本 = \frac{新增利息 + 新增营业成本}{新增存款资金}$$

2.存款成本控制

（1）存款结构和成本选择控制

在银行的经营管理实践中，对存款结构的选择需要正确处理以下关系：更多地吸收低息存款，降低利息成本的相对数；正确处理不同存款的利息成本和营业成本的关系，不断降低营业成本支出；吸收活期存款必须以不减弱银行的信贷能力为条件；定期存款的增加不以提高自身的比重为目标，而应与银行存款的派生能力相适应。

（2）存款总量和成本控制

在银行的经营管理实践中，存款总量和成本间的关系可以概括为以下4种不同的组合[①]：第一，逆向组合模式，即存款总量增长，成本反而下降；第二，同向组合模式，即存款总量增长，成本随之上升；第三，总量单项变化模式，即存款总量增加，成本不变；第四，成本单项变化模式，即存款总量不变，成本增加。

---

① 戴国强．商业银行经营学［M］．6版．北京：高等教育出版社，2022．

以上4种组合表明，存款成本不仅与存款总量有关，而且与存款结构、利率、成本和营业成本占总成本的比重、单位成本内固定成本和变动成本的比率等都有密切关系。

（3）加权平均成本控制

加权平均成本法主要用于对同行业各种存款成本的对比分析，或历年各种资金来源成本的变动分析。银行存款加权平均成本的变化与存款利率、其他成本比率、存款结构和可用资金比率等因素有内在的联系，但这些因素的变化是否最终影响存款成本，要看存款结构。

（4）边际成本控制

边际存款成本是指银行新增一定存款所增加的经营成本。对银行经营管理来说，只有当银行的资产收益率大于其资金的边际成本时，银行才能获得利润，所以确定边际存款成本非常重要。同时，银行的资金边际成本难以精确计算，它要求预测整个计划期内的资金相关利率，而市场利率处于不断变动状态，是很难精确预测的，因此，银行需要对利率预测的结果进行经常性调整，使资金边际成本预测趋于准确。

3.2.5 存款的经营管理

1.提高存款稳定性

存款稳定性也称存款沉淀率，稳定的存款是形成银行中长期和高营利资产的主要资金来源。从商业银行经营管理的角度看，它比存款总额更具有现实意义。衡量存款稳定性的主要指标有活期存款稳定率、活期存款平均占用天数。存款稳定性的计算公式为：

$$活期存款稳定率 = \frac{活期存款最低余额}{活期存款平均余额} \times 100\%$$

$$活期存款平均占用天数 = \frac{活期存款平均余额 \times 计算期天数}{存款支付总额}$$

要提高存款稳定性，就要提高活期存款稳定率和延长存款的平均占用天数。根据存款的波动程度，银行存款可以划分为3大类：

（1）易变性存款

易变性存款是指商业银行在1年以内随时可能被提走的存款。易变性存款也叫非核心存款或波动性存款，包括季节性存款和脆弱性存款。季节性存款的存取有明显的季节性规律；而脆弱性存款是对利率等外部因素十分敏感的游资，一旦经济环境发生对银行不利的变化，或者有特殊原因，再或者为应付难以预测的经营往来，该类存款就会大量流失。易变性存款可能随时被支取，因而需要大量流动性储备作为支付保障，可用度自然下降。

（2）准变性存款

准变性存款主要是指定活两便存款、通知存款等。这类存款既不能随时提现和转账，也没有支取约定期限的制约，其稳定性介于活期存款和定期存款之间。

（3）稳定性存款

稳定性存款又称核心存款，是商业银行在一定时期内不会被提取的存款，主要包括对利率不敏感的存款。这类存款也不随经济环境、季节、周期变化而变化，具有相对稳定性。小额存户对银行的忠诚度高，其存款通常较为稳定。稳定性存款在近期内的提取概率很小，银行无须为之保留较多的头寸，故而是形成银行中长期和高营利性资产的主要资金来源。不过银行一旦失去信誉，稳定性存款也会丧失。

保证银行存款稳定性的重点是提高易变性存款的稳定性。只有提供优质服务，保持和客户的良好关系，才能提高存款稳定性。提高存款稳定性还必须努力延长稳定性存款和易变性存款的平均占用天数。

2.存款工具营销

银行营销是指把可营利的银行服务引向经选择的客户的经营管理活动。在存款工具营销中，要建立以客户为中心的金融服务体系，深刻理解客户的需求，通过对客户需求的研究，确定营销策略；通过对目标市场的选择，对市场要素进行合理细分，不能以损害某些细分市场的利益去补贴另一些细分市场的利益。存款工具营销有以下4个环节：

① 确定客户的金融需求。客户购买存款工具的动机是多种多样的，银行应针对客户的存款动机推出相应的存款品种。

② 根据研究成果规划新的服务或改善原有服务。银行应根据研究成果和经营环境的变化、自身规模、经营特点，具体规划新的服务或改善原有服务。

③ 存款定价。存款定价既要满足客户需求，又要顾及银行的经济效益。国际市场常用的存款定价方法包括以成本为基础定价、交易账户定价、金融市场存款账户定价、定期存单市场按银行层次定价。

④ 存款促销。在存款促销中，银行要通过广告等促销方式把银行在规模、信誉、服务效率、质量，以及产品和服务种类及特色等方面的信息传达给公众，并通过公共关系确保形象，使服务具有吸引力。

商业银行开展营销活动应当遵循诚实信用原则，不得进行虚假、欺诈、隐瞒或者误导性宣传，不得损害其他同业信誉，不得夸大产品的业绩、收益或者压低其风险。

3.存款规模控制

存款规模是一家银行综合实力的标志，尤其是在经济发展较快的国家和地区，因为这些国家和地区长期处于资金紧缺状态。当然，银行存款也并非越多越好。

从宏观来看，一国存款的供给总量主要取决于该国国民经济发展的总体水平，存款总量的增减也取决于多方面主客观因素的变化。企业的存款增减变动主要取决于社会再生产的规模、企业的经营状况、国家的金融政策以及商业信用的发展程度、银行结算质量和速度等一系列因素。因此，无论是储蓄存款还是企业存款，在总量上都客观地存在一个正常状态下的适度问题。从宏观上评判存款总量的适度性，常用的指标有存款总额同国内生产总值之比、企业存款总额同企业销售总额或流动资金占用总额之比、居民存款总额和居民收入总额之比等。

从银行经营管理的角度来看，一家银行的存款量应控制在其贷款的可发放程度及吸收存款的成本和管理能力的承受范围之内。银行对存款规模的控制要以存款资金在多大程度上被实际运用于贷款和投资为评判标准。从国际范围来看，一些银行通过存款成本变化来控制存款量，努力寻求边际成本曲线和实际收益曲线的相交点，这是比较科学的存款规模控制模式。

3.3 短期借款的管理

3.3.1 短期借款的含义、特征和作用

1.短期借款的含义

短期借款是银行借入的、还款期限在1年或超过1年的一个经营周期内的各种借款。在商业银行的负债业务中，存款始终是最主要的资金来源，但是随着商业银行的发展，非存款性负债日益增长，短期借款已经成为商业银行重要的资金来源①。

2.短期借款的特征

① 主动性。短期借款无论是在时间上还是在金额上都具有充分的主动性，银行可以有计划地选择和控制，有利于对负债的管理。

② 集中性。短期借款在时间上和金额上都相对集中，每一笔借款的平均金额要大大高于每一笔存款的平均金额。这也使得短期借款的归还时间和金额也相对集中，对商业银行资产流动性管理提出了较高的要求，一旦无法偿还到期借款，就会影响商业银行的信誉，加大经营风险。

③ 利率风险高。一般情况下，短期借款的利率高于同期存款的利率，而且与市场资金供求关系密切相关，极易受到市场利率变动的影响，这也导致银行资金成本管理难度加大。

④ 用于弥补头寸短缺。短期借款主要是为了应对头寸不足，解决银行临时性资金不足和周转困难的问题。尽管短期借款的稳定余额也可以长期占用，但是绝不能用短期借款来满足获利性资产的资金需要。

---

① 2021年，我国银行间货币市场成交1 164万亿元，同比增长5.24%。其中，同业拆借成交118.8万亿元，同比下降19.2%；质押式回购成交1 040.5万亿元，同比增长9.2%；买断式回购成交4.7万亿元，同比下降32.6%；交易所标准券回购成交350.2万亿元，同比增长21.8%。

3.短期借款的作用

① 为银行提供绝大多数非存款资金的来源。近几十年来，为满足银行经营管理的需要，各种形式的短期借款成为银行重要的资金来源。

② 是满足银行周转资金需要的重要手段。周转资金是银行经营的一种保护性资金，商业银行必须经常持有足够的资金以满足可能出现的支付需求。现代银行越来越依赖短期借款满足资金周转的需要。短期借款既能降低存款波动的不良影响，也能在一定程度上兼顾营利性要求。

③ 提高了商业银行的资金管理效率。短期借款是银行的主动负债，对流动性的需要在时间上和金额上都十分明确，银行可以依据安全性、流动性、营利性的需要，对短期借款的时间和金额进行有效组合，提高资金管理效率。同时，短期借款的增加使银行资产和负债的流动性相应提高，能更多地持有流动性较低的高营利性资产，有利于银行盈利水平的提高。

④ 扩大银行的经营规模，加强银行与外部的往来和联系。短期借款的增加意味着商业银行资金来源的增加，为资产的扩大创造了条件，经营规模也会扩大。短期借款是商业银行与同业及中央银行加强联系的重要渠道，商业银行在国际市场借入短期借款，能加强商业银行与同业的国际往来，便于其进入国际金融市场。

3.3.2 短期借款的主要渠道

1.同业拆借

同业拆借是指金融机构（主要是商业银行）之间为了调剂资金余缺，利用资金融通过程的时间差、空间差、行际差来调剂资金而进行的短期借贷。我国金融机构间同业拆借是在中国人民银行组织的金融市场上完成的，是通过全国统一的同业拆借网络进行的无担保资金融通行为①。金融机构用于拆出的资金只能是交足法定存款准备金、留足备付金、已归还中央银行贷款后剩余的资金。金融机构只能将拆入的资金用于弥补票据结算、系统内汇差头寸的不足和满足临时性周转资金的需要，不得将拆入的资金用于发放固定资产贷款或者用于投资。同业拆借的期限在符合以下规定的前提下，由交易双方自行商定：

① 政策性银行、中资商业银行、中资商业银行授权的一级分支机构、外商独资银行、中外合资银行、外国银行分行、城市信用合作社、农村信用合作社县级联合社拆入资金的最长期限为1年。

② 金融资产管理公司、金融租赁公司、汽车金融公司、保险公司拆入资金的最长期限为3个月。

③ 企业集团财务公司、信托公司、证券公司、保险资产管理公司拆入资金的

① 1996年1月中国人民银行建立了全国统一的银行间同业拆借市场，同年6月放开了对同业拆借利率的管制，拆借利率由拆借双方根据市场资金供求状况自行决定，初步形成了全国统一的同业拆借市场利率。中国人民银行发布了《同业拆借管理办法》（2007年8月6日起实施），规范同业拆借业务。2007年1月4日，我国正式运行上海银行间同业拆放利率。

最长期限为7天。

④ 金融机构拆出资金的最长期限不得超过对手方由中国人民银行规定的拆入资金最长期限。中国人民银行可以根据市场发展和管理的需要调整金融机构的拆借资金最长期限。同业拆借到期后不得展期。同业拆借的利率由交易双方自行商定。

国际货币市场上较有代表性的同业拆借利率有4种：美国联邦基金利率、伦敦银行同业拆放利率（LIBOR）、新加坡同业拆借利率和香港同业拆借利率。

目前，我国银行间同业拆借利率以上海银行间同业拆放利率（SHIBOR）为基础。中国人民银行成立SHIBOR工作小组，依据《上海银行间同业拆放利率（SHIBOR）实施准则》确定和调整报价银行团成员、监督和管理SHIBOR运行、规范报价行与指定发布人行为。SHIBOR以拆借利率为基础，采用报价制度，即参与银行每天对各个期限的拆借品种进行报价，对报价进行加权平均处理后，公布各个期限的平均拆借利率。

2.向中央银行借款

在商业银行的经营中，遇有资金不足时，除了可以采取向上级行申请调入资金、同业拆借和通过资金市场融通资金等手段外，还可以向中央银行申请借款。商业银行向中央银行借款主要有两种形式：再贷款和再贴现。

（1）再贷款

再贷款是中央银行向商业银行发放的信用贷款，也称直接贷款。贷款期限较短，最长不超过1年。依据贷款期限的不同，具体划分为20天、3个月、6个月、1年4个档次。中央银行通过调整再贷款利率，影响商业银行从中央银行取得信贷资金的成本和可使用额度，使货币供应量和市场利率发生变化。再贷款利率的调整也是中央银行向商业银行和社会宣传货币政策变动的一种有效方法，它能产生预告效果，从而在某种程度上影响人们的预期。提高再贷款利率，是中央银行收缩银根、实行紧缩政策的信号；降低再贷款利率，表示在中央银行看来通货膨胀已经缓解，就会刺激投资和经济增长。这样就在一定程度上起到调整产业结构和产品结构的作用。目前，我国商业银行向中央银行借款主要采取再贷款形式。

（2）再贴现

再贴现是中央银行对金融机构持有的未到期已贴现商业汇票予以贴现的行为。再贴现作为西方国家中央银行传统的三大货币政策工具（公开市场业务、再贴现、存款准备金）之一，被不少国家广泛运用。再贴现受到如此重视并得以广泛运用，主要是因为它不仅具有影响商业银行信用扩张并借以调控货币供应总量的作用，而且具有按照国家产业政策的要求，有选择地对不同种类的票据进行融资，促进经济结构调整的作用。在我国，中央银行通过适时调整再贴现总量及利率，明确再贴现票据选择，达到吞吐基础货币和实施金融宏观调控的目的，同时发挥调整信贷结构的功能[①]。

3.转贴现

转贴现是指中央银行以外的投资人从二级市场购进票据的行为。商业银行通过转贴现在二级市场卖出未到期的贴现票据以融通资金，而二级市场的投资人在票据到期前还可进一步转手买卖，继续转贴现。转贴现的期限一律从贴现之日起到票据到期日止，按实际天数计算。转贴现利率可由双方议定，也可以贴现率为基础参照再贴现率确定。我国票据款项的回收一律向申请转贴现的银行收取，而不是向承兑人收取。

4.回购协议

回购协议是指在出售证券的同时，与证券的购买商达成协议，约定在一定期限后按原定价格购回所卖证券，从而获取即时可用资金的一种交易行为。回购协议的回购价格为售价加利息，这样就在事实上偿付了融资本息。回购协议是一种短期抵押融资方式，那笔被借款方先售出后又购回的金融资产就是融资抵押品或担保品。回购协议有两种：一种是正回购协议，是指在出售证券的同时和证券的购买商签订协议，在一定期限后按照约定价格回购所出售的证券，从而及时获取资金；另一种是逆回购协议，是指买入证券的一方同意按照约定期限和价格再卖出证券的协议。回购协议的期限一般很短，最常见的是隔夜拆借，但也有期限长的。此外，还有一种“连续合同”形式，这种形式的回购协议没有固定期限，在双方都没有表示终止的意图时，合同每天自动展期，直至一方提出终止为止。

5.欧洲货币市场借款

西方各国银行在国际金融市场上的借款活动多在欧洲货币市场进行。欧洲货币市场既不受交易货币发行国的管制，也较少受到交易所在国的约束，在税收、利率、法定存款准备金等方面的负担或限制均较国内宽松，这对于巨额资金需求者来说是一个理想的筹资场所。欧洲货币市场是银行间的市场，具有广泛的经营欧洲货币业务的银行网络，其业务一般是在银行间、银行与客户之间进行的。欧洲货币市场是以批发交易为主的市场，资金来自世界各地，数额极其庞大，各种主要可兑换货币应有尽有，充分满足了各国不同类型的银行和企业对不同期限和不同用途的资金的需求。其中，欧洲货币短期信贷市场主要进行1年以内的短期资金拆放，最短的为日拆。

随着国际金融业务的不断拓展，期限也延长至1~5年。该市场借贷业务主要靠信用，无须担保，成交额以百万美元或千万美元为单位。这个市场的存款大多数是企业、银行、机关团体和个人在短期内的闲置资金，这些资金又通过银行提供给另

---

① 2008年以来，为有效发挥再贴现促进结构调整、引导资金流向的作用，中国人民银行进一步完善了再贴现管理。适当增加再贴现转授权窗口，以便金融机构尤其是地方中小金融机构法人申请办理再贴现；适当扩大再贴现的对象和机构范围，城乡信用社、存款类外资金融机构法人、存款类新型农村金融机构，以及企业集团财务公司等非银行金融机构均可申请再贴现；推广使用商业承兑汇票，促进商业信用票据化；通过票据选择明确再贴现支持的重点，对涉农票据，县域企业和金融机构及中小金融机构签发、承兑、持有的票据优先办理再贴现；进一步明确再贴现可采取回购和买断两种方式，提高业务效率。

一些国家的企业、银行、官方机构和私人作短期周转。欧洲货币短期信贷市场的业务有以下4个特点：第一，期限短，一般在3个月以内；第二，属于批发性质，一般借贷额比较大，有的年份有1亿美元甚至更大的交易；第三，灵活方便，即在借款期限、借款货币种类和借款地点等方面都有较大的选择余地，这也是欧洲货币市场对借款人的最大吸引力之一；第四，利率由双方商定，一般低于各国专业银行对国内大客户的优惠放款利率，但比伦敦银行同业拆放利率高，由经营欧洲货币业务的大银行于每个营业日按伦敦银行同业拆放利率商定公布。

6.大额存单

大额存单是指由银行业存款类金融机构面向非金融机构投资人发行的大额存款凭证，是银行的负债工具。大额存单是银行负债证券化的具体表现，也是西方国家商业银行通过发行短期金融债券筹集资金的主要形式。大额存单可以转让，并且有较高的利率，集中了活期存款的流动性、定期存款的营利性的优点，因而颇受欢迎[①]。商业银行发行大额存单的主要优点是：第一，不缴纳存款准备金，因此实际可用资金的数量要大于同额的存款，实际利息的负担也就相对较低；第二，由于大额存单不能回购，也不能提前支取，因而资金来源比较稳定；第三，大额存单作为一种有形商品，可在金融市场广泛推销，从而突破了银行营业网点的局限，提高了组织资金的能力；第四，大额存单发行成本较低，一旦售出，只承担到期还本付息的义务，不再提供其他服务，因而是一种成本较低而又有利于分散风险的短期借款工具。

7.商业票据

商业票据是信誉良好的工商企业和金融机构发行的短期期票，20世纪60年代后期成为银行筹集资金的重要形式。虽然许多国家的银行法规定商业银行不能直接发行商业票据，但银行往往利用它们的持股公司，或者设立附属公司发行商业票据，并将所得资金用于贷款和投资。国外商业票据的面值一般以10万美元为下限，500万美元或者1 000万美元的面额更为流行，期限以30~270天为主。

3.3.3 短期借款的经营策略

1.选择恰当时机

商业银行如何有效利用短期借款，有一个时机选择问题。首先，银行应根据自身在一定时期的资产结构及其变动趋势，来确定是否利用和在多大程度上利用短期借款；其次，根据一定时期金融市场的状况来选择借款时机；最后，要根据中央银

① 我国早在1986年就开始尝试大额存单，最早的是交通银行。1997年4月，暂停大额可转让定期存单的发行。2015年，我国再次宣布面向机构及个人推出大额存单；6月2日，中国人民银行正式发布了《大额存单管理暂行办法》。个人投资人认购起点金额不低于30万元，机构认购起点金额不低于1 000万元。首批试点银行为工、农、中、建、交等9家银行。2016年，个人投资人认购起点金额降低至不低于20万元。2022年1月1日，中国人民银行、中国银保监会、中国证监会、国家外汇管理局联合发布的《关于规范金融机构资产管理业务的指导意见》（简称“资管新规”）正式实施，银行理财产品不再保本保收益，让具有“保本+更高利息”属性的大额存单成为保守型投资者的选择。

行货币政策的变化控制短期借款的大小。

2.确定合理结构

商业银行的短期借款渠道很多，如何安排各种借款在短期借款总额中的比重是重要的经营策略。从资金来源的成本结构看，应尽可能多地利用低息借款。在资产预期收益较高、低息借款又难以取得时，也可适当借入利息较高的资金。

3.适当控制规模

商业银行借入短期借款有时会付出较高的代价，如果利用短期借款付出的成本超过因扩大资产规模而获取的利润，则不宜继续增加借款，而应通过调整资产结构等办法来保持流动性。商业银行在资产负债管理中，必须全面权衡流动性、安全性和营利性三者之间的关系，测算出适度的短期借款规模。

3.4 长期借款的管理

3.4.1 长期借款和金融债券的含义和特征

1.长期借款和金融债券的含义

（1）长期借款的含义

长期借款是指银行借入的期限在1年以上（不含1年）或超过1年的一个营业周期以上的各项借款。商业银行的长期借款一般采用发行金融债券的形式。

（2）金融债券的含义

金融债券是银行等金融机构作为筹资主体为筹措资金而面向社会发行的一种有价证券，是表明债权债务关系的一种凭证。金融债券按法定发行手续，承诺按约定利率定期支付利息并到期偿还本金。它是银行等金融机构的主动负债。

金融债券信用等级较高，投资风险低，不仅收益率高于同期存款利率，而且有一定的流动性，故而对投资者颇具吸引力。银行发行的金融债券根据筹措的资金能否计入银行资本，可以分为资本性金融债券和一般性金融债券，其差别主要是前者的求偿权列在存款人之后，如属于次级债券的资本票据和资本债券。除此之外，由于商业银行的金融债券广义上属于企业债券，因而与普通工商企业债券的种类划分并无本质差异。金融债券的利率根据债券市场资金松紧、借款银行的信誉、债券发行总额、币别以及期限而定，一般低于同类企业债券利率。鉴于这种资金来源的长期特性，金融债券的利率也成为体现发行银行风险状况的指示器，陷入困境的银行不得不以高利率或以较大折扣发行债券。2021年，我国商业银行合计发行债券249只，累计发债规模达1.93万亿元，发债数量及规模较2020年均增长近2%。债券类型主要以二级资本债、永续债、小微贷款金融债、金融债、绿色金融债为主，发行主体同样多元，包括国有大行、股份制银行、城商行、农商行等。

2.金融债券的一般特征

与存款相比，金融债券具有以下特征：

① 专用性。发行金融债券筹集的资金一般情况下是专款专用，用于定向的特别贷款。通过吸收存款所得的资金通常用于一般性贷款。

② 集中性。在筹资权利方面，发行金融债券是集中的，它具有间断性，而且有一定的限额。吸收存款对于金融机构来说，是经常的、连续的业务，而且无限额。

③ 高利率性。在筹资成本方面，由于银行等金融机构在一国经济中占有较特殊的地位，政府对它们的运营进行严格监管，因此，金融债券的资信通常高于其他非金融机构债券，违约风险相对较低，具有较高的安全性。金融债券的利率通常低于一般的企业债券，但高于风险更低的国债和银行储蓄存款利率。

④ 流动性。在流通转让方面，金融债券不能提前兑取。作为一种债券，它一般不记名、不挂失，可以抵押，可以在证券市场上流通转让。存款虽然可以随时兑取（尤其是活期存款），但一般是记名的，不能在证券市场上流通。

3.我国金融债券的特点

我国金融债券主要是由银行等金融机构发行的债券，是债券的一种特殊类型，具有以下特点：

① 金融债券表示银行等金融机构与金融债券的个人持有者之间的债权债务关系；

② 金融债券一般不记名、不挂失，可以抵押和转让；

③ 我国金融债券的发行对象主要为个人，利息收入免征个人所得税和个人收入调节税；

④ 金融债券的利息不计复利，也不计逾期利息；

⑤ 金融债券的利率固定，一般利率都较高，高于同期储蓄存款利率；

⑥ 在我国发行金融债券筹集的资金专款专用，作为对企事业单位的特种贷款，主要用于解决部分企业流动资金的不足和国家计划内的、经济效益好的项目建成所急需的流动资金。

3.4.2 金融债券的种类

按不同标准，金融债券可以划分为多个种类。

1.按利息的支付方式，划分为附息金融债券和贴现金融债券

① 附息金融债券，指债券券面上附有息票，按照债券票面载明的利率及支付方式支付利息的金融债券。

② 贴现金融债券，指债券券面上不附有息票，发行时按规定的折扣率，以低于债券面值的价格发行，到期按面值支付本息的金融债券。根据国外通常的做法，贴现金融债券的利息收入要征税，并且不能在证券交易所上市交易。

2.按发行条件，划分为普通金融债券和累进利息金融债券

① 普通金融债券，按面值发行，到期一次还本付息，期限一般是1年、2年和3年。普通金融债券类似于银行的定期存款，只是利率比定期存款高一些。

② 累进利息金融债券，利率随着债券期限的增加累进，投资者可在债券期限内随时兑付，并获得规定的利息。

3.国际金融债券

国际金融债券是一种在国际金融市场上发行的金融工具，是以外国货币为面值的债券。国际金融债券种类繁多，我们从市场和货币角度介绍以下3种：

（1）外国金融债券

外国金融债券指债券发行银行通过外国金融市场所在国的银行或金融机构发行的以该国货币为面值的金融债券。这类债券的基本特点是：债券发行银行在一个国家，债券的面值和发行市场则属于另一个国家。例如，扬基债券（Yankee Bonds）是在美国债券市场上发行的外国债券，即美国以外的政府、金融机构、工商企业和国际组织在美国国内市场发行的、以美元为计值货币的债券；武士债券（Samurai Bonds）是在日本债券市场上发行的外国债券，即日本以外的政府、金融机构、工商企业和国际组织在日本国内市场发行的、以日元为计值货币的债券。武士债券为无担保发行，典型期限为3~10年，一般在东京证券交易所交易。

（2）欧洲金融债券

欧洲金融债券是一国政府、金融机构、工商企业或国际组织在国外债券市场上以第三国货币为面值发行的债券。欧洲金融债券的发行人、发行地以及面值货币分别属于3个不同的国家。欧洲金融债券不受任何国家资本市场的限制，免扣缴税，其面额可以以发行人当地的通货或其他通货为计算单位。对跨国公司及第三世界政府而言，欧洲金融债券是其筹措资金的重要渠道。例如，我国银行在伦敦市场发行美元债券或在法兰克福市场发行日元债券，前者称为欧洲美元债券，后者称为欧洲日元债券。

（3）平行金融债券

平行金融债券指发行银行为筹措一笔资金，在几个国家同时发行债券，债券分别以各投资国的货币标价，各债券的借款条件和利率基本相同。实际上，这是一家银行同时在不同国家发行的几笔外国金融债券。

此外，金融债券也可以像公司债券一样，根据期限的长短，划分为短期债券、中期债券和长期债券；根据是否记名，划分为记名债券和不记名债券；根据担保情况，划分为信用债券和担保债券；根据可否提前赎回，划分为可提前赎回债券和不可提前赎回债券；根据债券票面利率是否变动，划分为固定利率债券、浮动利率债券和累进利率债券；根据发行人是否给予投资者选择权，划分为附有选择权的债券和不附有选择权的债券；根据发行方式，划分为公募债券和私募债券等。

3.4.3　我国金融债券的种类

近年来，我国金融债券市场发展较快。2020年，银行间债券市场现券交易量232.8万亿元，日均成交9 350.4亿元，同比增长12%。债券市场规模也不断发展壮大，类型不断丰富，银行间债券市场各类参与主体共计27 958家，比2019年年末增加3 911家。金融债券品种不断增加，主要有：

（1）央行票据

央行票据由中国人民银行在银行间市场通过中国人民银行债券发行系统发行，发行对象是公开市场业务一级交易商。为实现宏观金融调控目标进行公开市场操作，中国人民银行于2002年9月24日将2002年6月25日至9月24日公开市场操作中未到期的正回购债券全部转为相应的中央银行票据，共1 937亿元。从2003年4月22日起，中国人民银行正式发行中央银行票据，至当年年底，共发行63期，发行总量为7 226.8亿元。2015年10月20日，中国人民银行在伦敦采用簿记建档方式，成功发行了50亿元人民币央行票据，期限1年，票面利率3.1%。这是中国人民银行首次在中国以外地区发行以人民币计价的央行票据。截止到2020年，公开市场业务一级交易商有49家。

（2）证券公司债券

证券公司债券是指证券公司依法发行的、约定在一定期限内还本付息的有价证券。2003年8月29日，中国证监会发布《证券公司债券管理暂行办法》，并于2004年3月1日核准中信证券、海通证券、长城证券公司发行公司债券42.3亿元。2004年年末，国泰君安证券公司发行证券公司债券16.5亿元，长城证券公司发行2.3亿元，中信证券公司发行4.5亿元。2005年全年证券公司未发行债券。2006年中信证券公司发行了1期15亿元的债券。2015年1月11日，中国证监会审议通过《公司债券发行与交易管理办法》并于当日施行，将证券公司债券统一纳入公司债券管理。

（3）商业银行次级债券

2004年6月24日，《商业银行次级债券发行管理办法》颁布实施。商业银行次级债券是指商业银行发行的，本金和利息的清偿顺序列于商业银行其他负债之后、先于商业银行股权资本的债券。2012年，中国银监会颁布《商业银行资本管理办法（试行）》，将资本划分为“核心一级资本、其他一级资本和二级资本”。对于已发行的不合格的旧式次级债，自2013年起计入监管资本，按年递减10%的方式提供过渡期；2013年1月1日之后发行的不合格的资本工具不再计入监管资本，只能计入银行负债。2019年12月，中国银保监会发布《关于商业银行资本工具创新的指导意见（修订）》，对合格资本工具的认定标准调整细化，对资本工具损失吸收机制进一步完善，对资本工具发行的基本原则和工作机制予以更新。

2021年，商业银行二级资本债合计发行规模6 170.73亿元，占总发债规模的

31.24%。

（4）保险公司次级债

2013年，中国保监会发布的《关于修改〈保险公司次级定期债务管理办法〉的决定》规定，保险公司次级债是指保险公司为了弥补临时性或者阶段性资本不足，经批准募集，期限在5年以上（含5年），且本金和利息的清偿顺序列于保单责任和其他负债之后、先于保险公司股权资本的保险公司债务。保险公司是指依照中国法律在中国境内设立的中资保险公司、中外合资保险公司和外资独资保险公司。中国银保监会依法对保险公司次级债的募集、管理、还本付息和信息披露行为进行监督管理。

保险公司募集次级债所获取的资金，可以计入附属资本，但不得用于弥补保险公司日常经营损失。保险公司计入附属资本的次级债金额不得超过净资产的50%，具体认可标准由中国银保监会另行规定。

（5）证券公司短期融资券

2004年10月，中国证监会和中国银监会制定并发布《证券公司短期融资券管理办法》。证券公司短期融资券是指证券公司以短期融资为目的，在银行间债券市场发行的、约定在一定期限内还本付息的金融债券。2005年，广发证券、中信证券、海通证券、招商证券、国泰君安证券公司分别发行了5期短期融资券，累计发行29亿元。2006年后，因市场环境变化等原因，证券公司未再发行短期融资券。2013年4月，国泰君安证券公司发行了6亿元91天期融资券，之后发行量逐步增多。2018年4月，《中国人民银行金融市场司关于证券公司短期融资券管理有关事项的通知》发布，对证券公司短期融资券进行规范，要求证券公司发行短期融资券时，要符合以下条件：资产管理业务开展规范，强化法人风险隔离、规范资金池、打破刚性兑付等。证券公司发行短期融资券实行余额管理，待偿还短期融资券余额上限按照短期融资券与证券公司其他短期融资工具余额之和不超过净资本的60%计算。

（6）永续债

永续债是指没有明确到期日或期限非常长的债券，即理论上永久存续，用于补充商业银行其他一级资本。此外，永续债还具有发行人赎回权、高票息率、票面利率跳升或重设机制等特征。2019年1月25日，中国银行在银行间债券市场发行了400亿元永续债，是国内首单银行发行的永续债。2019年和2020年，A股上市银行分别发行4 900亿元和5 575亿元永续债，占当年资本补充工具募资的32.22%、48.7%。2021年A股银行发行永续债规模为5 855亿元。

当前，我国银行机构补充资本主要依赖普通股、利润留存、优先股、可转债及二级资本债券等工具。由于永续债没有固定期限，或者说到期日为机构存续期，具有一定的损失吸收能力，可计入银行其他一级资本，因此永续债或将成为银行补充非核心一级资本的重要创新工具之一。推出商业银行永续债，有利于丰富我国债券市场品种结构，满足投资人长期资产配置需求，也有利于债券收益率曲线的完善。

此外，通过永续债补充银行资本进而扩大信贷支持规模，是当前支持民营企业、实体经济的重要环节。

（7）其他金融债券

2021年，商业银行发债总额达到19 343.78亿元，发债类型包括二级资本债、永续债、小微贷款金融债、金融债、绿色金融债、创新创业债、“三农”专项金融债等，分别发行6 154.23亿元、5 855亿元、3 420亿元、3 345亿元、379.55亿元、100亿元、90亿元。

商业银行发行小微贷款金融债的增加和政策层面对小微企业的支持是分不开的。连续几年的政府工作报告都对银行向小微企业贷款提出较高要求，也支持商业银行通过更多的渠道获取成本相对较低的资金，增强银行支持服务小微企业的可持续性。

小资料3-1

我国金融债券的起源与发展

我国金融债券的发行始于北洋政府时期，国民党政府时期也曾多次发行“金融公债”、“金融长期公债”和“金融短期公债”。中华人民共和国成立后，金融债券发行始于1982年，中国国际信托投资公司率先在东京证券市场发行了外国金融债券。

为推动金融资产多样化，筹集社会资金，1985年中国工商银行、中国农业银行发行金融债券，开办特种贷款。这是我国经济体制改革后国内发行金融债券的开端。此后，中国工商银行和中国农业银行又多次发行金融债券，中国银行、中国建设银行也陆续发行了金融债券。1988年，部分非银行金融机构开始发行金融债券。1993年，中国投资银行被批准在境内发行外币金融债券，这是我国首次发行境内外币金融债券。1994年，我国政策性银行成立后，发行主体从商业银行转向政策性银行。当年仅国家开发银行就发行了7次金融债券，总金额达758亿元。1997—1998年，经中国人民银行批准，部分金融机构发行了特种金融债券，所筹集资金专门用于偿还不规范证券回购交易所形成的债务。1999年以后，我国金融债券的发行主体集中于政策性银行，其中，以国家开发银行为主，金融债券已成为其筹措资金的主要方式。1999—2001年，国家开发银行累计在银行间债券市场发行债券1万多亿元，是仅次于财政部的第二大发债主体，通过金融债券所筹集的资金占其同期整个资金来源的92%。同时，金融债券的发行也进行了一些探索性改革：一是探索市场化发行方式；二是力求金融债券品种多样化。国家开发银行于2002年推出投资人选择权债券、发行人普通选择权债券、长期次级债券和本息分离债券等新品种。2003年，国家开发银行在继续发行可回售债券与可赎回债券的同时，又推出可掉期国债新品种，并发行5亿美元外币债券。

3.4.4 金融债券的经营管理

1.金融债券发行的管理[①]

金融债券的发行须经过信用评级，由专门的评级机构对发行者的偿还能力做出评价，为债券投资者提供参考。金融债券的信用评级不是对发行者的资信评级，而是对该笔债券还本付息能力的评估，因此同一发行者发行的每笔债券的等级不一定相同。

（1）发行申请

金融债券发行受到金融监管层的控制，金融法规完备、奉行市场经济原则的国家多实行注册制，银行在发行债券前向证券监管机构申请注册登记，只要银行依法提供的相关资料全面、真实、准确，发行申请即自动生效。金融法规不够严密或金融管制比较严格的国家一般实行核准制，银行的债券发行申请须经监管机构严格审查、获得批准方能生效。一些国家对商业银行发行金融债券的数量有所限制，通常的做法是规定发行总额不能超过银行资本的一定倍数。

我国银行于1985年开始在国内发行金融债券。根据有关规定，我国政策性银行（目前为国家开发银行、中国进出口银行、中国农业发展银行3家）、商业银行、企业集团财务公司及其他金融机构法人经中国人民银行批准，可以依法发行金融债券。金融债券的种类包括政策性金融债券、商业银行次级债券、普通商业银行金融债券等。金融债券必须经中国人民银行总行批准其发行额度，由金融债券的发行机构在其营业点以公开出售的方式发行。这种债券的利率一般略高于同等期限的定期存款利率，期限为1~5年。金融债券到期还本付息，债权人不能提前抽出资金，但允许进入二级市场转让流通。我国的金融债券已进入证券市场买卖转让，但由于期限比较短、利率水平又高于普通的定期储蓄利率，实际成交的数额并不是很大，比股票的交易量小得多。

《商业银行法》（修改意见稿）规定，商业银行发行金融债券或者到境外借款，应当符合法律、行政法规的规定。《全国银行间债券市场金融债券发行管理办法》（2005年6月1日起施行）、《全国银行间债券市场金融债券发行管理操作规程》（2009年5月15日起施行）等法规对金融机构的发行申请提出了具体要求。

（2）发行机构和信用评级

对于金融债券的发行机构，各国大多通过限制性的法律条文加以规定。我国允许符合要求的政策性银行、商业银行、企业集团财务公司及其他金融机构发行金融债券。

各国对金融债券的信用评级一般有3个标准：盈利能力、资本充足率和资产质量。我国规定，金融债券的发行应由具有债券评级能力的信用评级机构进行信用评

① 根据中国人民银行颁布的《全国银行间债券市场金融债券发行管理操作规程》（自2009年5月15日起施行）的相关内容编写。

级。金融债券发行后，信用评级机构应每年对该金融债券进行跟踪信用评级。如发生影响该金融债券信用评级的重大事项，信用评级机构应及时调整该金融债券的信用评级，并向投资者公布。商业银行发行金融债券应具备以下条件：一是具有良好的公司治理机制；二是核心资本充足率不低于4%；三是最近3年连续营利；四是贷款损失准备计提充足；五是风险监管指标符合监管机构的有关规定；六是最近3年没有重大违法违规行为；七是中国人民银行要求的其他条件。根据商业银行的申请，中国人民银行可以豁免前款所规定的个别条件。

（3）发行数额和运用范围

一般来说，各个国家对商业银行发行金融债券都有一些规定，通常的做法是规定发行总额不能超过银行资本加法定准备金之和的一定倍数。对于所筹集资金的运用，各个国家都有相应的规定，要求商业银行将这些资金用于中长期放款，或者用于专项投资等。

我国金融债券的发行要纳入中国人民银行的全国综合信贷计划，发行数量主要控制在当年各银行偿还到期债券的数量加当年新增特种贷款之和的额度内。20世纪80年代中期以来，我国各银行所发行的金融债券筹集的资金，要按照规定用途使用①。

（4）发行价格和发行费用

发行价格是以出售价格和票面金额的百分比来表示的。从国际范围来看，固定利率金融债券依据信用等级的高低，大多为高价或低价发行；而浮动利率金融债券通常是等价发行。我国除少量贴水债券外，金融债券基本上都是以固定利率等价发行的。我国金融债券的招投标发行通过中国人民银行债券发行系统进行。发行人不得认购或变相认购自己发行的金融债券。金融债券定向发行的，经认购人同意，可免于信用评级。定向发行的金融债券只能在认购人之间转让。

债券发行银行除向投资者支付利息外，还要承担一定的发行费用，利息和发行费用构成债券的发行成本。

2.金融债券经营管理的重点

（1）明确债券发行和资金使用之间的关系

在发行债券时，要使债券发行和用款项目在资金数量上基本相等，避免发生边发行边闲置的现象。同时，要做好项目的可行性研究，进行成本收益比较，力求使项目效益高于债券成本。

（2）掌握债券发行时机

商业银行发行金融债券要掌握好时间，一般来说，应在金融市场资金供应大于需求、利率较低时发行。发行国内债券由于利率相对稳定，实际的选择主要取决于

---

① 截至2021年10月25日，36家银行合计发行47只小微贷款金融债，规模达3 060亿元。2016是中国绿色债券元年，商业银行绿色金融债发行规模最大，占当年绿色金融债发行规模的95%，此后商业银行绿色金融债发行规模和数量有所起伏，2021年商业银行绿色金融债共发行379.55亿元。

资金供给的充裕程度。

（3）注重利率和货币的选择

发行债券前应准确预测利率的未来变动趋势，据此来确定计算利率的方式。国际债券的发行原则上采用汇价具有下浮趋势的软货币作为票面货币。但在金融市场上，汇价趋势看涨的硬货币债券比较好销，而以软货币计价的债券销售困难，要打开销路，势必提高利率，这又会增加成本。因此，商业银行必须对汇率和利率的变化进行全面权衡，做出决策。

（4）研究投资者心理

商业银行应充分了解投资者对购买金融债券的收益性、安全性、流动性、方便性的心理要求，并针对这些要求设计和创新债券品种，满足投资者的需求。

本章小结

负债是指由银行过去的交易或者事项形成的、预期会导致经济利益流出银行的现时义务。商业银行的负债按其流动性分类，可分为流动负债、长期借款和应付债券等。商业银行负债作为其最主要的资金来源，在商业银行经营管理中发挥重要作用。商业银行最重要的负债是存款，我国商业银行存款的种类主要包括单位存款、个人储蓄存款、金融机构同业存款、财政性存款等。发达国家的存款工具创新较多。在存款管理中要重视对存款人的保护。存款成本管理是存款业务管理的基础。短期借款是银行重要的短期资金来源。商业银行的长期借款主要是金融债券。我国根据《全国银行间债券市场金融债券发行管理操作规程》（2009年5月15日起施行）等法规对金融机构的发行申请进行管理和规范。

即测即评

第3章单项选择题

第3章多项选择题

第3章判断题

第4章
商业银行资产业务管理

思政小课堂

诚实守信　展现契约精神

贷款是商业银行最主要的资产业务。贷款业务，诚信为首。中国自古以来就倡导诚实有信，要求人言为信、画指为信、立据为信。古人云：一言既出，驷马难追。2019年4月，中国人民银行征信中心推出新版征信报告，新的个人征信报告细化了个人信息，涵盖了生活的方方面面，在任何地方失信，都可能被新版个人征信报告记录在案，而还款记录也延长到了5年。当个人申请贷款时，无论是房贷、车贷还是消费贷款，大多数金融机构都会先查看个人征信报告。因此，一旦在个人征信报告上留下负面记录，就会直接影响信贷获批，继而影响工作、生活的诸多方面。无论是金融机构还是每一个人，契约精神绝不只是一个口号，而是社会、政府、企业、个人践行的规范和准则。可以说，守信是最低的交易成本，契约无关人情、无关利益，是人格最光辉的展现。

4.1 现金资产的管理

资产是指由过去的交易或者事项形成的、由银行拥有或者控制的、预期会给银行带来经济利益的资源。银行的流动资产主要包括库存现金及存放中央银行款项、存放同业款项、拆出资金、衍生金融资产、买入返售金融资产、持有待售资产等，其中现金资产是流动性最高的资产。

4.1.1 现金资产的构成和作用

1.现金资产的构成

商业银行在日常经营活动中，为了保持充分的清偿能力和获取更有利的投资机会，必须持有一定比例的现金等高流动性资产。现金资产是银行持有的库存现金以及与现金等同的可随时用于支付的银行资产。商业银行的现金资产一般包括以下几类：

（1）库存现金

商业银行的库存现金是指商业银行保存在金库中的现钞和硬币。库存现金的主要作用是银行用来应付客户提取现金和银行自身的日常零星开支。任何一家营业性银行，为了保证对客户的支付，都必须保存一定数量的现金。由于库存现金是一种非营利资产，而且保存库存现金需要花费大量的保管费用，因此库存现金不宜保存太多，在经营中要保持适度的规模。

（2）在中央银行存款

这是指商业银行存放在中央银行的资金，即存款准备金。中央银行存款由两部分组成：一是法定存款准备金；二是超额准备金。法定存款准备金是指按照法定比率向中央银行缴存的存款准备金。中国人民银行法定存款准备金的比率通常是由中央银行决定的，称为法定存款准备金率。超额准备金是金融机构自身决定并存放在中央银行、超出法定存款准备金的部分，主要用于支付清算、头寸调拨，有时也作为资产运用，以抵御未知风险。

（3）存放同业存款

存放同业存款也称代理行存款，是指商业银行存放在代理行和相关银行的存款。在其他银行保持存款的目的是便于银行在同业之间开展代理业务和结算收付。由于存放同业存款属于活期存款性质，可以随时支用，因此可以将其视同银行的现金资产。

（4）在途资金

在途资金也称托收未达款，是指在本行通过对方银行向外地付款单位或个人收取的票据。在途资金在收妥之前，是一笔占用的资金，又由于在途时间较短，收妥后即成为存放同业存款，所以将其视同现金资产。

2.现金资产的作用

（1）保持清偿能力

商业银行的经营风险较高，经营资金主要来源于客户的存款和各项借入资金。存款是商业银行的被动负债，如果商业银行不能及时满足客户的提现要求，就可能影响银行的信誉，引发存款“挤兑”，甚至使银行陷入清偿能力危机而导致破产。商业银行的借款也必须按期归还本息，否则也会影响银行的经营安全。

（2）保持流动性

从银行经营的安全性和营利性要求出发，商业银行应不断调整其资产负债结构，确保原有贷款和投资的高质量和易变现性，同时，银行也需要持有一定数量的流动性准备资产，以便银行及时抓住新的贷款和投资机会，为增加盈利进而为吸引客户提供条件。

4.1.2 资金头寸的计算和预测

商业银行的资金头寸是指商业银行能够运用的资金。资金头寸预测主要是预测存贷款的变化趋势。

1.资金头寸的分类

（1）时点头寸和时期头寸

从时间来看，资金头寸包括时点头寸和时期头寸。时点头寸是指银行在某一时点上的可用资金。时期头寸则是指银行在某一时期的可用资金。

（2）基础头寸和可用头寸

根据层次来划分，资金头寸可分为基础头寸和可用头寸。

①基础头寸是指商业银行的库存现金与在中央银行的超额准备金之和。在基础头寸中，库存现金和超额准备金是可以相互转化的，商业银行从其在中央银行的存款准备金中提取现金，就增加了库存现金，同时减少了超额准备金；相反，商业银行将库存现金存入中央银行准备金账户，就会减少库存现金而增加超额准备金。

在经营管理中，这两者的运动状态有所不同。库存现金是为客户提现保持的备付金，它将在银行与客户之间流通；而在中央银行的超额准备金是为有往来的金融机构保持的清算资金，它将在金融机构之间流通。此外，两者运用的成本、安全性也不一样。

②可用头寸是指商业银行可以动用的全部资金，包括基础头寸和银行存放同业的存款。法定存款准备金的减少和其他现金资产的增加，表明可用头寸增加；相反，法定存款准备金增加和其他现金资产的减少，则意味着可用头寸减少。银行的可用头寸实际上包括两个方面：一方面是可用于应付客户提存和满足债务清偿需要的头寸，一般称为支付准备金（备付金）；另一方面是可贷头寸，它是指商业银行可以用来发放贷款和进行新的投资的资金，是形成银行营利资产的基础。从数量上来看，可贷头寸等于全部可用头寸减去规定限额的支付准备金之差。

2.资金头寸的预测

商业银行现金资产管理的核心任务是使银行在经营过程中保持适度流动性。一方面，银行要保证其现金资产能够满足正常的和非正常的现金支出需要；另一方面，银行要追求利润最大化。为此，银行管理者要准确地计算和预测资金头寸，为流动性管理提供依据。对银行资金头寸的预测，事实上就是对银行流动性需要量的预测。流动性风险管理是银行每天都要进行的日常管理，而积极的流动性风险管理首先要求银行准确地预测未来一定时期内的资金头寸需要量或流动性需要量。

在商业银行的众多业务中，存贷款业务的变化对银行流动性影响最大。银行资金头寸或流动性准备的变化取决于银行存贷款资金运动的变化。一般情况下，存款的减少和贷款的增加，会减少资金头寸；反之，存款的增加和贷款的减少，则会增加资金头寸。另外，银行有些资金来源和资金运用的变化，不会影响资金头寸总量的变化，但会引起资金头寸结构的变化，如向中央银行缴存准备金、收回或增加存放同业存款等。

（1）存款资金的预测

存款按其变化规律可以分为3类：第一类是一定会提取的存款，如到期不能自动转期的定期存款和金融债券，这类存款因为有契约，所以无须预测；第二类是可能会提取的存款，如定活两便存款、零存整取存款，以及到期可以自动转存的存款等，这类存款有可能提取，但又不能肯定；第三类是随时可能提取的存款，如活期存款。存款预测的对象主要是第二类和第三类。

（2）贷款资金的预测

商业银行贷款需求的变化不同于存款波动。从理论上讲，贷款的主动权掌握在银行手中，银行只在有资金头寸的情况下才能发放新贷款，但在实践中，情况往往并非如此。首先，贷款到期能否归还，更多地取决于客户有无还款能力和还款意愿；其次，对于新的贷款需求，虽然银行有权决定贷款是否发放，但在金融市场竞争激烈的情况下，银行一般不会拒绝具有合理资金需要的客户。因此，从某种程度上来说，银行也是被动的。银行应对贷款的供求变化做出预测。

（3）存款和贷款的综合预测

除了分别对存款和贷款的变化趋势进行预测以外，商业银行还应当综合考虑存款和贷款的变化，进行综合预测。在一定时期，某一商业银行所需要的资金头寸量是贷款增量和存款增量之差。其计算公式为：

$$\text{资金头寸需要量}=\text{预计的贷款增量}+\text{应缴存款准备金增量}-\text{预计的存款增量}$$

如果计算的结果为正数，表明银行的贷款规模呈上升趋势，银行需要补充资金头寸，若存款供给量不能相应增加，就需要通过其他渠道借款筹资；如果计算的结果为负数，情况恰好相反，表明银行还有剩余的资金头寸，可通过其他渠道把富裕的资金头寸转化为营利性资产。

（4）中长期资金头寸预测

商业银行在进行中长期资金头寸预测时，除要考虑存贷款的变化趋势外，还要考虑其他资金来源和运用的变化趋势，只有这样才能使资金头寸预测更加全面和准确。其预测公式为：

$$\text{中长期资金头寸量}=\text{时点的可贷头寸}+\text{存款增量}+\text{各种应收债权}+\text{新增借入资金}-\text{贷款增量}-\text{法定存款准备金增量}-\text{各种应付债务}+\text{内部资金来源与运用差额}$$

测算结果如果是正数，表明预测期期末资金头寸剩余，在时点可贷头寸为正的情况下，可增加对营利性资产的投放额度；若测算结果为零或负数，表明预测期期末资金匮乏，即使时点可贷头寸为正，也不可过多安排期限较长的资金投放。

3.资金头寸调度

资金头寸调度是指在正确预测资金头寸变化趋势的基础上，及时灵活地调节余缺，以保证在资金短缺时，能以最低的成本和最快的速度调入所需的资金头寸；反之，在资金头寸多余时，能及时调出，并保证调出资金的收入高于筹资成本，从而获取较高的收益。商业银行资金头寸调度的渠道主要有以下几个：一是同业拆借；二是短期证券回购及商业票据交易；三是总行与分支行之间的资金调度；四是通过中央银行融通资金；五是出售中长期证券；六是出售贷款和固定资产。

4.1.3 现金资产管理方法

1.现金资产管理原则

银行现金资产管理的任务就是在满足经营过程中流动性需要的前提下，将持有现金资产的机会成本降到最低，使现金资产成为银行经营安全性和营利性的杠杆，服务于银行整体经营状况最优化目标。

（1）总量适度原则

总量适度原则是指银行现金资产的总量必须保持在一个适当的规模上。这个适当的规模是由银行现金资产的功能和特点决定的，是在满足银行经营过程中流动性需要的前提下，银行为保持现金资产所付出的机会成本最低时的现金资产数量。总量适度原则是商业银行现金资产管理的最重要的原则。

（2）适时调节原则

适时调节原则是指银行要根据业务过程中的现金流量变化，及时调节资金头寸余缺，确保现金资产的规模适度。

（3）安全保障原则

商业银行的现金资产主要由其在中央银行和同业银行的存款及库存现金构成，其中，库存现金是商业银行经营过程中必要的支付周转金，它分布于银行的各个营业网点。银行在现金资产特别是库存现金的管理中，必须健全安全保卫制度，严格业务操作规程，确保资金安全无损。

2.库存现金的日常管理

库存现金集中反映了银行的资产流动性和营利性状况。库存现金越多，流动性越高，营利性越差。银行必须认真分析影响库存现金数量变动的各种因素，准确测算库存现金需要量，及时调节库存现金的存量，同时，加强各项管理措施，确保库存现金的安全。

影响库存现金变动的因素包括：现金收支规律，营业网点的数量，后勤保障的条件，与中央银行发行库的距离、交通条件及发行库的规定，商业银行内部管理等。

（1）库存现金需要量的匡算

匡算库存现金需要量应考虑两个因素：

① 库存现金周转时间。库存现金周转时间的长短受多种因素的影响，主要有银行营业网点的分布状况和距离、交通运输工具的先进程度和经办人员的配置、进出库制度与营业时间的相互衔接情况等。

② 库存现金支出水平。测算库存现金支出水平，既要考虑历史同时期的现金支出水平，又要考虑一些季节性和临时性因素的影响。在实际工作中，即期库存现金支出水平的计算公式为：

$$\text{即期库存现金支出水平}=\text{前期平均库存现金支出水平}\times\text{保险系数}\times\text{历史同时期平均发展速度}$$

前期平均库存现金支出水平=前30天库存现金支出累计发生额÷30

保险系数=标准差×置信概率度

$$\text{标准差}=\sqrt{\sum(\text{每天库存现金支出额}-\text{平均库存现金支出额})^2/30}$$

$$\text{历史同期平均发展速度}=\sqrt[\text{考查年度}-1]{\frac{\text{去年同月库存现金支出累计发生额}}{\text{最早年份同月库存现金支出累计发生额}}}$$

式中：置信概率度根据要求的数字准确性来确定，如果要求数字的准确性为95%，则置信概率为0.95，以0.95作为F（t）去查“标准正态分布表”，得t=1.96，此t值即为置信概率度。

求出即期库存现金支出水平以后，将其与库存现金周转时间相乘，再加减一些其他因素，即为库存现金需要量。

（2）最适送钞量的测算

银行要对运送现金的成本和收益进行比较，以确定最适送钞量。当运送的现金为最适送钞量时，银行为库存现金和运送钞票所花费的费用之和是最小的。我们用经济批量法来测算，其计算公式为：

$$T=C\cdot Q/2+P\cdot A/Q$$

式中：T表示总成本；C表示库存现金占有费率；Q表示每次运钞数量；P表示每次运钞费用；A表示一定时期内的现金收入（或支出）量；Q/2表示平均库存现金量；A/Q表示运钞次数；C·Q/2表示库存现金全年平均占用费；P·A/Q表示全年运钞总成本。

根据公式，用微分法求经济批量的总成本T为极小值时的运钞数量Q，以及以Q为自变量，求T对Q的一阶导数T′，则：

$$T'=\frac{dT}{dQ}=\frac{C}{2}-\frac{A\cdot P}{Q2}$$

令：$T'=0$

则：$\frac{C}{2}-\frac{A\cdot P}{Q^2}=0$

$$Q^2=\frac{2A\cdot P}{C}$$

求得：$Q=\sqrt{2A\cdot P/C}$

（3）现金调拨临界点的确定

由于银行从提出现金调拨申请到实际收到现金会有一个或长或短的过程，特别是那些离中心库较远的营业网点，因此必须有一个提前量。同时，为了应付一些临时性的大额现金支出，也需要一个保险库存量。这就有一个问题，即应当在什么时候、在多大的库存量时调拨现金。现金调拨临界点的计算公式为：

现金调拨临界点=平均每天正常支出量×提前时间+保险库存量

保险库存量=（预计每天最大支出-平均每天正常支出）×提前时间

（4）银行保持现金适度量的措施

要切实管好库存现金，使其经常保持在适度的规模上，还需要银行内部加强管理，提高管理水平。银行应将库存现金状况与有关人员的经济利益挂钩，实现现金出纳业务的规范化操作，掌握储蓄现金收支规律，解决压低库存现金的技术性问题。

（5）严格库房安全管理措施

从经营的角度来看，库存现金是最安全的资产，但事实上，库存现金也有其特有的风险。这种风险主要来自被盗和自然灾害造成的损失，也可能来自业务人员清点差错，还可能来自银行内部不法分子贪污。因此，银行在加强库存现金适度性管理的同时，还要严格库房的安全管理，在现金清点、包装、入库、安全保卫、出库等环节，采取严格的责任制度，确保库存现金无损。

3.存款准备金的管理

存款准备金是商业银行现金资产的主要构成部分。存款准备金的管理包括满足中央银行法定存款准备金要求和超额准备金的适度规模控制两个方面。

（1）满足中央银行法定存款准备金要求

法定存款准备金管理主要是准确计算法定存款准备金的需要量并及时上缴。商业银行计算法定存款准备金需要量的方法有两种：

① 滞后准备金计算法，是根据前期存款余额确定本期准备金需要量的方法，主要适用于对非交易性账户存款的准备金计算。银行应以两周前的7天为基期，以基期的实际存款余额为基础，计算准备金持有周应持有的准备金的平均数。如某银行在2月7日至13日期间的非交易性账户存款平均余额为5亿元，按照8%的存款准备金率，该行在2月21日到27日这一周中应保持的准备金平均余额为4 000万元。

② 同步准备金计算法，是指以本期存款余额为基础计算本期准备金需要量的方法，主要适用于对交易性账户存款的准备金计算。通常的做法是，确定两周为一个计算期，如从2月4日到2月17日为一个计算期，计算在这14天中银行交易性账户存款的日平均余额。准备金的保持期从2月6日开始，到2月19日结束。在这14天中，准备金平均余额以2月4日到2月17日的存款平均余额为基础计算。

按照滞后准备金计算法计算出来的准备金需要量与按照同步准备金计算法计算出来的准备金需要量的合计，就是银行在一定时期需要缴纳的全部存款准备金。这个需要量与已缴纳的存款准备金余额进行比较，如果余额不足，银行应当及时予以补足；如果已有的准备金余额超过了应缴准备金数，则应及时从中央银行调减准备金，增加银行的可用头寸。

小资料 4-1

定向降准　体现货币政策支持实体经济发展的导向

2020年3月13日，中国人民银行宣布，于2020年3月16日实施普惠金融定向降准，对达到考核标准的银行定向降准0.5至1个百分点。在此之外，对符合条件的股份制商业银行再额外定向降准1个百分点，支持发放普惠金融领域贷款。以上定向降准共释放长期资金5 500亿元。这是2020年内第二次降准，1月1日，央行宣布于2020年1月6日下调金融机构存款准备金率0.5个百分点。

普惠金融领域贷款包括农户生产经营贷款、建档立卡贫困人口消费贷款、助学贷款、创业担保贷款、个体工商户经营性贷款、小微企业主经营性贷款、单户授信小于1 000万元的微型企业贷款。

中国人民银行自2018年起建立普惠金融定向降准年度考核制度，对普惠金融领域贷款占比达到一定比例的大中型商业银行给予0.5个百分点或1.5个百分点的准备金率优惠。考核对象包括大型银行、股份制银行、城市商业银行、较大的农村商业银行和外资银行。

定向降准释放长期资金，有效增加银行支持实体经济的稳定资金来源，每年还可直接降低相关银行付息成本约85亿元。通过银行传导，有利于降低小微、民营企业贷款实际利率，直接支持实体经济。

定向降准兼顾主动推动和事后激励，用市场化改革办法疏通货币政策传导，有利于激发市场主体活力，进一步发挥市场在资源配置中的决定性作用，支持实体经济发展。

（2）超额准备金的适度规模控制

超额准备金是商业银行最重要的可用头寸，是银行用来进行投资、贷款、清偿债务和提取业务周转金的准备资产。影响超额准备金需要量的影响因素有：

① 存款波动。商业银行的存款包括对公存款和储蓄存款。对公存款的变化主要是通过转账进行的，个人储蓄存款和部分对公存款的变化主要通过现金收支来体现。银行在分析存款波动对超额准备金需要量的影响时，应重点分析导致存款下降的原因。

② 贷款的发放与收回。贷款的发放与收回对超额准备金的影响主要取决于贷款使用的范围。同理，贷款的收回对超额准备金的影响也因贷款对象的不同而有所不同。

③ 其他因素。除了存贷款外，其他一些因素也影响商业银行超额准备金的需要量，主要有向中央银行借款、同业往来、法定存款准备金、信贷资金调拨等。

商业银行在预测超额准备金需要量的基础上，应当及时进行头寸调度，保证超额准备金规模的适度性。当未来的资金头寸需要量较大、现有的超额准备金不足以满足需要时，银行就应当设法补足资金头寸，增加超额准备金；当未来资金头寸需要量减少、现有超额准备金剩余时，应及时将多余的超额准备金运用出去，寻求更好的营利机会。

4.同业存款的管理

（1）同业存款的目的

任何银行都不可能在其业务触及的每一个地方设立分支机构，在没有分支机构的地区的一些金融业务就需要委托当地的银行等金融机构代理，所以，除了库存现金和在中央银行的存款外，大多数商业银行还在其他金融机构保持一定数量的活期存款，即同业存款。较大的银行一般有双重角色：一方面，它作为其他银行的代理行而接受其他银行的同业存款；另一方面，它又是被代理行，将一部分资金以活期存款形式存放在代理行。这就形成了银行之间的代理业务。银行之间开展代理业务需要花费一定的成本，商业银行在其代理行保持一定数量的活期存款，主要目的就是支付代理行代办业务的手续费。代理行可以将同业存款用于投资，并以投资的收入补偿其成本，获得利润。由于这部分存款也可以随时使用，与库存现金和在中央银行的超额准备金没什么区别，因此也成为商业银行现金资产的组成部分。

（2）同业存款需要量的测算

按照银行现金资产管理的原则，同业存款也应当保持一个适当的量。同业存款需要量主要取决于以下几个因素：

① 使用代理行的服务数量和项目。如果使用代理行的服务数量和项目较多，同业存款的需要量也较多；反之，使用代理行的服务数量和项目较少，同业存款的需要量也就较少。

② 代理行的收费标准。收费标准越高，同业存款的需要量就越大。

③ 可投资余额的收益率。如果同业存款中可投资余额的收益率较高，同业存款的需要量就少一些；否则，同业存款的需要量就多一些。

4.2 贷款业务的管理

贷款又叫放款，是指银行以收取利息和必须归还为条件，将货币资金提供给需求者的一种信用活动。广义的贷款是贷款、贴现、透支等出贷资金的总称。银行通过贷款方式将所集中的货币和货币资金投放出去，可以满足社会扩大再生产对补充资金的需要，促进经济的发展；同时，银行也可以由此取得贷款利息收入，增加银行自身的积累。贷款业务是银行的一项主要资产业务，也是银行经营管理的重要内容。

我国银行的贷款业务是指经国务院银行业监督管理机构批准的金融机构所从事的以还本付息为条件出借货币资金使用权的营业活动。

4.2.1　贷款业务的种类和基本规定

1.贷款业务的种类

（1）按照贷款的期限划分，可以分为短期贷款、中期贷款和长期贷款

① 短期贷款，是指银行根据有关规定发放的、期限在1年以下（含1年）的各种贷款，包括质押贷款、抵押贷款、保证贷款、信用贷款、进出口押汇等。

② 中期贷款，是指银行根据有关规定发放的、期限在1年以上（不含1年）5年以下（含5年）的各种贷款。

③ 长期贷款，是指银行根据有关规定发放的、期限在5年（不含5年）以上的各种贷款。

（2）按照贷款有无担保划分，可以分为信用贷款、担保贷款和票据贴现

① 信用贷款，是指没有担保，仅依据借款人的信用状况发放的贷款。贷款人发放信用贷款时，必须对借款人进行严格审查、评估，确认其具备还款能力。

② 担保贷款，按照《中华人民共和国民法典》（以下简称《民法典》）的规定，商业银行在借贷等民事活动中，为保障实现其债权，需要担保的，可以依照本法和其他法律的规定设立担保物权。设立担保物权，应当依照《民法典》和其他法律的规定订立担保合同。担保合同包括抵押合同、质押合同和其他具有担保功能的合同。担保合同是主债权债务合同的从合同。主债权债务合同无效的，担保合同无效，但是法律另有规定的除外。担保物权的担保范围包括主债权及其利息、违约金、损害赔偿金、保管担保财产和实现担保物权的费用。当事人另有约定的，按照其约定。担保期间，担保财产毁损、灭失或者被征收等，担保物权人可以就获得的保险金、赔偿金或者补偿金等优先受偿。被担保债权的履行期限未届满的，也可以提存该保险金、赔偿金或者补偿金等。

③ 票据贴现。票据贴现是贷款的一种特殊方式。按照2022年1月中国人民银行、中国银保监会发布的《商业汇票承兑、贴现与再贴现管理办法（征求意见稿）》的规定，贴现是指持票人在商业汇票到期日前，贴付一定利息将票据转让至具有贷款业务资质法人的行为。贴现纳入承兑人授信管理。金融机构办理贴现业务，应坚持服务实体经济原则，贴现资金投向应当符合国家产业政策和信贷政策，优先支持经济社会发展重点领域和薄弱环节。

小资料4-2

担保物权中的抵押权、质权

（1）抵押权分为一般抵押权和最高额抵押权

一般抵押权：为担保债务的履行，债务人或者第三人不转移财产的占有，将该财产抵押给债权人的，债务人不履行到期债务或者发生当事人约定的实现抵押权的情形，债权人有权就该财产优先受偿。债务人或者第三人为抵押人，债权人

为抵押权人，提供担保的财产为抵押财产。

最高额抵押权：为担保债务的履行，债务人或者第三人对一定期间内将要连续发生的债权提供担保财产的，债务人不履行到期债务或者发生当事人约定的实现抵押权的情形，抵押权人有权在最高债权额限度内就该担保财产优先受偿。

（2）质权分为动产质权、权利质权

动产质权：为担保债务的履行，债务人或者第三人将其动产出质给债权人占有的，债务人不履行到期债务或者发生当事人约定的实现质权的情形，债权人有权就该动产优先受偿。债务人或者第三人为出质人，债权人为质权人，交付的动产为质押财产。

权利质权：债务人或者第三人有权处分的权利可以出质。这些权利包括：①汇票、本票、支票；②债券、存款单；③仓单、提单；④可以转让的基金份额、股权；⑤可以转让的注册商标专用权、专利权、著作权等知识产权中的财产权；⑥现有的以及将有的应收账款；⑦法律、行政法规规定可以出质的其他财产权利。

根据《商业银行法（修改建议稿）》的规定，商业银行因行使抵押权、质权而取得的不动产或者股权，应当自取得之日起5年内予以处分。

（3）按照贷款的风险程度划分，可以分为正常贷款、关注贷款、次级贷款、可疑贷款和损失贷款

① 正常贷款，是指借款人能够严格履行合同，没有足够理由怀疑贷款本息不能按时足额偿还的那部分贷款。

② 关注贷款，是指尽管借款人目前有能力偿还贷款本息，但存在一些可能对偿还产生不利影响因素的那部分贷款。

③ 次级贷款，是指借款人的还款能力出现明显问题，完全依靠其正常营业收入无法足额偿还贷款本息，即使执行担保，也可能造成一定损失的那部分贷款。

④ 可疑贷款，是指借款人无法足额偿还贷款本息，即使执行担保，也肯定要造成较大损失的那部分贷款。相对而言，可疑贷款具有次级贷款的所有特征并且程度更加严重。

⑤ 损失贷款，是指在采取所有可能的措施或一切必要的法律程序之后，本息仍然无法收回，或只能收回极少部分的那部分贷款。

次级贷款、可疑贷款和损失贷款合称为不良贷款。

中国银保监会公布的数据显示，2021年第四季度末，我国商业银行不良贷款余额2.8万亿元，不良贷款率1.739%。商业银行流动性水平保持稳健，存贷款比率79.69%，在合理区间。不良贷款率的下降，得益于银行经营业绩改善与信贷投放逆周期扩张，但更为重要的原因是各银行在监管政策引导下，普遍增加了不良贷款核销的力度。从总体上看，大型银行和股份制银行的不良贷款率持续改善，城商行

和农商行不良贷款率依然较高且存在较高反复性。

（4）按照贷款资金的来源划分，可以分为自营贷款和委托贷款

① 自营贷款，是指贷款人通过合法方式筹集的资金自主发放的贷款，其风险由贷款人承担，并由贷款人收回本金和利息。

② 委托贷款，是指由政府部门、企事业单位及个人等委托人提供资金，由贷款人（即受托人）根据委托人确定的贷款对象、用途、金额期限、利率等代为发放、监督使用，并协助收回的贷款。贷款人只收取手续费，不承担贷款风险。

2.贷款业务基本规定

（1）单位贷款的基本规定

① 借款人不能按期归还贷款的，应当在贷款到期日之前，向贷款人申请贷款展期，是否展期由贷款人决定。申请保证贷款、抵押贷款、质押贷款展期的，还应当由保证人、抵押人、出质人出具同意的书面证明。已有约定的，按照约定执行。

② 短期贷款展期期限累计不得超过原规定贷款期限，中期贷款展期期限累计不得超过原贷款期限的一半，长期贷款展期期限累计不得超过3年。贷款（除个贷）只能办理一次展期，个人消费贷款不能办理展期，国家另有规定者除外。借款人未申请展期或申请展期未得到批准的，其贷款从到期日次日起，转入逾期贷款核算。

③ 贷款到期日遇法定节假日营业机构不营业，可提前或顺延还款。

④ 贷款人应当按照中国人民银行规定的贷款利率的上下限，确定每笔贷款利率，并在借款合同中载明。

⑤ 贷款人和借款人应当按借款合同和中国人民银行有关计息规定按期计收或交付利息。贷款的展期期限加上原期限达到新的利率期限档次时，从展期之日起，贷款利息按新的期限档次利率计收。逾期贷款按规定计收罚息。

⑥ 抵押物权证以及权利质押的权利证明（票据、债券、存款单、仓单、提单等）由会计部门保管。非权利质押的质物及其权证由各行确定的保管部门保管。

（2）个人贷款的基本规定

① 个人贷款的主要对象是具有完全民事行为能力的中国公民。

② 个人贷款发放原则。个人定期储蓄存单小额质押贷款坚持“先存后贷，存贷结合，存单质押，到期归还，逾期扣收”的原则；其他品种的个人贷款坚持“有效担保，专款专用，按期偿还”的原则。

③ 可用于办理个人贷款的抵押物是指借款人或第三人具有完全产权的房屋、汽车等（必要时需办理保险）。可作为质押品的有存单（限于整存整取、存本取息本外币定期储蓄存单）和其他依法可用于质押的储蓄存单，部分国债也可作为质押品。

④ 个人贷款的保证人可以是自然人，也可以是法人。

⑤ 借款人如提前归还贷款本息，应当提前一个月通知经办行，并征得经办行

的同意。

⑥ 个人贷款的发放分为直接提款和专项提款两种。直接提款即依据借款合同将贷款划转到借款人在经办行开立的储蓄存款账户。专项提款即依据借款合同以转账方式将贷款直接划转到特约商户在贷款行开立的存款账户。

⑦ 个人贷款的归还主要有委托扣款和柜台还款两种方式。

3. 贷款的资产负债比例管理规定

这主要包括：第一，资本充足率不得低于8%；第二，流动性资产余额与流动性负债余额的比例不得低于25%；第三，对同一借款人的贷款余额与商业银行资本余额的比例不得超过10%；第四，国务院银行业监督管理机构对资产负债比例管理的其他规定。

4.2.2 信贷政策和贷款程序

1. 信贷政策

我国的信贷政策包括4个方面：一是与货币信贷总量扩张有关。政策措施影响货币乘数和货币流动性，如汽车和住房消费信贷的首付款比例、证券质押贷款比例等。二是配合国家产业政策。通过贷款贴息等多种手段，引导信贷资金向国家政策鼓励和扶持的地区及行业流动，以扶持这些地区和行业的发展。三是限制性的信贷政策。通过“窗口指导”或引导商业银行，通过调整授信额度、调整信贷风险评级和风险溢价等方式，限制信贷资金向某些产业、行业及地区过度投放，体现扶优限劣原则。四是制定信贷法律法规。引导、规范和促进金融创新，防范信贷风险。

截止到2021年第四季度末，商业银行贷款余额为164.8万亿元。银行业持续加强金融服务，用于小微企业的贷款余额为50.0万亿元，其中单户授信总额1 000万元及以下的普惠型小微企业贷款余额为19.1万亿元，同比增速24.9%。保障性安居工程贷款余额为6.3万亿元。

中国人民银行2022年工作会议强调，要综合运用多种货币政策工具，保持流动性合理充裕，增强信贷总量增长的稳定性，加大对实体经济的支持力度，保持货币供应量和社会融资规模增速同名义经济增速基本匹配；实施好普惠小微贷款支持工具、普惠小微企业信用贷款支持计划接续转换工作。

2. 贷款程序

（1）贷款申请

符合借款条件的借款人在银行开立结算账户，与银行建立信贷关系之后，如果出现资金短缺，可以向银行申请贷款。借款人应及时依法向贷款人提供贷款人要求的有关资料，不得隐瞒，不得提供虚假资料。借款人申请贷款，应当同时提供以下一项或多项资料：借款人（及担保人）的基本情况；自然人的有效身份证明和有关资信状况证明；法人、其他组织的财务报告，其中年度财务报告必须经具有法律效力的有关部门或会计师事务所审计，企（事）业法人还应提供贷款卡（号）；抵押物（质物）清单、有处分权人同意抵押（质押）的证明或保证人同意保证的有关证明文件；贷款人认为需要提供的其他资料。贷款人应告示所经营的贷款种类、期限和利率水平，并自接到贷款申请之日起30日内答复借款人的借款申请受理与否。

（2）贷款调查

商业银行应当对借款人的借款用途、偿还能力、还款方式等进行严格审查。贷款人自主审查和决定贷款，有权拒绝任何单位或个人强令其发放贷款或提供担保。

（3）对借款人的信用评估

贷款人根据借款人的人员素质、经济实力、资金情况、履约记录、经济效益和发展前景等因素，评定借款人的信用等级。评级可由贷款人独立进行，内部掌握，也可由有权部门批准的评估机构进行。贷款人有权采取合法措施对借款人提供的信息进行查询，有权将借款人的财务报表或抵押物、质物交予贷款人认可的机构进行审计或评估。贷款人应依照中国人民银行的有关规定，将贷款要素及时录入银行信贷登记咨询系统。

（4）贷款审批

商业银行贷款应当实行审贷分离、分级审批的制度。

（5）借款合同的签订和担保

商业银行贷款应当与借款人订立书面合同。合同应当约定贷款种类、借款用途、金额、利率、还款期限、还款方式、违约责任和双方认为需要约定的其他事项。

借款人向商业银行贷款应当提供担保。商业银行应当对保证人的偿还能力，抵押物、质物的权属和价值以及实现抵押权、质权的可行性进行严格审查。经商业银行审查、评估，确认借款人资信良好、确实能偿还贷款的，可以不提供担保。

（6）贷款发放

发放公司贷款时，必须严格审查借款人的资产负债状况以及预测借款人的现金流量；发放项目贷款时，必须评估贷款项目的未来现金流量预测情况和质权、抵押权以及保证或保险等，并严格审查贷款项目的项目建议书和可行性研究报告；发放关联企业贷款时，应统一评估审核所有关联企业的资产、负债、财务状况，对外担保以及关联企业之间的互保等情况；发放担保贷款时，应当对保证人的偿还能力以及是否违反国家规定担当保证人，抵押物、质物的权属和价值以及实现抵押权、质权的可行性进行严格审查，必须按照《民法典》的规定，签订担保合同，办理担保手续，需要办理登记的应依法办理登记，需要交付的应依法交付；发放信用贷款时，必须对借款人进行严格审查、评估，确认其具备还款能力。

（7）贷款检查

借款人未能履行借款合同规定义务的，贷款人可以依合同约定停止发放贷款、提前收回部分直至全部贷款或解除借款合同。贷款人有权依据法律规定或合同约定，采取使贷款免受损失的措施。贷款人应当根据贷款距离到期所剩余的期限和金额，按年对其进行统计，并对应负债期限对敞口和流动性进行管理。贷款人应当对单一借款人及其关联企业的贷款与承诺、承兑、担保等表内外业务统一确定综合授信额度，集中控制风险。

（8）贷款收回

借款人应按借款合同的约定使用贷款，并按期足额还本付息。借款人未按照约定的期限归还贷款的，应按照中国人民银行的有关规定支付逾期利息。借款人到期不归还担保贷款的，商业银行依法享有要求保证人归还贷款本金和利息，或者就该担保物优先受偿的权利。商业银行因行使抵押权、质权而取得的不动产或者股权，应当自取得之日起两年内予以处分。借款人到期不归还信用贷款的，应当按照合同约定承担责任。借款人无法按照合同约定归还一个或多个贷款人的一笔或多笔贷款时，所有贷款人都可以按照合同约定要求其提前还款。

3.其他管理规定

（1）贷款转让

贷款转让包括保留追索权的贷款转让和不保留追索权的贷款转让。受让方保留追索权的贷款转让，转让方应在表外记载，按照或有负债的有关规定管理和披露。贷款转让方必须提供与被转让贷款价格、风险相关的信息，不得隐瞒和提供虚假信息。贷款人将贷款债权全部或部分转让给第三人的，应当自转让之日起30日内以书面形式或以公告形式通知借款人。贷款人未通知借款人的，转让行为对借款人不产生法律效力。

贷款受让方必须是经国务院银行业监督管理机构批准可以从事贷款业务的金融机构。除此之外的贷款转让，必须经国务院银行业监督管理机构批准。贷款受让方可以自行管理所受让贷款或委托其他经国务院银行业监督管理机构批准可以从事贷款业务的金融机构代为管理。

（2）贷款损失准备和贷款核销

贷款人应按财政部和国务院银行业监督管理机构的有关规定，提取贷款损失准备金。贷款人应按照财政部的有关规定，依法核销不良贷款。2012年，中国银监会开始按照2011年发布的《商业银行贷款损失准备管理办法》，对商业银行的贷款拨备率和拨备覆盖率进行综合考核，其中前者以2.5%为基本标准，后者以150%为基本标准，两者中的较高者为商业银行贷款损失准备的监管标准。2018年2月28日，中国银监会发布《关于调整商业银行贷款损失准备监管要求的通知》（银监发〔2018〕7号），对该比率进行了调整，拨备覆盖率监管要求由150%调整为120%~150%，贷款拨备率监管要求由2.5%调整为1.5%~2.5%。各级监管部门在上述调整区间范围内，按照同质同类、一行一策的原则，明确银行贷款损失准备监管要求。

4.2.3 贷款定价

贷款定价是指如何确定贷款的利率、确定补偿余额，以及对某些贷款收取手续费。贷款市场的竞争日趋激烈，对贷款进行科学定价显得更为重要。定价过高，会驱使客户从事高风险的经济活动以应付过于沉重的债务负担，或是抑制客户的借款需求，使之转向其他银行或通过公开市场直接筹资；定价过低，银行无法实现盈利目标，甚至不能补偿银行付出的成本和承担的风险。

1.贷款定价原则

（1）利润最大化原则

商业银行作为经营货币信用业务的特殊企业，实现利润最大化始终是其追求的主要目标。信贷业务是商业银行传统的主营业务，存贷利差是商业银行利润的主要来源。银行在进行贷款定价时，必须确保贷款收益足以弥补资金成本和各项费用，在此基础上，尽可能实现利润最大化。

（2）扩大市场份额原则

在竞争日益激烈的情况下，商业银行要生存、要发展，就必须在信贷市场上不断扩大其市场份额。商业银行追求利润最大化目标，也必须建立在市场份额不断扩大的基础上。贷款定价始终是影响银行市场份额的一个重要因素。

（3）保证贷款安全原则

贷款业务是一项风险性业务，保证贷款安全是银行贷款经营管理整个过程的核心内容。除了在贷款审查、发放等环节严格把关外，合理的贷款定价也是保证贷款安全的一个重要方面。贷款定价最基本的要求是使贷款收益能够弥补贷款的各项成本。贷款的风险越高，贷款成本就越高，贷款定价也就越高。

（4）维护银行形象原则

良好的社会形象是商业银行生存与发展的重要基础。在贷款定价中，银行要严格遵守国家法律法规和货币政策、利率政策的要求，不能利用贷款定价搞恶性竞争、破坏金融秩序的稳定、损害社会利益。

2.贷款价格的构成

广义的贷款价格包括贷款利率、贷款承诺费及服务费、补偿余额和隐含价格等，贷款利率是贷款价格的主要组成部分。

（1）贷款利率

贷款利率是一定时期客户向贷款人支付的贷款利息与贷款本金的比率，是贷款价格的主体和主要内容。按表示方法分类，贷款利率分为年利率、月利率和日利率。银行的贷款利率取决于中央银行的货币政策和有关的法令规章、资金供求状况和同业竞争状况。按确定利率的方式分类，贷款利率分为固定利率和浮动利率。一般情况下，贷款利率的确定应以收取的利息足以弥补支出并取得合理利润为依据。

（2）贷款承诺费及服务费

贷款承诺费及服务费是指银行对已承诺贷给客户而客户又没有使用的那部分资金收取的费用。也就是说，银行已经与客户签订了贷款意向协议，并为此做好了资金准备，但客户并没有实际从银行贷出这笔资金。承诺费是客户为了取得贷款而支付的费用，因此也是贷款价格的一部分。

（3）补偿余额

补偿余额又称补偿性存款，是指贷款人要求借款人按借款的一定比例留存在银行的那部分存款。贷款人留存补偿余额主要有两个目的：一是保证放款的安全；二是补偿贷款的费用，如借款人在贷款人处留存了补偿余额，就可不必支付承诺费。贷款人要求借款人留存补偿余额占贷款额度的比例，因借款人的信用程度而异。一般而论，信用程度较高的借款人，补偿余额所占贷款额度的比例可定得略低些；反之，信用程度较低的借款人，此比例应定得略高一些。

（4）隐含价格

隐含价格是指贷款价格中的一些非货币性内容。银行在决定给客户贷款后，为了保证客户能偿还贷款，常常在贷款协议中加上一些附加条款。附加条款可以是禁止性的，规定各种禁止事项；也可以是义务性的，规定借款人必须遵守的特别条款。附加条款不直接给银行带来收益，但可以防止借款人经营状况的重大变化给银行利益造成损失，因此，它也可以视为贷款价格的一部分。

3.影响贷款价格的主要因素

在宏观经济运行中，影响贷款利率一般水平的主要因素是信贷市场的资金供求状况。从微观层面考查，在实际操作中，银行作为贷款供给方所应考虑的因素是多方面的。

（1）成本

银行提供信贷产品的成本包括资金成本与经营成本。资金成本有资金平均成本和资金边际成本两个不同的口径。资金平均成本主要用来衡量银行过去的经营状况，如果银行的资金来源变动不大，可以根据资金平均成本对新贷款定价；如果资金来源处于变动之中，更适合根据资金边际成本定价。经营成本是银行因贷前调查、分析、评估和贷后跟踪监测等所耗费的直接或间接费用。为了操作方便，银行一般对各种贷款的收费项目及标准做出具体规定。

（2）贷款的风险程度

信贷风险是客观存在的，只是程度不同。银行需要在预测贷款风险的基础上为自己承担的客户违约风险索取补偿。一笔贷款的风险程度以及由此引起的贷款风险费用的多少受多种因素的影响，包括贷款的种类、用途、期限、贷款保障、借款人信用和财务状况、客观经济环境的变化等。

（3）贷款的期限

不同期限的贷款适用的利率档次不同。贷款期限越长，流动性越低，且利率走势、借款人财务状况等不确定因素越多，贷款价格中反映的期限风险溢价就越高。

（4）银行的目标收益率

在保证贷款安全和市场竞争力的前提下，银行会力求使贷款收益率达到或高于目标收益率。当然，目标收益率要制定得合理，过高的目标收益率会使银行的贷款价格失去竞争力。

（5）银行与客户的整体关系

贷款通常是银行维系自己与客户关系的支撑点，所以银行的贷款价格还应该全面考虑客户与银行之间的业务合作关系。那些在银行有大量存款、广泛使用银行提供的各种金融服务或长期有规律地从银行贷款的客户，就是与银行关系密切的客户，在制定贷款价格时，可以适当给予一些优惠。

（6）金融市场竞争态势

银行应比较同业的贷款价格水平，将其作为本行贷款价格的参考。

4.贷款定价方法

（1）目标收益率定价法

这是根据贷款的目标收益率来确定贷款价格的方法。银行发放贷款时，必须考虑贷款的预期收益、资金成本、管理和收贷费用以及贷款风险。在目标收益率定价法下，税前产权资本（目标）收益率的计算公式为：

税前产权资本（目标）收益率=（贷款收益−贷款费用）÷应摊产权成本

贷款收益=贷款利息收益+贷款管理手续费

贷款费用=借款人使用的非股权资金的成本+办理贷款的服务和收贷费用

应摊产权资本=银行全部产权资本对贷款的比率×未清偿贷款余额

将该收益率与银行的目标收益率相比较，如果贷款收益率低于目标收益率，该笔贷款就需要重新定价。贷款重新定价主要有两种方式：一是提高名义贷款利率，即在签订借款协议时约定支付的贷款利率，但调高贷款利率受市场供求的限制；二是名义贷款利率不变，而在此之外收取一些附加费用，以提高贷款实际利率。此外，还有3种提高贷款实际利率的方法：一是缴纳补偿存款余额；二是收取承诺费；三是收取其他服务费。

（2）基准利率定价法

基准利率定价法又称交易利率定价法，是选择合适的基准利率，银行在此之上加一定价差或乘上一个加成系数的贷款定价方法。基准利率可以是国库券利率、大额可转让存单利率、银行同业拆借利率、商业票据利率等货币市场利率；也可以是优惠贷款利率，即银行对优质客户发放短期流动资金贷款的最低利率。由于这些金融工具或借贷合约的共同特征是违约风险低，所以它们的利率往往被称为无风险利率，是金融市场常用的定价参照，故也被称为基准利率[①]。对于所选定的客户，银

---

① 20世纪70年代以前，一般以大银行的优惠利率作为基准利率。进入70年代，由于银行业日趋国际化，优惠利率作为商业贷款基准利率的主导地位受到LIBOR的挑战，许多银行开始把LIBOR作为基准利率。LIBOR为各国银行提供了一个共同的价格标准，并为客户对各银行的贷款利率进行比较提供了基准。20世纪80年代后，又出现了低于基准利率的贷款定价模式。由于短期商业票据市场迅速崛起，加上外国银行以接近筹资成本的利率放贷，许多银行不得不以低于优惠利率的折扣利率（通常是相当低的货币市场利率加一个很小的价差）向大客户发放贷款。不过，银行对中小型客户贷款仍然以优惠利率或其他基准利率（如LIBOR）为定价基础。2021年3月5日，英国金融市场行为监管局（FCA）发布了一项关于LIBOR终止报价的公告：2021年12月31日之后停止所有英镑、欧元、瑞士法郎、日元，以及1周和2个月期美元LIBOR报价。2023年6月30日之后，所有剩余期限美元利率终止报价。

行往往允许其选择相应期限的基准利率作为定价的基础，附加的贷款风险溢价水平因客户的风险等级不同而有所差异。根据基准利率定价法的基本原理，贷款利率的计算公式为：

贷款利率=基准利率+借款人的违约风险溢价+长期贷款的期限风险溢价

公式中的后两项是在基准利率基础上的加价。违约风险溢价的设定可使用多种风险调整方法，通常是根据贷款的风险等级确定。不过，对于高风险客户，银行并非采取加收较高风险溢价的简单做法，因为这样做只会使贷款的违约风险上升。在这种情况下，银行大多遵从信贷配给理论，对此类借款申请予以回绝，以规避风险。如果贷款期限较长，银行还需加上期限风险溢价。

（3）成本加成定价法

这种定价方法比较简单，假定贷款利率包括4个组成部分：一是可贷资金的成本；二是非资金性经营成本；三是违约风险的补偿费用，即违约成本；四是预期利润。也就是说，是在贷款成本之上加一定的利差来决定贷款利率。在成本加成定价法下，贷款利率的计算公式为：

贷款利率=筹集资金的边际利息成本+经营成本+预计补偿违约风险的边际成本+银行目标利润水平

成本加成定价法考虑了贷款的融资成本、经营成本和客户的违约成本，具有一定的合理性。不过，这种定价方法也有缺陷，它要求银行准确地确定贷款业务的各种相关成本，这在实践中有相当的难度，而且它没有考虑市场利率水平和同业竞争因素。事实上，在激烈的竞争中，银行并非完全的价格制定者，而往往是价格的接受者。

（4）价格领导模型定价法

价格领导模型定价法分为优惠加数定价法和优惠乘数定价法，这是西方国家商业银行普遍使用的方法。优惠加数定价法是在优惠利率基础上加若干百分点而形成利率。优惠乘数定价法则是在优惠利率基础上乘以一个系数而形成利率。不同借款人的风险等级不同，银行为控制风险，会根据借款人的风险等级确定借款人所适用的优惠利率。

（5）保留补偿余额定价法

这种方法是将借款人在银行保留补偿余额看作贷款价格的一个组成部分，在考虑了借款人在银行保留补偿余额的多少后决定贷款利率的一种定价方法。在其他条件不变的情况下，保留的补偿余额越多，贷款利率越低。

（6）客户营利性分析法（CPA）

这是一个较为复杂的贷款定价系统，其主要思想是认为贷款定价实际上是客户关系整体定价的一个组成部分，银行在对每笔贷款进行定价时，应该综合考虑银行在与客户的全面业务关系中付出的成本和获取的收益。客户营利性分析法的基本框架是评估银行从某一特定客户的银行账户中获得的整体收益是否能实现银行的目标利润，因此这种方法也被称为账户利润分析法。银行要将该客户账户给银行带来的所有收入与所有成本，以及银行的目标利润进行比较，再测算如何定价。在客户营利性分析法下，账户总收入的计算公式为：

账户总收入>（<或=）账户总成本+目标利润

如果账户总收入大于账户总成本与目标利润之和，意味着该账户所产生的收益超过银行要求的最低目标利润。如果公式左右两边相等，则该账户正好能达到银行既定的目标利润。如果账户总收入小于账户总成本与目标利润之和，有两种可能：一是账户收入小于成本，该账户亏损；二是账户收入大于成本，但获利水平低于银行的目标利润。在这两种情况下，银行都有必要对贷款进行重新定价，以实现既定的盈利目标。

5.我国商业银行贷款的定价方法

中国人民银行2003年12月发布的《关于人民币贷款利率有关问题的通知》中有关贷款利率与利息的相关规定如下：

① 关于人民币贷款计息和结息问题。人民币各项贷款（不含个人住房贷款）的计息和结息方式，由借贷双方协商确定。

② 关于在合同期内贷款利率的调整问题。人民币中、长期贷款利率由原来的一年一定，改为由借贷双方按商业原则确定，可在合同期间按月、按季、按年调整，也可采用固定利率的确定方式。

③ 关于罚息利率。逾期贷款（借款人未按合同约定日期还款的借款）罚息利率由现行按日2.1‱计收利息，改为在借款合同载明的贷款利率水平上加收30%~50%；借款人未按合同约定用途使用借款的罚息利率，由现行按日5‱计收利息，改为在借款合同载明的贷款利率水平上加收50%~100%。对逾期或未按合同约定用途使用借款的贷款，从逾期或未按合同约定用途使用贷款之日起，按罚息利率计收利息，直至清偿本息为止。对不能按时支付的利息，按罚息利率计收复利。

此外，个人住房贷款利率及其计结息办法按《个人住房贷款管理办法》的有关规定执行。

小资料4-3

贷款市场报价利率

贷款市场报价利率（Loan Prime Rate， LPR）是由具有代表性的报价行，根据本行对最优质客户的贷款利率，以公开市场操作利率（主要指中期借贷便利利率）加点形成的方式报价，是由央行授权全国银行间同业拆借中心计算并公布的基础性的贷款参考利率，各金融机构应主要参考LPR进行贷款定价。LPR包括1年期和5年期以上两个品种。LPR市场化程度较高，能够充分反映信贷市场资金供求情况。使用LPR进行贷款定价，可以促进形成市场化的贷款利率，提高市场利率向信贷利率的传导效率。

中国人民银行宣布，从2013年10月25日起，建立LPR集中报价和发布机制。

2019年8月17日，中国人民银行发布改革完善贷款市场报价利率形成机制公告，在报价原则、形成方式、期限品种、报价行、报价频率和运用要求等6个方面对LPR进行改革，同时将贷款基础利率中文名更改为贷款市场报价利率，英文名LPR保持不变。

2019年8月25日，中国人民银行发布公告，要求自2019年10月8日起，新发放商业性个人住房贷款利率以最近一个月相应期限的贷款市场报价利率为定价基准加点形成。加点数值应符合全国和当地住房信贷政策要求，体现贷款风险状况，合同期限内固定不变。

2019年10月28日，中国人民银行发布公告，要求自2020年1月1日起，各金融机构不得签订参考贷款基准利率定价的浮动利率贷款合同。自2020年3月1日起，金融机构应与存量浮动利率贷款客户就定价基准转换条款进行协商，将原合同约定的利率定价方式转换为以LPR为定价基准加点形成（加点可为负值），加点数值在合同剩余期限内固定不变；也可转换为固定利率。

2022年1月20日，中国人民银行授权全国银行间同业拆借中心公布，2022年1月20日贷款市场报价利率为：1年期LPR为3.7%，5年期以上LPR为4.6%。以上LPR在下一次发布之前有效。2022年7月20日，中国人民银行授权全国银行间同业拆借中心公布，2022年7月20日贷款市场报价利率为：1年期LPR为3.7%，5年期以上LPR为4.45%。以上LPR在下一次发布LPR之前有效。

4.3 金融资产和长期股权投资管理

4.3.1 金融资产的管理

1.金融资产的含义

金融资产是银行资产的重要组成部分。金融工具是进行投资、筹资和风险管理的工具，金融工具形成一个银行的金融资产，并形成其他单位的金融负债或权益工具的合同。

2.金融资产的分类

银行根据其管理金融资产的业务模式和金融资产的合同现金流量特征，将金融资产划分为3类：一是以摊余成本计量的金融资产；二是以公允价值计量且其变动计入其他综合收益的金融资产；三是以公允价值计量且其变动计入当期损益的金融资产。

管理金融资产的业务模式，是指企业如何管理其金融资产以产生现金流量。业务模式决定企业所管理的金融资产现金流量的来源是收取合同现金流量、出售金融资产还是两者兼有。企业管理金融资产的业务模式应当以企业关键管理人员决定的对金融资产进行管理的特定业务目标为基础确定。企业确定管理金融资产的业务模式，应当以客观事实为依据，不得以按照合理预期不会发生的情形为基础确定。

金融资产的合同现金流量特征，是指金融工具合同约定的、反映相关金融资产经济特征的现金流量属性。企业分类为以摊余成本计量的金融资产和以公允价值计量且其变动计入其他综合收益的金融资产，其合同现金流量特征应当与基本借贷安排相一致。相关金融资产在特定日期产生的合同现金流量仅为对本金和以未偿付本金金额为基础的利息的支付。其中，本金是指金融资产在初始确认时的公允价值，本金金额可能因提前偿付等原因在金融资产的存续期内发生变动；利息包括对货币时间价值、与特定时期未偿付本金金额相关的信用风险，以及其他基本借贷风险、成本和利润的对价。

（1）以摊余成本计量的金融资产

分类为以摊余成本计量的金融资产应同时符合的条件包括：第一，企业管理该金融资产的业务模式是以收取合同现金流量为目标；第二，该金融资产的合同条款规定，在特定日期产生的现金流量仅为对本金和以未偿付本金金额为基础的利息的支付。

（2）以公允价值计量且其变动计入其他综合收益的金融资产

分类为以公允价值计量且其变动计入其他综合收益的金融资产应同时符合的条件包括：第一，企业管理该金融资产的业务模式既以收取合同现金流量为目标，又以出售该金融资产为目标；第二，该金融资产的合同条款规定，在特定日期产生的现金流量仅为对本金和以未偿付本金金额为基础的利息的支付。

在初始确认时，企业可以将非交易性权益工具投资指定为以公允价值计量且其变动计入其他综合收益的金融资产，并按照规定确认股利收入。该指定一经做出，不得撤销。

（3）以公允价值计量且其变动计入当期损益的金融资产

分类为以摊余成本计量的金融资产和以公允价值计量且其变动计入其他综合收益的金融资产之外的金融资产，企业应当将其分类为以公允价值计量且其变动计入当期损益的金融资产。

企业在非同一控制下的企业合并中确认的或有对价构成金融资产的，该金融资产应当分类为以公允价值计量且其变动计入当期损益的金融资产，不得指定为以公允价值计量且其变动计入其他综合收益的金融资产。

3.金融资产公允价值

（1）公允价值的定义

按照《企业会计准则第39号——公允价值计量》的规定，公允价值是指市场参与者在计量日发生的有序交易中，出售一项资产所能收到或者转移一项负债所需支付的价格。以公允价值计量的相关资产或负债可以是单项资产或负债，也可以是资产组合、负债组合或者资产和负债的组合。

（2）金融工具的公允价值计量及影响

企业初始确认金融资产或金融负债，应当按照公允价值计量。银行以公允价值计量的金融工具主要包括：为充分利用闲置资金、以赚取差价为目的从二级市场购入的股票、债券、基金等；银行不作为有效套期工具的衍生工具，如远期合同、期货合同、互换和期权等。此外，银行可以基于风险管理的需要，或为消除金融资产或金融负债在会计确认和计量方面存在不一致的情况等，直接指定某些金融资产或金融负债以公允价值计量。这些被列为以公允价值计量的金融工具，其报告价值即为市场价值，且其变动直接计入当期损益。这也意味着，如果银行能够较好地把握市场行情和动向，其业绩会随“公允价值变动损益”增加而提升；相反，如果银行的投资策略与市场行情相左，其当期利润就会因此受损。企业应当以主要市场的价格计量相关资产或负债的公允价值。

4.金融工具减值

金融工具减值是指资产的可收回金额低于其账面价值。企业应当以预期信用损失为基础，对下列项目进行减值会计处理并确认损失准备：一是分类为以摊余成本计量的金融资产和分类为以公允价值计量且其变动计入其他综合收益的金融资产；二是租赁应收款；三是合同资产，合同资产是指《企业会计准则第14号——收入》定义的合同资产；四是企业发行的分类为以公允价值计量且其变动计入当期损益的金融负债以外的贷款承诺和财务担保合同。

小资料4-4

我国资产减值的研究与运用

我国资产减值的研究与运用可分为5个阶段：一是在《股份有限公司会计制度》中，自1998年开始，要求境外上市公司、中国香港上市公司、在境外发行外资股的公司计提“四项准备”，即坏账准备、短期投资跌价准备、存货跌价准备、长期投资减值准备。其他上市公司可按此规定执行，而非上市公司仅要求计提坏账准备。二是1999年发布的《股份有限公司会计制度有关会计处理问题补充规定》将“四项准备”的使用范围扩大到所有股份有限公司。三是从2001年起在股份有限公司范围内执行《企业会计制度》，把“四项准备”扩大到“八项准备”，增加了固定资产减值准备、无形资产减值准备、在建工程减值准备、委托贷款减值准备，并规定从2001年1月1日起，企业应当定期或者至少于每年年度终了，对各项资产进行全面检查，根据谨慎性原则的要求，合理预计可能发生的损失，对可能发生的各项资产损失计提减值准备。四是在2006年颁布的《企业会计准则》中规范了资产减值的概念、资产减值迹象判断、资产减值测试方法等，对企业资产减值进行了较深入的管理。五是在2017年颁布的《企业会计准则第22号——金融工具确认和计量》中对金融工具减值进行了重新界定和规范。企业应当按照规定，以预期信用损失为基础，对相关项目进行减值会计处理并确认损失准备。

（1）预期信用损失

预期信用损失是指以发生违约的风险为权重的金融工具信用损失的加权平均值。

信用损失是指企业按照原实际利率折现的、根据合同应收的所有合同现金流量与预期收取的所有现金流量之间的差额，即全部现金短缺的现值。其中，对于企业购买或源生的已发生信用减值的金融资产，应按照该金融资产经信用调整的实际利率折现。由于预期信用损失考虑了付款的金额和时间分布，因此即使企业预计可以全额收款但收款时间晚于合同规定的到期期限，也会产生信用损失。

（2）现金流量的估计

在估计现金流量时，企业应当考虑金融工具在整个预计存续期的所有合同条款（如提前还款、展期、看涨期权或其他类似期权等）。企业所考虑的现金流量应当包括出售所持担保品获得的现金流量，以及属于合同条款组成部分的其他信用增级所产生的现金流量。企业通常能够可靠估计金融工具的预计存续期。在极少数情况下，金融工具预计存续期无法可靠估计的，企业在计算确定预期信用损失时，应当基于该金融工具的剩余合同期间。

（3）信用风险的显著增加

企业应当在每个资产负债表日评估相关金融工具的信用风险自初始确认后是否已显著增加，并按照下列情形分别计量其损失准备、确认预期信用损失及其变动：

① 如果该金融工具的信用风险自初始确认后已显著增加，企业应当按照相当于该金融工具整个存续期内预期信用损失的金额计量其损失准备。无论企业评估信用损失的基础是单项金融工具还是金融工具组合，由此形成的损失准备的增加或转回金额，应当作为减值损失或利得计入当期损益。

② 如果该金融工具的信用风险自初始确认后并未显著增加，企业应当按照相当于该金融工具未来12个月内预期信用损失的金额计量其损失准备，无论企业评估信用损失的基础是单项金融工具还是金融工具组合，由此形成的损失准备的增加或转回金额，应当作为减值损失或利得计入当期损益。

未来12个月内预期信用损失，是指因资产负债表日后12个月内（若金融工具的预计存续期少于12个月，则为预计存续期）可能发生的金融工具违约事件而导致的预期信用损失，是整个存续期预期信用损失的一部分。

企业在进行相关评估时，应当考虑所有合理且有依据的信息，包括前瞻性信息。为确保自金融工具初始确认后信用风险显著增加即确认整个存续期预期信用损失，企业在一些情况下应当以组合为基础考虑评估信用风险是否显著增加。整个存续期预期信用损失，是指因金融工具整个预计存续期内所有可能发生的违约事件而导致的预期信用损失。

4.3.2 长期股权投资的管理①

1.长期股权投资的定义和特点

（1）长期股权投资的定义

长期股权投资是指通过投资取得被投资单位的股份。企业对其他单位的股权投资通常是长期持有，目的是通过股权投资控制被投资单位，或对被投资单位施加重大影响，或是为了与被投资单位建立密切关系，以分散经营风险。长期股权投资分为企业合并和非企业合并两种情况。

（2）长期股权投资的特点

① 长期持有。进行长期股权投资的目的是长期持有被投资单位的股份，成为被投资单位的股东，并通过所持有的股份对被投资单位实施控制或施加重大影响，或改善和巩固贸易关系等。

② 获取经济利益，并承担相应的风险。长期股权投资的最终目标是获得较大的经济利益，这种经济利益可以通过分得利润或股利获取，也可以通过其他方式取得。但是，如果被投资单位经营状况不佳，或者进行破产清算，投资企业作为股东，也需要承担相应的投资损失。

③ 除股票投资外，长期股权投资通常不能随时出售。投资企业一旦成为被投资单位的股东，依所持股份份额享有股东的权利并承担相应的义务，一般情况下不能随意抽回投资。

④ 长期股权投资相对于长期债权投资而言，风险较高。在我国，长期股权投资的取得方式主要有：在证券市场上以货币资金购买其他企业的股票，成为被投资单位的股东；以资产（包括货币资金、无形资产和其他实物资产）投资其他单位，成为被投资单位的股东。

2.长期股权投资的类型

（1）长期股权投资依据对被投资单位产生的影响的分类

① 实施控制的权益性投资，即对子公司投资。控制，是指投资方拥有对被投资单位的权力，通过参与被投资单位的相关活动而享有可变回报，并且有能力运用对被投资单位的权力影响其回报金额。

② 共同控制的权益性投资，即对合营企业投资。共同控制，是指按照相关约定对某项安排所共有的控制，并且该安排的相关活动必须经过分享控制权的参与方一致同意后才能决策。

③ 有重大影响的权益性投资，即对联营企业投资。重大影响，是指对一个企

① 《商业银行法》（修改建议稿）第六十二条规定："商业银行在中华人民共和国境内不得从事信托投资和证券经营业务，不得向非自用不动产投资或者向非银行金融机构和企业投资，但国家另有规定的除外。"

业的财务和经营政策有参与决策的权力，但并不能够控制或者与其他方一起共同控制这些政策的制定。

在实务中，较为常见的重大影响体现为在被投资单位的董事会或类似权力机构中派有代表，通过在被投资单位财务和经营决策制定过程中的发言权实施重大影响。

投资方直接或通过子公司间接持有被投资单位20%以上但低于50%的表决权时，一般认为对被投资单位具有重大影响，除非有明确的证据表明该种情况下不能参与被投资单位的生产经营决策，不形成重大影响。

在确定能否对被投资单位施加重大影响时，应考虑投资方直接或间接持有被投资单位的表决权股份，同时也要考虑投资方及其他方持有的当期可执行潜在表决权在假定转换为对被投资单位的股权后产生的影响，如被投资单位发行的当期可转换的认股权证、股份期权及可转换公司债券等的影响。

（2）长期股权投资依据投资对象的分类

① 股票投资，是指银行以购买股票的方式对其他企业所进行的投资。银行购买并持有某股份有限公司的股票后，即成为该公司的股东。投资企业有权参与被投资企业的经营管理，并可根据股份有限公司经营的好坏，按持有股份的比例分享利润、分担亏损；如果股份有限公司破产，投资企业不但分不到红利，而且可能失去入股的本金。因此，与债券投资相比，股票投资具有投资风险高、责任和权利较大、获取经济利益较多等特点。

② 其他股权投资，是指除股票投资以外具有股权性质的投资，一般是企业直接将现金、实物或无形资产等投入其他企业，取得股权。其他股权投资是一种直接投资，在我国主要指联营投资。进行其他股权投资的企业，资产一经投出，除联营期满或由于特殊原因联营企业解散外，一般不得抽回投资；投资企业根据被投资企业经营的好坏，按其投资比例分享利润、分担亏损。其他股权投资与股票投资一样，也是一种权益性投资，其特点与股票投资基本相同。

本章小结

现金资产是银行持有的库存现金以及与现金等同的可随时用于支付的银行资产。商业银行的现金资产具有保持清偿能力和保持流动性的作用。资金头寸要进行预测。现金资产管理要遵循总量适度原则、适时调节原则和安全保障原则。库存现金要完善日常管理。存款准备金是商业银行现金资产的主要构成部分，包括法定存款准备金和超额准备金。贷款是银行最重要的资产业务，贷款利息收入是商业银行最主要的经营收入，贷款管理主要包括信贷政策、贷款程序，以及贷款转让、贷款损失准备和贷款核销。商业银行的金融资产是资产的重要组成部分，可以给银行带来高额利润，但风险也较大。金融资产划分为3类：以摊余成本计量的金融资产、以公允价值计量且其变动计入其他综合收益的金融资产、以公允价值计量且其变动计入当期损益的金融资产。长期股权投资也是一种重要的资产业务，包括3类：实施控制的权益性投资、共同控制的权益性投资、有重大影响的权益性投资。

即测即评

第4章单项选择题

第4章多项选择题

第4章判断题

第5章
商业银行中间业务管理

思政小课堂

发展中间业务 凸显现代银行的服务能力与服务精神

结算、代收、信托、租赁、信息咨询……共同构成了银行中间业务的基石。中间业务使银行的盈利减少对资本金及资产业务的依赖，解决了银行发展与要求资本金同步增加的矛盾，降低了资本不充足对银行发展的束缚。中间业务的创新与发展更凸显了现代银行的服务能力与服务精神。商业银行的中间业务是其他非金融行业难以撼动的独特优势，保证了银行的持续盈利能力，为银行在竞争激烈的市场环境中屹立不倒起到不可忽视的作用。

5.1 中间业务概述

5.1.1 中间业务的含义和特点

1.中间业务的含义

商业银行中间业务是指不构成商业银行表内资产、表内负债，形成银行非利息收入的业务。它是商业银行在资产业务和负债业务的基础上，利用技术、信息、机构网络、资金和信誉等方面的优势，不运用或较少运用银行的资财，以中间人或代理人的身份替客户办理收付、咨询、代理、担保、租赁及其他委托事项，提供各类金融服务并收取一定费用的经营活动。在资产和负债两项传统业务中，银行是作为信用活动的一方参与其中的；在中间业务中，银行不再直接作为信用活动的一方，它扮演的只是中介或代理的角色，通常实行有偿服务。

商业银行中间业务包括两大类：不形成或有资产、或有负债的中间业务，即一般意义上的金融服务类业务；形成或有资产、或有负债的中间业务，即一般意义上的表外业务。在我国，商业银行中间业务等同于广义的表外业务，可以分为两大类：金融服务类业务和表外业务。

2.中间业务的特点

(1) 中间业务一般不需要动用自己的资金

商业银行经营中间业务只是代客户承办支付、结算及其他委托时，商业银行原则上不垫付资金，这就大大降低了商业银行的经营成本。商业银行从事中间业务所得的收入不受存款和贷款规模的影响，相对于传统业务来说，易开展并且风险要小得多。

(2) 特定的业务方式

商业银行办理中间业务，尤其是在办理信用性中间业务（如承兑、承诺、有价证券委托买卖等）时，是以接受客户委托的方式开展业务的。

(3) 中间业务是特殊的金融商品

中间业务是凝结了商业银行信誉的金融商品。一方面，中间业务的开展需要以商业银行的信誉为前提和基础；另一方面，商业银行在开展中间业务时所表现出来的服务质量、服务水平、中间业务的种类及不同中间业务间的相互关系、中间业务与资产负债业务间的相互关系等，也在一定程度上体现商业银行的信誉。商业银行中间业务经营水平高，本身就是树立良好社会形象及提高商业银行信誉的重要手段。

5.1.2 中间业务的种类

近年来，各商业银行为满足客户的需要，拓展了多种中间业务，主要有以下类型：

1.支付结算类中间业务

支付结算类中间业务是指由商业银行为客户办理因债权债务关系引起的与货币支付、资金划拨有关的收费业务。

(1) 结算工具

开展结算业务的主要结算工具包括银行汇票、商业汇票、银行本票和支票。

① 银行汇票是出票银行签发的、由其在见票时按照实际结算金额无条件支付给收款人或者持票人的票据。

② 商业汇票是出票人签发的、委托付款人在指定日期无条件支付确定的金额给收款人或持票人的票据。商业汇票分银行承兑汇票和商业承兑汇票。

③ 银行本票是银行签发的、承诺自己在见票时无条件支付确定的金额给收款人或者持票人的票据。

④ 支票是出票人签发的、委托办理支票存款业务的银行在见票时无条件支付确定的金额给收款人或持票人的票据。

中国人民银行数据显示，2021年第三季度，全国共发生票据业务3 307.15万笔，金额25.96万亿元，同比分别下降12.47%、14.26%。其中，银行汇票业务3.65

万笔，实际结算商业汇票业务703.37万笔、银行本票业务5.81万笔、支票业务2 594.32万笔。

（2）结算方式

结算方式主要有同城结算方式和异地结算方式。

① 汇款业务是由付款人委托银行将款项汇给外地某收款人的一种结算业务，主要有电汇、信汇和票汇3种形式。

② 托收业务是指债权人或售货人为向外地债务人或购货人收取款项而向其开出汇票，并委托银行代为收取的一种结算方式。

③ 信用证业务是由银行根据申请人的要求和指示，向受益人开立的载有一定金额、在一定期限内凭规定的单据在指定地点付款的书面保证文件。

（3）其他支付结算业务

其他支付结算业务包括利用现代支付系统实现的资金划拨、清算，以及利用银行内外部网络实现的转账等。

中国人民银行数据显示，2021年第三季度，全国共发生贷记转账、直接借记、托收承付以及国内信用证结算业务26.74亿笔，金额832.30万亿元，同比分别增长9.30%、7.09%。

2.银行卡业务

银行卡是由经授权的金融机构（主要指商业银行）向社会发行的具有消费信用、转账结算、存取现金等全部或部分功能的信用支付工具[①]。银行卡的分类如下：

① 按清偿方式不同，银行卡可以分为贷记卡、准贷记卡和借记卡。借记卡可进一步分为转账卡、专用卡和储值卡。

② 按结算币种不同，银行卡可以分为人民币卡和外币卡。

③ 按使用对象不同，银行卡可以分为单位卡和个人卡。

④ 按载体材料不同，银行卡可以分为磁性卡和智能卡（IC卡）。

⑤ 按使用对象的信誉等级不同，银行卡可以分为金卡和普通卡。

⑥ 按流通范围不同，银行卡可以分为国际卡和地区卡。

⑦ 其他分类包括商业银行与营利性机构/非营利性机构合作发行的联名卡/认同卡。

中国人民银行数据显示，2021年第三季度，全国银行共办理非现金支付业务（包含票据、银行卡及其他结算业务）1 197.28亿笔，金额1 109.19万亿元。

3.代理类中间业务

代理类中间业务指商业银行接受客户委托、代为办理客户指定的经济事务、提

---

① 我国银行卡发卡量持续增长。截至2021年第三季度末，全国共开立银行卡91.83亿张。其中，信用卡和借贷合一卡7.98亿张，人均持有0.57张。信用卡授信总额20.66万亿元，信用卡卡均授信额度2.59万元，授信使用率40.68%。

供金融服务并收取一定费用的业务，包括代理政策性银行业务、代理中国人民银行业务、代理商业银行业务、代收代付业务、代理证券业务、代理保险业务、其他代理业务等。

① 代理政策性银行业务，是指商业银行接受政策性银行的委托，代为办理政策性银行因服务功能和网点设置等方面的限制而无法办理的业务，包括代理贷款项目管理等。

② 代理中国人民银行业务，是指根据政策、法规应由中央银行承担，但由于机构设置、专业优势等方面的原因，由中央银行指定或委托商业银行承担的业务，主要包括财政性存款代理业务、国库代理业务、发行库代理业务、金银代理业务。

③ 代理商业银行业务，是指商业银行之间相互代理的业务，如为委托行办理支票托收等业务。

④ 代收代付业务，是指商业银行利用自身的结算便利，接受客户的委托，代为办理指定款项的收付事宜的业务，如代理各项公用事业收费、代理行政事业性收费和财政性收费、代发工资、代扣住房按揭消费贷款还款等。

⑤ 代理证券业务，是指商业银行接受委托办理的代理发行、兑付、买卖各类有价证券的业务，还包括接受委托代办债券还本付息、代发股票红利、代理证券资金清算等业务。这里的有价证券主要包括国债、公司债券、金融债券、股票等。

⑥ 代理保险业务，是指商业银行接受保险公司的委托代其办理保险业务的业务。商业银行代理保险业务，可以受托代个人或法人投保各险种的保险事宜；也可以作为保险公司的代表，与保险公司签订代理协议，代保险公司承接有关的保险业务。代理保险业务一般包括代售保单业务和代付保险金业务。

⑦ 其他代理业务，包括代理财政委托业务、代理其他银行银行卡收单业务等。

4.担保及承诺类中间业务

（1）担保类中间业务

担保类中间业务是指商业银行为客户的债务清偿能力提供担保，承担客户违约风险的业务，主要包括银行承兑汇票、备用信用证、各类保函等。

① 银行承兑汇票是指由收款人或付款人（或承兑申请人）签发，并由承兑申请人向开户银行申请，经银行审查同意承兑的商业汇票。

② 备用信用证是指开证银行应借款人的要求，以放款人作为信用证的受益人而开具的一种特殊信用证，以保证在借款人破产或不能及时履行义务的情况下，由开证银行向受益人及时支付本利。

③ 各类保函包括投标保函、承包保函、履约保函、借款保函等。

④ 其他担保业务。

（2）承诺类中间业务

承诺类中间业务是指商业银行在未来某一日期按照事前约定的条件向客户提供约定信用的业务，主要是指贷款承诺。贷款承诺包括可撤销承诺和不可撤销承诺两种。

① 可撤销承诺附有客户在取得贷款前必须履行义务的特定条款。在银行承诺期内，客户如果不能履行义务，银行可撤销该项承诺。可撤销承诺包括透支额度等。

② 不可撤销承诺是银行不经客户允许不得随意取消的贷款承诺，具有法律约束力，包括备用信用额度、回购协议、票据发行便利等。

5.交易类中间业务

交易类中间业务是指商业银行为满足客户保值或自身风险管理等方面的需要，利用各种金融工具进行的资金交易活动，主要包括以下4种：

① 远期合约，是指交易双方约定在未来某个特定时间以约定价格买卖约定数量的资产的合约，包括远期利率协议、远期外汇合约和远期股票合约等。

② 金融期货，是指以金融工具或金融指标为标的的期货合约。

③ 互换，是指交易双方基于自己的比较利益，对各自的现金流量进行交换，一般分为利率互换和货币互换。

④ 期权，是指期权的买方支付给卖方一笔权利金，获得一种权利，可于期权的存续期内或到期日当天，以执行价格与期权卖方进行约定数量的特定标的的交易。按交易标的，期权可分为股票指数期权、外汇期权、利率期权、期货期权、债券期权等。

6.投资银行业务

投资银行业务主要包括证券发行、承销、交易，企业重组、兼并与收购，投资分析、风险投资、项目融资等业务。

7.托管业务

托管业务是指具备一定资格的商业银行作为托管人，依据有关法律法规，与委托人签订委托资产托管合同，安全保管委托投资的资产，履行托管人相关职责的业务。托管业务包括证券投资基金托管、委托资产托管、社保基金托管、企业年金托管、信托资产托管、农村社会保障基金托管、基本养老保险个人账户基金托管、补充医疗保险基金托管、收支账户托管、QFII（合格境外机构投资者）托管、贵重物品托管等。

为规范证券投资基金会计核算业务，保证基金行业切实执行《企业会计准则》，保护基金份额持有人的合法权益，根据中国证监会《关于基金管理公司及证券投资基金执行〈企业会计准则〉的通知》的要求，中国证券业协会于2007年颁布了《证券投资基金会计核算业务指引》。2012年，中国证券投资基金业协会根据《中国证券投资基金业协会章程》重新修订了《证券投资基金会计核算业务指引》。

各基金管理公司、基金托管银行在证券投资基金执行《企业会计准则》的相关会计核算业务中遵照执行。

8.咨询顾问类业务

咨询顾问类业务是指商业银行依靠自身在信息、人才、信誉等方面的优势，收集和整理有关信息，并通过对这些信息以及银行和客户资金运动的记录和分析，形成系统的资料和方案，提供给客户，以满足其业务经营管理或发展需要的服务活动。

咨询顾问类业务分为日常咨询服务和专项顾问服务两大类。

① 日常咨询服务是基本服务，按年度收取一定的顾问年费。日常咨询服务包括政策法规咨询、企业项目发布、财务咨询、投融资咨询、产业和行业信息与业务指南等。

② 专项顾问服务是选择性服务，是在日常咨询服务的基础上，根据客户的需要，利用商业银行的专业优势，就特定项目提供的深入财务顾问服务。专项顾问服务包括年度财务分析报告、独立财务顾问报告、直接融资顾问、企业重组顾问、兼并收购顾问、管理层收购（MBO）及员工持股计划（ESOP）、投资理财、管理咨询等。

9.电子银行业务

电子银行业务，是指商业银行等银行业金融机构利用面向社会公众开放的通信通道或开放型公众网络，以及银行为特定自助服务设施或客户建立的专用网络，向客户提供的银行服务。电子银行业务包括利用计算机和互联网开展的银行业务（简称网络银行业务）、利用电话等声讯设备和电信网络开展的银行业务（简称电话银行业务）、利用移动电话和无线网络开展的银行业务（简称手机银行业务），以及其他利用电子服务设备和网络，由客户通过自助服务方式完成金融交易的银行业务[①]。

① 网络银行又称网上银行、在线银行，是指银行利用互联网技术向客户提供开户、查询、对账、行内转账、跨行转账、信贷、网上证券、投资理财等传统服务项目，使客户足不出户就能够安全便捷地管理活期和定期存款、支票、信用卡及个人投资等。网上银行包括企业网上银行和个人网上银行。

② 电话银行就是通过电话把客户与银行紧密相连，使客户不必去银行，无论何时何地，只要拨通电话银行的电话号码，就能够得到电话银行提供的服务，包括往来交易查询、利率查询等。

③ 手机银行是商业银行利用移动通信网络及终端推出的新一代电子银行服务。只需将手机号与银行账户绑定，就能让手机成为一个掌上银行柜台，随时随地体验各项金融服务。

---

① 根据中国银监会2005年11月颁布的《电子银行业务管理办法》的相关内容编写。

中国人民银行数据显示，2021年第三季度，银行共处理电子支付业务710.14亿笔，金额737.15万亿元。其中，网上支付业务268.32亿笔，金额587.21万亿元，同比分别增长10.67%和6.45%；移动支付业务390.77亿笔，金额126.81万亿元，同比分别增长13.28%和8.62%；电话支付业务0.77亿笔，同比增长5.83%，金额3.25万亿元，同比下降20.93%

10.其他类中间业务

其他类中间业务包括保险箱业务以及其他不能归入以上9类的业务。

5.1.3 中间业务的定期报告制度

监管部门监督商业银行建立识别、监测、控制中间业务风险的机制，建立商业银行中间业务定期报告制度。

1.每年的分阶段报告

商业银行应按照“中间业务基本情况统计表”的格式，于每年4月10日、7月10日、10月10日之前向中国人民银行监管部门和统计部门报送上一季度中间业务开展情况，于每年1月10日之前报送上年第四季度中间业务开展情况，每年1月20日之前报送上一年度全年中间业务开展情况。

2.每年的总结报告

商业银行每年年初应就上一年度中间业务的基本情况、存在问题和下一年度的发展计划向中国人民银行监管部门报送总结报告。

5.2 支付结算业务管理

5.2.1 支付结算的概念和原则

1.支付结算的概念

支付结算是指单位、个人在社会经济活动中使用票据、信用卡、汇兑、托收承付、委托收款等结算方式进行货币给付及资金清算的行为。具体地讲，就是各部门、各企事业单位以及个人之间所发生的商品交易、劳务供应和资金调拨等经济活动，借助银行的结算工具来实现债权、债务的货币收付行为。支付结算分为现金结算和转账结算。发生经济活动的双方以现金来完成经济往来的货币收付行为称为现金结算；收付双方通过银行的账户间划转款项来实现收付的行为称为非现金结算，也称转账结算。

2.支付结算的原则

支付结算是当前我国商业银行业务量最大的一项中间业务。该业务使商业银行成为全社会的转账结算中心和货币出纳中心，不仅为银行带来安全、稳定的收益，也聚集了闲散资金，扩大了银行信贷资金来源。支付结算活动的当事人包括银行、单位和个人。支付结算活动的当事人必须遵守3个基本原则：一是恪守信用，履约付款；二是谁的钱进谁的账，并由谁支配；三是银行不垫款。

5.2.2 支付结算工具

1.结算工具的含义

结算工具是指商业银行用于支付结算过程的各种票据和结算凭证。票据本身无价值，但其代表了某一项权利或利益，是能够证明某项权利的书面凭证。

2.使用结算工具的基本规定

① 票据和结算凭证上的签章应为签名、盖章或者签名加盖章。单位、银行在票据上的签章和单位在结算凭证上的签章，应为该单位、银行的盖章加其法定代表人或其授权的代理人的签名或盖章。个人在票据和结算凭证上的签章，应为该个人本人的签名或盖章。

② 票据和结算凭证的金额、出票或签发日期、收款人名称不得更改。更改的票据无效；更改的结算凭证，银行不予受理。对票据和结算凭证上的其他记载事项，原记载人可以更改，更改时应当由原记载人在更改处签章证明。

③ 票据和结算凭证金额以中文大写和阿拉伯数字同时记载，两者必须一致。两者不一致的票据无效；两者不一致的结算凭证，银行不予受理。少数民族地区和外国驻华使领馆根据实际需要，金额大写可以使用少数民族文字或者外国文字记载。

④ 票据和结算凭证上的签章及其他记载事项应当真实，不得伪造、变造。票据上有伪造、变造的签章的，不影响票据上其他当事人真实签章的效力。这里的伪造是指无权限人假冒他人或虚构人名义签章的行为；这里的变造是指无权更改票据内容的人，对票据上签章以外的记载事项加以改变的行为。

⑤ 办理支付结算需要交验的个人有效身份证件是指居民身份证、军官证、警官证、文职干部证、士兵证、户口簿、护照、港澳台同胞回乡证等符合法律、行政法规以及国家有关规定的身份证件。

3.票据的种类

《支付结算办法》规定，票据包括银行汇票、商业汇票、银行本票和支票，各自的定义如前所述。

（1）银行汇票

我国的银行汇票主要用于转账，但填明“现金”字样的汇票也可支取现金。申请人或者收款人为单位的，不得在“银行汇票申请书”上填明“现金”字样。单位和个人各种款项结算均可使用银行汇票。银行汇票一律记名，提示付款期限自出票日起1个月。持票人如超过付款期限提示付款，付款人不予受理。银行汇票的实际结算金额不得更改，更改实际结算金额的银行汇票无效。

(2) 商业汇票

在银行开立存款账户的法人以及其他组织之间必须有真实的交易关系或债权债务关系，才能使用商业汇票。商业汇票一律记名。商业汇票承兑期限由交易双方商定，一般为3~6个月，最长不超过9个月。商业汇票按承兑人不同，分为商业承兑汇票和银行承兑汇票。

① 商业承兑汇票是由收款人签发，经付款人承兑，或由付款人签发并承兑的票据。在银行开立存款账户的法人之间进行购销活动、进行真实的商品交易，可使用商业承兑汇票。

② 银行承兑汇票是由收款人或承兑申请人签发，并由承兑申请人向开户银行申请，经银行审查同意承兑的票据。银行对承兑申请人的审查包括：法人以及其他组织在承兑银行开立存款账户；与承兑银行具有真实的委托付款关系；资信状况良好，具有支付汇票金额的可靠资金来源。凡不符合上述条件的，银行一律不予受理。目前我国的非银行金融机构不能办理商业汇票承兑业务。

商业汇票的收款人或被背书人需要资金时，可持未到期的商业汇票连同贴现凭证向银行申请贴现。贴现银行可持未到期的商业汇票向其他银行转贴现，也可向中国人民银行申请再贴现。贴现、转贴现、再贴现时，应背书并提供贴现申请人与其直接前手之间的增值税专用发票和商品发运单据复印件。

小资料5-1

电子商业汇票系统

近年来，随着我国金融电子化水平不断提高和金融基础设施不断完善，在银行票据业务方面，银行汇票、银行本票和支票都不同程度地实现了电子化，安全性和效率得到极大改善。为进一步推动国内票据业务和票据市场发展，便利企业支付和融资，支持商业银行票据业务创新，在充分调研论证的基础上，中国人民银行决定于2008年1月组织建设电子商业汇票系统（Electronic Commercial Draft System，ECDS），同年6月正式立项，2009年10月28日建成投入运行，我国票据市场由此迈入电子化时代。

电子商业汇票系统是指经中国人民银行批准建立，依托网络和计算机技术，接收、存储、发送电子商业汇票数据电文，提供与电子商业汇票货币给付、资金清算等行为相关的服务的业务处理平台。纸质商业汇票登记查询和商业汇票转贴现公开报价也通过电子商业汇票系统办理。办理纸质商业汇票业务的金融机构必须加入电子商业汇票系统，开通纸质商业汇票登记查询功能模块。

电子商业汇票系统支持电子商业汇票票据托管业务、信息接收和存储业务、信息发送业务、信息更新业务、电子商业汇票票款兑付业务、信息服务业务、纸质商业汇票登记查询业务和商业汇票转贴现公开报价业务。

2010年6月28日，中国人民银行组织电子商业汇票系统在全国推广应用。

自其投产运行以来，电子票据主要业务逐月平稳较快增长，主要金融机构电子票据业务开展良好。

企业使用电子商业汇票，不受时间和空间的限制，大大提高了交易效率，加快了企业资金周转速度，畅通了企业的融资渠道，提升了企业的融资效率。电子商业汇票以数据电文代替纸质票据，用电子签名代替实体签章，确保了电子商业汇票使用的安全性，大大降低了票据业务的欺诈风险。电子商业汇票的付款期最长为1年，增强了企业的短期融资能力，有助于进一步降低企业短期融资成本，降低企业财务费用。

近年来，我国电子商业汇票系统业务量快速增长。上海票据交易所数据显示，2021年第三季度，电子商业汇票系统出票692.40万笔，金额5.54万亿元，同比分别增长15.25%和18.41%。

（3）银行本票

单位和个人在同一票据交换区域需要支付各种款项，均可以使用银行本票。银行本票的出票人为经中国人民银行当地分支行批准办理银行本票业务的银行机构。银行本票可以用于转账，注明“现金”字样的银行本票可以支取现金。银行本票的提示付款期限自出票日起最长不得超过2个月。银行本票分为定额和不定额两种。定额银行本票面额为1 000元、5 000元、10 000元和50 000元。我国目前只办理不定额银行本票，起点金额为5 000元。

（4）支票

支票上印有“现金”字样的为现金支票，现金支票只能支取现金。支票上印有“转账”字样的为转账支票，转账支票只能用于转账。2006年以前，单位和个人只有在同一票据交换区域的各种款项结算，才可以使用支票。2006年11月9日，中国人民银行颁布了《全国支票影像交换系统运行管理办法》。2006年12月18日，全国支票影像交换系统（CIS）在中国人民银行清算总中心和北京、上海、天津、广州、石家庄、深圳分中心成功试点运行。全国支票影像交换系统是指运用影像技术将实物支票转换为支票影像信息，通过计算机及网络将影像信息传递至出票人开户银行提示付款的业务处理系统，它是中国人民银行继大、小额支付系统建成后的又一重要金融基础设施。由此，支票实现了全国通用。支票的提示付款期限是自出票日起10日，中国人民银行另有规定的除外。

4.结算方式的种类

结算方式是指货币收付的程序和方法，是办理结算的具体组织方式。根据《支付结算办法》和《商业银行中间业务暂行规定》的要求，结算方式包括汇兑、委托收款、托收承付和信用证等。

（1）汇兑

汇兑是汇款人委托银行将其款项支付给收款人的结算方式。单位和个人的各种款项的结算均可使用汇兑结算方式。汇兑分为信汇、电汇两种，由汇款人选择使用。汇兑凭证上记载收款人为个人的，收款人需要到汇入银行领取汇款，汇款人应在汇兑凭证上注明“留行待取”字样；留行待取的汇款需要指定单位的收款人领取汇款的，应注明收款人的单位名称；信汇凭收款人签章支取的，应在信汇凭证上预留其签章。汇款人确定不得转汇的，应在汇兑凭证备注栏注明“不得转汇”字样。

（2）委托收款

委托收款是收款人委托银行向付款人收取款项的结算方式。单位和个人凭已承兑商业汇票、债券、存单等付款人债务证明办理款项的结算，均可以使用委托收款结算方式。委托收款在同城、异地均可以使用。委托收款结算款项的划回方式有邮寄和电报两种，由收款人选用。在同城范围内，收款人收取公用事业费或根据国务院的规定，可以使用同城特约委托收款。

（3）托收承付

托收承付是根据购销合同由收款人发货后委托银行向异地付款人收取款项，由付款人向银行承认付款的结算方式。使用托收承付结算方式的收款单位和付款单位必须是国有企业、供销合作社以及经营管理较好，并经开户银行审查同意的城乡集体所有制工业企业。办理托收承付结算的款项必须是商品交易，以及因商品交易而产生的劳务供应的款项。代销、寄销、赊销商品的款项不得办理托收承付结算。收付双方使用托收承付结算必须签有符合《民法典》的购销合同，并在合同上订明使用托收承付结算方式。收付双方办理托收承付结算，必须重合同、守信用。收款人对同一付款人发货托收累计3次收不回货款的，收款人开户银行应暂停收款人向该付款人办理托收；付款人累计3次提出无理拒付的，付款人开户银行应暂停其向外办理托收。托收承付结算每笔的金额起点为10 000元，新华书店系统每笔的金额起点为1 000元。托收承付结算款项的划回方式有邮寄和电报两种，由收款人选用。承付货款时，分为验单付款和验货付款两种方式，由收付双方商量选用，并在合同中明确规定。验单付款的承付期为3天，从付款人开户银行发出承付通知的次日算起（承付期内遇法定休假日顺延）。验货付款的承付期为10天，从运输部门向付款人发出提货通知的次日算起。对收付双方在合同中明确规定，并在托收凭证上注明验货付款期限的，银行从其规定。

（4）信用证（letter of credit，L/C）

信用证是由银行根据申请人的要求和指示，向受益人开立的载有一定金额，在一定期限内凭规定的单据在指定地点付款的书面保证文件。

信用证有3个特点：一是信用证不依附于买卖合同，银行在审单时强调的是信用证与基础贸易相分离的书面形式的认证；二是信用证是凭单付款，不以货物为准，只要单据相符，开证银行就应无条件付款；三是信用证是一种银行信用，是银行的一种担保文件。

信用证的种类较多，是国际贸易中最主要、最常用的支付方式。

5.银行卡

银行卡的定义如前所述。一般来说，贷记卡称为信用卡。

单位卡账户的资金一律从其基本存款账户转账存入，不得交存现金、不得支取现金、不得将销货收入的款项存入其账户。单位卡不得用于10万元以上的商品交易、劳务供应款项的结算。个人卡账户的资金以其持有的现金存入或以其工资性款项及属于个人的劳务报酬收入转账存入。严禁将单位的，款项存入个人卡账户。

发卡银行可根据申请人的资信程度，要求其提供担保。担保的方式可采用保证、抵押或质押。信用卡备用金存款利息按照中国人民银行规定的活期存款利率及计息办法计算。信用卡仅限于合法持卡人本人使用，持卡人不得出租或转借信用卡。发卡银行应建立授权审批制度，信用卡结算超过规定限额的，必须取得发卡银行的授权。持卡人可持信用卡在特约单位购物、消费。

信用卡的透支额，金卡最高不得超过10 000元，普通卡最高不得超过5 000元；信用卡的透支期限，最长为60天；信用卡的透支利息，自签单日或银行记账日起15日内按日息5‰计算，超过15日按日息10‰计算，超过30日或透支金额超过规定限额的，按日息15‰计算。透支计息不分段，按最后期限或者最高透支额的最高利率档次计息。持卡人使用信用卡，不得恶意透支。

5.2.3 我国支付结算系统的发展

1.中国人民银行的全国电子联行

中国人民银行自20世纪80年代起着手建设全国金融卫星通信网，1991年4月1日正式联网成功，还通过该网开办了全国电子联行业务，解决了异地资金汇划问题，减少了在途资金数量，加速了资金周转。

2.中国人民银行的现代化资金清算系统

20世纪90年代，中国人民银行又加强了区域网络建设、同城资金清算系统建设，在大部分城市实现了同城清算的自动化和半自动化。到1995年，我国已在全国250多个大中城市建成了以网络传输或磁介质交换为传输手段的同城清算系统，在7个大城市建成了同城票据自动清算系统，基本建成了现代化资金清算系统。

3.中国人民银行的中国现代化支付系统

（1）中国现代化支付系统的含义

2002年，中国人民银行试行中国现代化支付系统。2002年10月8日，大额实时支付系统首先在北京、武汉投产试运行成功，标志着中国现代化支付系统建设取得了突破性进展。中国现代化支付系统是中国人民银行按照我国支付清算的需要，利用现代计算机技术和通信网络自主开发建设的，能够高效、安全地处理各银行办理的异地、同城各类支付业务及资金清算和货币市场交易的资金清算应用系统。它是各银行和货币市场的公共支付清算平台，是中国人民银行发挥其金融服务职能的重要核心支持系统。

（2）中国现代化支付系统的构成

为适应各类支付业务处理的需要，中国现代化支付系统由大额支付系统（HVPS）和小额批量支付系统（HEPS）两个应用系统组成。

大额支付系统实行逐笔实时处理，全额清算资金。建设大额支付系统的目的就是给各银行和广大企业以及金融市场提供快速、高效、安全、可靠的支付清算服务，防范支付风险。同时，该系统对中央银行更加灵活、有效地实施货币政策具有重要作用。该系统处理同城和异地、商业银行跨行之间和行内的大额贷记及紧急的小额贷记支付业务，处理中国人民银行系统的贷记支付业务。

小额批量支付系统在一定时间内对多笔支付业务进行轧差处理，净额清算资金。建设小额批量支付系统的目的是为社会提供低成本、大业务量的支付清算服务，支撑各类支付业务的开展，满足社会各种经济活动的需要。该系统处理同城和异地纸质凭证截留的商业银行跨行之间的定期借记和定期贷记支付业务、中央银行会计和国库部门办理的借记支付业务，以及每笔金额在规定起点以下的小额贷记支付业务。小额批量支付系统采取批量发送支付指令，轧差净额清算资金。

从2002年10月8日大额实时支付系统成功投产试运行以来，经过多年的建设发展，中国现代化支付系统已建成第一代人民币跨行大额实时支付系统、小额批量支付系统、支票影像交换系统和境内外币支付系统、电子商业汇票系统以及中央银行会计集中核算系统，形成了比较完整的跨行支付清算服务体系，为各银行业金融机构及金融市场提供了安全、高效的支付清算平台，对经济金融和社会发展的促进作用日益显现。随着中国社会经济的快速发展，金融改革继续深入，金融市场日益完善，支付方式不断创新，这些都对中央银行的支付清算服务提出了许多新的、更高的要求。鉴于此，中国人民银行已开始着手建设更加统一、安全、高效的第二代支付系统和中央银行会计核算数据集中系统，为进一步提高中央银行履职能力提供强有力的基础设施服务，有效满足社会经济的支付需求，促使金融机构改善经营管理，支持经济金融又好又快发展。

与第一代人民币跨行支付系统相比，第二代支付系统能为银行业金融机构提供灵活的接入方式、清算模式和更加全面的流动性风险管理手段，实现网银互联，支撑新兴电子支付的业务处理和人民币跨境支付结算，实现本外币交易的对等支付（PVP）结算。这一系统还具备健全的备份功能和强大的信息管理与数据存储功能，建立高效的运行维护机制，进一步强化安全管理措施，并逐步实现支付报文标准国际化。中央银行会计核算数据集中系统实现了中央银行会计数据的高度集中，通过再造业务流程，实现内部管理扁平化、信息数据网络化传输和共享，支持金融机构提高资金管理水平，提供多元化服务。此外，这一系统还创建了严密的风险防范和安全管理机制，具备健全完善的灾难备份功能。按照系统建设实施计划，第二代支付系统的网银互联应用系统先行建设已于2011年1月完成了全国推广；第二代支付系统的其他应用系统和中央银行会计核算数据集中系统于2013年5月正式在部分省份试运行，2014年在全国推广。

近年来，我国现代化支付系统稳定发展。大额实时支付系统业务量持续平稳增长。2021年第三季度，大额实时支付系统处理业务1.21亿笔，同比下降10.56%；金额1 582.68万亿元，同比增长5.56%；日均处理业务182.85万笔，金额23.98万亿元。小额批量支付系统处理业务9.60亿笔，金额40.42万亿元，同比分别增长4.98%和6.61%；日均处理业务1 043.49万笔，金额4 393.25亿元。

5.2.4 支付结算系统的现代化发展趋势

电子计算机和现代通信设施在银行业中的广泛应用，打破了过去商业银行资金往来完全通过票据交换和邮电部门转移的局面。地区性和国际性的网络化电子资金调拨系统的建立，使异地包括国家间的银行资金结算业务从几天、几周缩短到3~5分钟。著名的电子资金清算系统有环球银行金融电信协会（SWIFT）、纽约银行支付清算系统（CHIPS）和伦敦自动支付清算系统（CHAPS）等。现代国际银行业的支付结算系统正在向无人自助服务、无现金交易、无凭证结算的“三无”方向发展，这同样也是中国银行业支付结算的发展方向。

1.无人自助服务

无人自助服务是指由银行设置大量的自动付款机（CD）、自动存款机（AD）、自动出纳机（ATM）及币券兑换机等为客户提供的服务。这些自助服务设备的效率都很高，一次自动取款时间大约为33秒。在中国香港，汇丰银行一台ATM每天可处理600多笔业务，相当于4个柜台营业员的工作量；美国花旗银行仅在纽约的街头巷尾就设置了468个ATM办理存取款业务，承担了该行全部出纳业务的30%左右；在日本，城市银行的ATM普及率达100%，地方银行也在90%以上；新加坡有当地5大银行组建的全国计算机网络，客户能在世界各地33个国家和地区的3万个ATM上取款。近年来，随着计算机多媒体技术的发展和应用，以及信息高速公路建设在世界范围的进展，出现了电话银行、电视银行、企业银行、跨国多功能同步交易等崭新的自助服务。

2.无现金交易

无现金交易主要是指银行同业自动财务转账系统（GIRO）和售货点终端机转账系统（POS）。

（1）银行同业自动财务转账系统

许多国家和地区的企业在发放工资、养老金、社会保险金和股息红利时，不再向有关人员支付现金，而是把记录了每个收款人的实发金额的数据磁带交给其开户行，然后集中在票据交换所进行数据交换，再由各银行将录有收款人账号及金额的数据磁带取回，并利用本行计算机记入顾客事先指定的账户。顾客如需交纳各项公用事业费、电话费等款项，也可由银行按预先签订的协议，根据委托单位提交的录有付款人账号及金额的数据磁带，通过数据交换，由各行把有关数据磁带取回，在顾客的往来账户或活期储蓄账户中扣除。每月月末，由开户行分别向顾客寄送一份对账用的清单。

（2）售货点终端机转账系统

这种系统是指连接银行和商店、供顾客选购商品时使用的一种自动支付专用设备。使用时，顾客将由开户银行发给的提款卡并入终端，即可把货款由银行从自己的账户转入商店的账户中。POS是连接银行、商店和顾客的一体化网络，与ATM只能处理银行和顾客间的存取款和收付业务相比，更加完善。

3.无凭证结算

在计算机技术高度普及的情况下，快速、高效的电子信息交换或电子数据处理正在代替传统结算记账必须有纸质凭证的做法，无凭证结算正成为发展趋势。

（1）银行间的资金收付处理系统

这种系统是由各商业银行利用终端设备，通过调制解调器（MOEDM）及通信专线，同装置在中央银行的主处理机连接。划转资金时，必须经双方银行确认后，方可在各自的中央银行往来存款账户上转账。为确保这一系统的安全、可靠，各个国家和地区都设置了多重密码管理措施。

（2）银行间电子转账系统

计算机大型化和远距离网络化改变了异地和国际资金调拨通过电传、电报及邮寄等传统通信手段进行处理的方式，一些金融业发达的国家和地区通过电子资金调拨系统办理一笔异地或国际银行间的资金结算业务，只需3~5分钟时间，而在信息高速公路上则只需要几秒钟。这种电子转账系统有美国的FEDWIRE、瑞士的同业往来清算系统等。其中，最主要的还是环球银行金融电信协会。近年来，西方国家还出现了卫星银行，通过卫星通信网络把国内总行和国外分行连接起来，办理客户的国际结算业务。

小资料5-2

中国人民银行支付系统和其他支付系统

（1）中国人民银行支付系统，除大额实时支付系统和小额批量支付系统外，还包括网上支付跨行清算系统、境内外币支付系统。原同城清算系统业务已于2020年12月全部迁移至大额实时支付系统、小额批量支付系统处理。因此，自2021年第一季度起不再单独披露同城清算系统业务量。

（2）其他支付系统，包括银行业金融机构行内支付系统、银行卡跨行支付系统、城市商业银行汇票处理系统和支付清算系统、农信银支付清算系统、人民币跨境支付系统、网联清算系统。

5.3 代理业务管理

5.3.1 代理业务的含义和原则

1.代理业务的含义

代理业务是指商业银行接受政府、企业单位、其他银行或金融机构，以及居民个人的委托，代为办理客户指定的经济事务的业务。代理业务是典型的中间业务，体现了商业银行的财务管理职能和信用职能。在办理代理业务时，银行充分运用自身的信誉、技能、信息等资源优势，代客户行使监督管理权，提供各种金融服务，一般不动用自己的资产，不为客户垫款，只收取代理手续费，因而是风险较低的银行业务。

2.经营代理业务的原则

商业银行经营代理业务的原则为：一是银行不动用本身的资金资源；二是银行不为客户垫款；三是银行不参与客户盈利的分配；四是银行不承担客户的经营风险；五是银行主要以收取手续费或者佣金的方式获取收益。

5.3.2 代理业务的种类

商业银行代理业务种类繁多，服务范围广泛。随着社会经济与金融的发展，传统的银行代理业务不断得到改进与完善，创新的银行代理业务不断被客户和市场所接受。常见的银行代理业务主要包括以下几类：

1.代理收付款业务

代理收付款业务是指商业银行接受客户委托，代为办理指定款项的收付事宜。代理收付的款项主要包括：代理收付货款；代理发放工资和离退休人员退休金；代理企事业单位和个人支付公用事业费、劳务费、税款、有线电视费等各项费用；代理个人或单位收取医疗保险费，并管理支付医疗保险费；为消费者购买耐用消费品办理个人分期付款业务；受保险公司委托，代其办理财产保险和人身保险业务等。

企业单位在委托商业银行代理收付款业务时，须提交收付款项的合法依据及有关单据，经商业银行审查同意后，委托单位与商业银行签订代理收付款协议，明确代理收付款项的内容、范围、对象、时间、金额及代理费用等。代理付款时，委托人还必须事先将代付款交存商业银行以备支付。商业银行代收款项收妥后，即转入委托单位的银行账户。商业银行代理收付款项时，只负责按规定办理具体手续，不负责收付双方的任何经济纠纷。

2.代理融通业务

代理融通业务是指商业银行接受客户委托，以代理人的身份代为收取应收账款，并为委托者提供资金融通的一种代理业务。代理融通业务包含两层含义：一是由商业银行代理赊销企业收账，使企业赊销账款及时收回；二是由银行购买赊销款，临时向赊销企业提供资金融通，使企业尽快收回流动资金。

商业银行办理融通业务时，有较高的利息收入，其他服务也可收到一些手续费；同时，银行对赊欠顾客事先要进行资信调查，并规定授信额度，因此资金风险较低，对赊销企业又有追索权，这使融资安全性更高。由于工商企业与赊账顾客之间的往来具有连续性，因此代理融通业务有很大的发展潜力。然而，商业银行开办此项业务也有不利之处：一是资信调查须投入很多人力、物力，特别是对有出口业务的企业放贷时，调查范围要扩大到国际领域，花费更大；二是商业银行须承担债务风险和被欺诈的风险。

3.保付代理业务

保付代理业务简称保理，是指商业银行以购买票据的方式购买借款企业的应收账款，并在账款收回前提供融通资金之外的各项服务，如信用分析、催收账款、代办会计处理手续、承担倒账风险等，多用于进出口业务。

出口商办理保理业务，将单据卖断给保理机构以后，只要出口的商品品质和交货条件符合合同规定，保理机构对出口商就没有追索权，全部信贷风险和汇率风险都转嫁给保理机构承担。出售应收债权的出口商大多数是中小企业，对国际市场了解不多，而银行保理机构却熟知海外市场的情况，有条件对进口商进行深入的资信调查。因此，保理业务可以帮助中小出口商打入国际市场，保理机构还提供托收、催收账款、代办会计处理等一系列综合服务，有利于出口商加速资金周转，节省管理赊账的人力、物力。此外，出口商通过保理业务卖出票据后，可以立即收到现金而不增加企业的负债，有利于出口商进一步融资。

对进口商而言，保理业务节省了向银行申请开立信用证和交付押金的手续，从而减少了资金积压，降低了进口成本，也能迅速得到进口物资；其不利之处是货价成本相应提高。

对银行保理机构而言，除了可按应收账款的1%~2%收取手续费外，还可获得一定的利息收入，这些费用通常都会转移到出口货价中。但货价提高的金额一般仍低于因交付开证保证金而使进口商蒙受的利息损失。

4.同业代理业务

同业代理业务又称同业往来，是指银行同业之间根据双方中间业务经营管理的实际需要以及双方的网络资源，按照平等互利的原则签订同业代理合同，并建立双向的代理行关系，同时根据合同相关条款来代理对方委托的各种金融服务业务。根据涉及的具体内容不同，同业代理业务可以划分为技术性代理（仅代理货币业务）与经营性代理（可以代理信用业务）。根据涉及的地域或者范围不同，同业代理业务可以划分为国内同业代理与国际同业代理。

5.代理发行有价证券业务

代理发行有价证券业务是指商业银行接受发行主体（公司或企业）的委托，运用自身的经营手段，向社会公众和经济实体代理发售有价证券进行筹资的业务活动。商业银行从事这项业务，实际上充当了债权、债务双方的代理人。一方面，为发行单位提供服务与便利；另一方面，通过对所发行股票、债券的审查与监督，维护认购者的合法权益。

商业银行代理发行有价证券必须遵循以下3个原则：第一，代理发行的股票和债券必须经国家有关管理部门批准；第二，商业银行只承办有关发行的业务手续，而不是发行人，因此不负一切经济、法律和垫款责任；第三，代理发行股票和债券，商业银行必须专设辅助账户，直至该业务全部结束为止。

银行在代理某发行单位有价证券的发行后，有责任对发行单位实施必要的监督和管理，以保证国家金融政策的贯彻执行，保护债券、股票持有人的合法权益。

6.代客境外理财业务

代客境外理财业务是指取得代客境外理财业务资格的商业银行，受境内机构和居民个人（境内非居民除外）委托，以委托者的资金在境外进行规定的金融产品投资的经营活动。商业银行代客境外理财应当遵守国家法律法规、国家外汇管理及行业管理规定，并依照投资所在地的法律法规开展投资活动。开办代客境外理财业务的商业银行应当是外汇指定银行，并符合以下5点要求：第一，建立健全了有效的市场风险管理体系；第二，内部控制制度比较完善；第三，具有境外投资管理的能力和经验；第四，理财业务活动在申请前一年内没有受到中国银保监会的处罚；第五，中国银保监会要求的其他审慎条件。

商业银行开展代客境外理财业务，应采取切实有效的措施，加强相关风险的管理。商业银行购买境外金融产品，必须符合中国银保监会的相关风险管理规定，应通过远期结汇等业务对冲和管理代客境外理财产生的汇率风险。

5.4 证券投资基金托管业务管理①

5.4.1 证券投资基金托管的含义

证券投资基金（以下简称基金）托管是指由依法设立并取得基金托管资格的商业银行或者其他金融机构担任托管人，按照法律法规的规定及基金合同的约定，对基金履行安全保管基金财产、办理清算交割、复核审查净值信息、开展投资监督、召集基金份额持有人大会等职责的行为。

商业银行及其他金融机构从事基金托管业务，应当经中国证监会核准，依法取

① 根据中国证监会《证券投资基金托管业务管理办法》（2020年7月7日起施行）相关内容编写。

得基金托管资格。未取得基金托管资格的机构，不得从事基金托管业务。

5.4.2 申请基金托管资格的商业银行应当具备的条件

① 净资产不低于200亿元人民币，风险控制指标符合监管部门的有关规定。

② 设有专门的基金托管部门，部门设置能够保证托管业务运营的完整与独立。

③ 基金托管部门拟任高级管理人员符合法定条件，取得基金从业资格的人员不低于该部门员工人数的1/2；拟从事基金清算、核算、投资监督、信息披露、内部稽核监控等业务的执业人员不少于8人，并具有基金从业资格。其中，核算、监督等核心业务岗位人员应当具备2年以上托管业务从业经验。

④ 有安全保管基金财产、确保基金财产完整与独立的条件。

⑤ 有安全、高效的清算、交割系统。

⑥ 基金托管部门有满足营业需要的固定场所，配备独立的安全监控系统。

⑦ 基金托管部门配备独立的托管业务技术系统，包括网络系统、应用系统、安全防护系统、数据备份系统。

⑧ 有完善的内部稽核监控制度和风险控制制度。

⑨ 最近3年无重大违法违规记录。

⑩ 法律、行政法规规定的和经国务院批准的中国证监会规定的其他条件。

小资料5-3

我国证券投资基金托管的管理历程

1998年2月，经中国人民银行和中国证监会批准，中国工商银行成为中国第一家具备开办投资基金托管业务资格的商业银行。1998年3月，中国工商银行成功托管了国内第一批封闭式证券投资基金——基金开元和基金金泰，成为中国第一家证券投资基金托管银行。

2004年11月，中国证监会和中国银监会联合发布《证券投资基金托管资格管理办法》。按照规定，证券投资基金托管资格降低门槛，基金托管银行的范围扩大。该办法只适用于我国境内中资商业银行，于2005年1月1日开始执行。截至2012年9月底，全行业共有基金托管银行18家，托管基金1 100只，基金托管总份额约2.77万亿份，基金托管规模合计2.37万亿元。

2013年4月2日，中国证监会颁布《证券投资基金托管业务管理办法》，同时废止了《证券投资基金托管资格管理办法》。该办法适用于我国境内法人商业银行及境内依法设立的其他金融机构。非银行金融机构申请基金托管资格的条件与程序由中国证监会另行规定。

2018年4月27日，为规范金融机构资产管理业务，中国人民银行、中国银保监会、中国证监会、国家外汇管理局联合印发《关于规范金融机构资产管理业务的指导意见》。

2019年3月18日，中国银行业协会发布《商业银行资产托管业务指引》（以下简称《指引》），明确了托管业务分类。按照产品类别划分，托管业务包括但不限于：公募证券投资基金；证券公司及其子公司、基金管理公司及其子公司、期货公司及其子公司、保险资产管理公司、金融资产投资公司等金融机构资产管理产品；信托财产；银行理财产品；保险资产；基本养老保险基金；全国社会保障基金；年金基金；私募投资基金；各类跨境产品；客户资金；其他托管产品。《指引》顺应宏观经济金融形势和资产管理行业改革趋势，进一步完善了资产托管行业自律规范制度，将推动资产托管机制在促进资管行业合规经营、助推多层次资本市场建设、保障国家经济金融安全、构筑社会诚信体系等方面发挥重要作用。

2020年7月7日，中国证监会发布并实施修订的《证券投资基金托管业务管理办法》。修订内容主要涉及以下几个方面：一是按照国家金融业对外开放的统一安排，允许外国银行在华分行申请证券投资基金托管业务资格，净资产等财务指标可按境外总行计算，并明确境外总行应承担的责任，强化配套风险管控安排。执行中，外国银行在华子行一体适用。二是结合监管实践完善监管要求，适当调整基金托管人净资产准入标准，强化基金托管业务集中统一管理，完善基金托管人持续合规要求，进一步丰富行政监管措施，强化实施有效监管。三是持续推进简政放权，简化申请材料，优化审批程序，实行“先批后筹”。四是统一商业银行及其他金融机构的准入标准与监管要求，将非银行金融机构开展基金托管业务有关规定整合并入该办法。

2011—2020年的10年间，基金托管行业的规模增长了近12倍，年平均复合增长率达31.73%。在全行业托管存量规模较快增长的情况下，存托比、托管系数基本保持稳定，基金托管行业总体进入稳定发展阶段。截至2020年年末，中国银行业基金托管规模达169.04万亿元。

5.5 表外业务管理

5.5.1 表外业务的含义、特征和种类

1.表外业务的含义

表外业务是指商业银行从事的按照现行《企业会计准则》不计入资产负债表内，不形成现实资产负债，但有可能引起损益变动的业务。

2.表外业务的特征

① 提供非资金的金融服务，资金与服务相分离。在大多数情况下，银行并不运用自身的资金，而是利用自身特有的信誉、机构、技术、设备及人员为客户服

务，提供保证或规避金融风险的手段。当然，当客户根据银行的承诺要求资金交付或当约定的或有事件发生时，潜在的或有资产和或有负债就会变成现实的贷款发放或资金收付，并反映在银行的资产负债表上。

② 表外业务形式多样。这主要是指表外业务使银行在业务操作上有更强的灵活性。与传统的银行业务相比，表外业务既包括没有风险的金融中介服务，又包括高风险的金融衍生工具类业务；既可以使银行以中间人的身份出现，又可以使银行直接参与金融市场的操作；开展业务的场所既可以是有形的，也可以是无形的。这样银行就有了相当大的选择余地，可以充分利用自身的各类资源获取利润。

③ 表外业务（特别是金融衍生工具类业务）的金融杠杆性极高。这类业务是典型的“保证金”业务，“以小博大”的杠杆性极高。其业务资金成本低、风险高、收益高。经营此类业务时，通常只需交纳较低的保证金，就可以操纵金额巨大的合约，盈亏都十分可观。

④ 表外业务透明度低，监管难度大。大多数表外业务是不反映在资产负债表上的，这使得金融监管层、股东、债权人等外部人员难以了解银行的整体经营水平，使银行的经营透明度降低。这种较低的透明度不仅使银行内部人员对表外业务的固有风险无法做出正确的认识和分析，而且使外部人员无法对银行的经营活动进行有效的监管与控制，从而给银行经营带来了很大的隐患。

3.表外业务的种类

表外业务包括担保类业务和部分承诺类业务。

① 表外业务中的担保类业务是指商业银行接受客户的委托对第三方承担责任的业务，包括担保（保函）、备用信用证、跟单信用证、承兑等。

② 表外业务中的部分承诺类业务是指商业银行在未来某一日期按照事先约定的条件向客户提供约定的信用业务，包括贷款承诺等。

5.5.2　表外业务的风险控制

1.风险控制机构

商业银行应当有专门的组织机构对表外业务风险进行综合分析与管理，并建立审慎的授权管理制度；商业银行分支机构经营表外业务，应当获得上级银行的授权。商业银行董事会或高级管理层应当评估、审查表外业务的重大风险管理政策和程序，掌握表外业务经营状况，对表外业务的风险承担最终责任。

2.风险控制方法

① 商业银行应完善以企业信用评估为基础的授信制度，将表外业务纳入授信额度，实行统一授信管理。

② 商业银行应对每项表外业务制定书面的内控制度和操作程序，并定期对风险管理程序进行评估，保证程序的合理性和完善性。

③ 商业银行应建立计量、监控、报告各类表外业务风险的信息管理系统，全

面、准确地反映单个和总体业务风险及其变动情况。

④ 商业银行经营担保类和承诺类业务可以采用收取保证金等方式降低风险。

⑤ 商业银行经营担保类和承诺类业务应当对交易的真实性进行审核。真实交易是指真实的贸易、借贷和履约及投标等行为。

⑥ 商业银行应当根据表外业务的规模、客户信誉和用款频率等情况，结合表内业务进行资金头寸管理，规避流动性风险。

⑦ 商业银行经营表外业务形成的垫款应当纳入表内相关业务科目核算和管理。

⑧ 商业银行经营表外业务应当有完整、准确的会计记录，并按照有关规定进行会计核算和信息披露。

⑨ 商业银行应当建立表外业务内部审计制度，定期或不定期地审计风险管理程序和内部控制，对风险的计量、限额和报告等情况进行再评估；在商业银行聘请外部审计师进行的年度审计中，应当包括对表外业务风险情况的审查和评估。

本章小结

商业银行中间业务是指不构成商业银行表内资产、表内负债，形成银行非利息收入的业务。中间业务收入已成为商业银行主要的利润来源。广义的表外业务等同于中间业务，狭义的表外业务属于中间业务。我国商业银行的中间业务可以分为10类。支付结算是商业银行最主要的中间业务。商业银行表外业务是中间业务管理的重点，要对其加强风险控制。

即测即评

第5章单项选择题

第5章多项选择题

第5章判断题

第6章 商业银行国际业务管理

思政小课堂

优化外汇管理　促进跨境贸易投资便利化

外汇业务是国际经济交往的纽带，外汇储备是国家综合国力和抗风险能力的体现。党的十九大报告做出了推动形成全面开放新格局以及实行高水平贸易和投资自由化便利化政策的战略部署。为深入学习贯彻习近平新时代中国特色社会主义思想，持续推进金融供给侧结构性改革，积极服务高水平对外开放，国家外汇管理局先后出台了深化跨国公司资金集中运营管理改革，实施资本项目外汇收入支付便利化试点，取消合格境外机构投资者和人民币合格境外机构投资者（RQFII）投资额度限制，采取货物贸易外汇收支便利化试点等多项措施，进一步优化营商环境，服务实体经济发展。

6.1 外汇与结售汇业务管理

外汇业务是指商业银行经办的涉及外汇收支的业务，是商业银行的重要业务之一。银行可以依法经营结售汇业务、外汇存贷款业务、国际贸易和非贸易结算业务等外汇业务。外汇业务作为银行业务的重要组成部分，是国家开展对外政治、经济联系的重要手段。银行开办外汇业务，有利于扩大国际交往，促进国际贸易的发展；有利于引进外资和先进的技术设备；有利于与国际银行业务接轨；还可扩大银行的业务范围和客户面，促进海外分支机构的建立，满足各类客户的需要。

国家外汇管理局统计数据显示，2021年1—12月，我国外汇市场累计成交237.79万亿元人民币（等值36.87万亿美元）。截至2021年12月末，我国外汇储备规模为3.2502万亿美元，折合人民币20.7174万亿元（2022年1月7日汇率）。2021年12月，我国外汇市场运行总体平稳，跨境资金流动活跃有序。

6.1.1 外汇、汇率和汇率制度

1.外汇和汇率

（1）外汇

外汇是指可以用作国际清偿的支付手段和资产。根据《中华人民共和国外汇管理条例》（2008年8月1日修订）的规定，外汇是指以外币表示的可以用作国际清偿的支付手段和资产，包括外币现钞（纸币、铸币）、外币支付凭证或者支付工具（票据、银行存款凭证、银行卡等）、外币有价证券（债券、股票等）、特别提款权和其他外汇资产。

（2）汇率

汇率也称外汇行市或汇价，是一国货币兑换另一国货币的比率，是以一种货币表示另一种货币的价格。由于世界各国货币的名称不同、币值不一，所以一国货币对其他国家的货币要规定一个兑换率，即汇率。汇率是国际贸易中最重要的调节杠杆，因为一个国家生产的商品都是按本国货币来计算成本的，要拿到国际市场上竞争，其商品成本一定会与汇率相关。汇率的高低直接影响该商品在国际市场上的成本和价格，直接影响商品的国际竞争力。

（3）汇率的标价法

确定两种不同货币之间的比价，先要确定用哪个国家的货币作为标准。由于确定的标准不同，因此有几种不同的外汇汇率标价方法。

①直接标价法（direct quotation）也称应付标价法，是以一定单位（1，100，1 000，10 000）的外国货币为标准，计算应该付出多少单位本国货币。在国际外汇市场上，包括中国在内的绝大多数国家和地区目前都采用直接标价法，如日元对美元汇率为111.92（2019年4月19日汇率，下同），即1美元兑111.92日元。在直接标价法下，若一定单位的外币折合的本币数额多于前期，说明外币币值上升或本币币值下跌，称为外汇汇率上升；反之，称为外汇汇率下跌。外币的价值与汇率的涨跌成正比。

②间接标价法（indirect quotation）也称应收标价法，是以一定单位（如1个单位）的本国货币为标准，计算应收多少单位的外国货币。在国际外汇市场上，欧元、英镑、澳元等均为间接标价法，如欧元对美元汇率为1.1242，即1欧元兑1.1242美元。在间接标价法下，本国货币的数额保持不变，外国货币的数额随着本国货币币值的变化而变化。如果一定数额的本币能兑换的外币数额比前期少，说明外币币值上升，本币币值下降，即外汇汇率下跌；反之，则说明外币币值下降，本币币值上升，即外汇汇率上升。外汇的价值和汇率的升降成反比。

直接标价法和间接标价法所表示的汇率涨跌的含义正好相反，所以在引用某种货币的汇率和说明其汇率高低涨跌时，必须明确采用哪种标价方法，以免混淆。

（4）汇率的种类

①按外汇交易交割期限划分，汇率分为即期汇率和远期汇率。

即期汇率也叫现汇汇率，是指买卖外汇双方成交当天或两天以内进行交割的汇率。

远期汇率是在未来一定时期交割，而事先由买卖双方签订合同、达成协议的汇率。到了交割日期，协议双方按预定的汇率、金额，钱汇两清。远期外汇买卖是一种预约性交易，由于外汇购买者需要外汇资金的时间不同，为了避免外汇汇率变动风险，所以要进行远期外汇买卖。

远期汇率与即期汇率相比是有差额的，这种差额叫远期差价，有升水、贴水、平价3种情况。升水表示远期汇率比即期汇率贵，贴水则表示远期汇率比即期汇率便宜，平价表示两者相等。

②按银行买卖外汇的角度划分，有买入汇率、卖出汇率、中间汇率和现钞汇率。

买入汇率也称买入价，即银行向同业或客户买入外汇时所使用的汇率。采用直接标价法时，外币折合本币数较少的汇率是买入价；采用间接标价法时，则相反。

卖出汇率也称卖出价，即银行向同业或客户卖出外汇时所使用的汇率。采用直接标价法时，外币折合本币数较多的汇率是卖出价；采用间接标价法时，则相反。

买入价和卖出价之间有个差价，这个差价是银行买卖外汇的收益，一般为1%~5%。银行同业之间买卖外汇时使用的买入汇率和卖出汇率也称同业买卖汇率，实际上就是外汇市场买卖价。

中间汇率是买入价与卖出价的平均数。西方报刊报道汇率消息时常用中间汇率，套算汇率时也用有关货币的中间汇率套算得出。

现钞汇率是指一般国家都规定，不允许外国货币在本国流通，只有将外币兑换成本国货币，才能购买本国的商品和劳务，因此产生了买卖外汇现钞的兑换率。按说现钞汇率应与外汇汇率相同，但因需要把外币现钞运到各发行国去，而运送外币现钞要花费一定的运费和保险费，因此，银行在收兑外币现钞时的汇率通常要低于外汇买入汇率，而在外汇卖出时，现汇报价与现钞报价相同。

2. 人民币汇率制度

现行人民币汇率制度的基本框架形成于1994年。1994年1月1日，我国对外汇管理体制进行了改革开放以来最重大的一次改革。与一系列外汇管理体制改革措施相配合，人民币汇率制度被设计为“以市场为基础、单一的、有管理的浮动汇率制度”。在这一汇率安排开始实施的前3年（1994—1996年），伴随着国际收支“双顺差”的不断增加和中国人民银行的适度干预，人民币汇率呈现稳步上升的势头，对美元的比价从1美元等于8.7元人民币升至1美元等于8.3元人民币，成功地体现了“有管理浮动汇率制度”的基本特点。1996年12月1日起，我国实现了人民币经常项目下的可兑换。

2001年以后，尽管人民币贬值压力已经消失，但是，在持续增大的国际收支“双顺差”环境下，人民币再次经历升值压力。为了保持有竞争力的汇率水平，以便通过扩大出口来弥补相对不足的国内需求，加上国内金融体系的脆弱性问题比较严重和企业抗风险能力较差等原因，中国人民银行改变了1994—1996年的做法，加大了对外汇市场的干预，继续将人民币汇率保持在高度稳定的状态。

2005年我国汇率形成机制进行了重大改革，7月21日起开始实行“以市场供求为基础、参考一篮子货币进行调节、有管理的浮动汇率制度”。一篮子货币，是指按照我国对外经济发展的实际情况，选择若干种主要货币，赋予相应的权重，组成一个货币篮子。同时，根据国内外经济金融形势，以市场供求为基础，参考一篮子货币计算人民币多边汇率指数的变化，对人民币汇率进行管理和调节，维护人民币汇率在合理均衡水平上的基本稳定。篮子内的货币构成综合考虑了在我国对外贸易、外债、外商直接投资等外经贸活动占较大比重的主要国家、地区及其货币。参考一篮子货币，表明外币之间的汇率变化会影响人民币汇率，但参考一篮子货币不等于钉住一篮子货币，它还需要将市场供求关系作为另一个重要依据，据此形成有管理的浮动汇率。这有利于增加汇率弹性，抑制单边投机，维护多边汇率。

2015年8月11日，中国人民银行宣布实施人民币汇率形成机制改革，调整人民币对美元汇率中间价报价机制，做市商参考上日银行间外汇市场收盘汇率，向中国外汇交易中心提供中间价报价，这一调整使得人民币对美元汇率中间价机制进一步市场化。

2015年12月，中国人民银行推出“收盘价+篮子货币”新中间价定价机制，试图引导人民币对美元汇率缓慢贬值，防止贬值压力突然迅速释放导致的超调对中国金融体系造成过度冲击。新汇率形成机制消除了一次性大幅贬值的可能性，人民币贬值预期显著下降。

6.1.2 结售汇业务

1.结售汇业务的含义

结售汇业务是指银行为客户或因自身经营活动需要办理的人民币与外汇之间兑换的业务，包括即期结售汇业务和人民币与外汇衍生产品业务。结售汇是商业银行重要的、基本的国际业务，其存在基于几个重要的现实：客户有进行货币兑换的需要；跨国银行持有的外汇头寸和外汇债权或债务受汇率的变化而导致银行外汇头寸风险；外汇债权、债务风险和对外贸易结算风险。为此，银行有通过结售汇业务降低外汇风险的需要。

2.结售汇业务的范围

① 即期结售汇业务，是指在交易订立日之后两个工作日内完成清算，且清算价格为交易订立日当日汇价的结售汇交易。

② 人民币与外汇衍生产品业务，是指远期结售汇、人民币与外汇期货、人民

币与外汇掉期、人民币与外汇期权等业务及其组合。

6.1.3 外汇交易方式

外汇市场，尤其是国际外汇市场的外汇交易极其丰富，交易方式多种多样。最基本的外汇交易方式有以下几种：

1.即期结售汇

即期结售汇是指客户与商业银行在国家外汇政策允许的条件下，根据实时即期牌价进行的外汇与人民币的资金兑换业务。该业务锁定当期成本，保值避险，满足客户换汇需求。它适用于境内机构以及经国家外汇管理局批准的其他客户。

2.远期结售汇

远期结售汇是指确定汇价在前而实际外汇收支发生在后的结售汇业务。客户与银行协商签订远期结售汇合同，约定将来办理结汇或售汇的人民币对外汇币种、金额、汇率以及交割期限。在交割日当天，客户可按照远期结售汇合同所确定的币种、金额、汇率向银行办理结汇或售汇。该业务为锁定当期成本、保值避险的首选金融产品。

3.外汇期货

外汇期货是指在有形的外汇交易市场上，由清算所向下属成员清算机构或经纪人，以公开竞价方式进行具有标准合同金额和清算日期的远期外汇买卖。

外汇期货是一种按一定比例的保证金进行交易的方式，因此，它是商业银行进行保值、防范汇率风险的手段之一。外汇期货风险巨大，如何控制风险是银行外汇期货交易经营管理的重要内容。

4.外汇期权

外汇期权是指买卖远期外汇权利的交易。在这种交易中，外汇期权的卖方和买方在规定时期内按双方商定的条件购买或售出指定数量的外汇。

外汇期权对买方而言，在期权有效期内无须按预定价格履行合同交割义务，因此其成本仅限于其所支付的期权费。这种状态有利于买方对外汇资产和收益保值。

外汇期权的本意是提供一种风险抵补的金融工具。银行在外汇期权交易中既充当买方，也充当卖方。银行作为期权的买方时，它承担了卖方可能违约的信用风险，因此它倾向于从同业批发市场或交易场所内购买期权来消除信用风险，而并非在其客户处购买。银行作为卖方时，其承担期权合约下金融标的价格变化的市场风险。

5.外汇掉期

外汇掉期是金融掉期产品的一种。金融掉期又称金融互换，是指交易双方按照预先约定的汇率、利率等条件，在一定期限内，相互交换一组资金，达到规避风险的目的。掉期业务结合了外汇市场、货币市场和资本市场的避险操作，为规避中长期的汇率和利率风险提供了有力的工具。作为一种高效的风险管理手段，掉期的交易对象可以是资产，也可以是负债；可以是本金，也可以是利息。

外币对人民币的掉期业务实质上是外币对人民币即期交易与远期交易的结合，具体而言，银行与客户协商签订掉期协议，分别约定即期外汇买卖汇率和起息日、远期外汇买卖汇率和起息日，客户按约定的即期汇率和交割日与银行进行人民币和外汇的转换，并按约定的远期汇率和交割日与银行进行反方向转换。外汇掉期是国际外汇市场上常用的一种规避汇率风险的手段。

6.套汇

套汇是指利用同一时刻不同外汇市场上的汇率差异，通过买入和卖出外汇而赚取利润的行为。套汇分为时间套汇和地点套汇，地点套汇又分为直接套汇和间接套汇。直接套汇又称双边套汇，指利用两个外汇市场上某种货币的汇率差异，同时在两个外汇市场上一边买入一边卖出这种货币。间接套汇也称三角套汇，是利用3个不同地点的外汇市场的差异，同时在3个外汇市场上买卖外汇赚取差价的行为。

7.套利

套利也称利息套汇或时间套汇，是指在两国短期利率出现差异的情况下，将资金从低利率的国家调到高利率的国家，赚取利息差的行为。为了防止投资期间汇率变动的风险，这种套利交易经常与掉期交易结合进行。

6.1.4 商业银行经营外汇交易管理

1.在汇率预测基础上进行外汇交易

汇率的波动受制于经济和非经济因素的影响，这些因素有宏观与微观两个层面，应采取基本分析法和技术分析法对外汇市场进行分析，考虑汇率的中长期趋势，并据此判断是否进行交易以及用何种方式进行交易。建立在短期波动预测上的过度短期投机行为对银行外汇业务的拓展是不利的。

2.选择合适的交易方

在外汇交易中，选择资信良好、作风正派的交易方，是外汇交易是否能安全、顺畅实现的前提。选择交易方应考虑以下4个方面：第一，交易方的服务。交易方的服务包括及时向对手提供有关交易信息、市场动态以及对经济指标或未来汇率波动产生影响的预测等。第二，交易方的资信。资信与交易方的实力、信誉和形象有关。交易方资信的好坏直接影响交易的风险。如果交易方资信不佳，银行在外汇交易过程中承担信用转移风险的概率就会加大。第三，交易方的报价速度。报价速度也是一个衡量标准。良好的交易方报价速度快，方便银行抓住机会，尽快促成外汇交易。第四，交易方报价的水平。好的交易方应该在报价上显示出很强的能力，它们的报价能基本反映市场汇率的动向，具有竞争性和代表性。

3.建立和完善外汇交易程序及规则

外汇交易是一种高风险的国际业务，建立和完善外汇交易程序能起到控制风险的作用。稳健原则应贯穿整个外汇交易过程。在外汇交易前，银行应详细了解和掌握外汇交易程序和规则，特别是初入一个新市场或面临一种新的金融工具时，应在对交易环境及对方有充分认识后再开始交易。在外汇交易时，应遵循各项交易规则，保证外汇交易正常进行。

4. 选择高素质的交易员

交易员能给银行带来丰厚的利润，也能使一家大银行毁灭。应当选择心理素质好、专业能力强、道德修养好的交易员。

6.2 外汇存款和外汇贷款业务管理

6.2.1 外汇存款业务管理

外汇存款是在我国境内办理的以外国货币作为计量单位的存款，其存取和计息均用外国货币来计算和办理。外汇存款业务按照不同的标准可以分为不同的种类。按照开户对象，可划分为单位外汇存款和个人外汇存款；按照管理要求，可划分为现钞户和现汇户；按照存款期限，可划分为活期存款和定期存款；按照存取方式，可划分为支票户和存折户。

1. 单位外汇存款

单位外汇存款是国家外汇管理局规定允许开立现汇户的国内外机构办理的外币存款。

（1）存款对象

根据银行外币存款章程的规定，单位外汇存款的主要对象是境内机构及驻华机构，包括各国驻华外交代表机构、领事机构、商务机构，驻华国际组织机构和民间组织机构；侨资、外资、中外合资经营企业；在中国境内的机关、团体、学校、国有企事业单位、部队、部分城乡集体经济组织、私营企业以及经央行批准可以经营外汇业务的金融机构等。存款人可持国家外汇管理局核发的“外汇账户使用证”或“开户通知书”，或持有效凭证，如“外商投资企业外汇登记证”“外债登记证”等开户资料到开户银行，开立可自由兑换货币的外汇现汇存款账户，办理存款及结账等结算业务。

（2）存款种类

按存取期限不同，单位外汇存款可分为活期和定期两种。活期存款是指在符合外汇管理规定的情况下，可以随时存取、按结息期计算利息的存款。按支取方法不同，活期存款又分为支票户和存折户两种。支票户存入凭缴款单或存款单、进账单，支取凭支票，可随时存取，不得透支。存折户凭存折及存取款凭条办理，一般手续与本币的存款手续相同。定期存款是约定存款期限、到期支取本息的一种存款。定期存款一律记名，并预留支取印鉴，凭印鉴支取。客户若临时需要资金，可办理提前支取或部分提前支取。定期存款的期限分为7天通知、1个月、3个月、6

个月、1年、2年6个档次。

（3）存款货币

银行吸收的外汇存款一般有美元、英镑、港币、日元和欧元。如为其他外币，可按存入日的外汇汇价折算成上述货币存入。

（4）起存金额

活期存款的起存金额为不低于本币1 000元的等值外汇；定期存款的起存金额为不低于本币10 000元（按当时规定）的等值外汇。

外汇存款按照存款金额分为小额外币存款和大额外币存款。小额外币存款为存款金额300万美元以下的存款，期限有活期、1个月、3个月、6个月、1年、2年；大额外币存款起存金额为300万美元（或其他等值外币），期限有1个月、3个月、6个月、1年、2年或双方协商一致的其他期限。

（5）存款利率

单位外汇活期存款和单位小额外币存款利率按中国人民银行公布的小额外币存款利率执行，单位大额外币存款利率由银行和客户协议确定。单位外汇活期存款按季结息，结息日为每季末月的20日。单位外汇定期存款利随本清，到期日前遇利率调整不分段计息。

（6）存款账户的种类

根据国家外汇管理局《境内外汇账户管理规定》的要求，可根据存款对象不同，开立经常项目外汇账户、资本项目外汇账户（包括贷款专户、还贷专户、股票专户、外汇资本金账户、临时专户）。所有存款对象只能开立现汇账户，不得开立外币现钞账户。以现钞存入或支取外币现钞时，应按要求进行外汇买卖。

（7）存款使用范围

单位外汇存款的使用范围包括：汇往境内外；按现汇买入价兑换本币；转入其他账户；根据需要，经银行同意后按规定换取少量外币现金；购买旅行支票等。

（8）存款账户的管理

存款单位可凭存单及预留印鉴或其他的约定方式支取。定期存款通常是在存款到期时支取，一般不得提前支取。存款对象不得擅自超出国家外汇管理局核定的账户收支范围、使用期限、最高金额使用外汇账户，不得出租、出借或者串用外汇账户，不得利用外汇账户代其他单位或个人收付、保存或者转让外汇。需要关闭账户时，应按要求在规定时间内申请并提交相关证明，办理关闭账户手续。

2.个人外汇存款

个人及来华人员经常项目项下收入的外汇可以开立个人外汇或者外币现钞存款账户。

个人或来华人员外汇及外币现钞存取自由，对于超过等值10 000美元的大额外币现钞存取，应当向开户银行提供身份证或者护照，开户银行应当逐笔登记备案。

6.2.2 外汇贷款业务管理

外汇贷款是银行以外币为计算单位向企业发放的贷款。外汇贷款有广义和狭义之分。狭义的外汇贷款仅指我国银行运用从境内企业、个人吸收的外汇资金，贷放于境内企业的贷款；广义的外汇贷款还包括国际融资转贷款，即包括我国从国外借入，通过国内外汇指定银行转贷于境内企业的贷款。外汇贷款是商业银行经营的一项重要资产业务，是商业银行运用外汇资金，强化经营机制、提高经济效益的主要手段，也是银行联系客户的一条重要途径。

1.外汇贷款的种类

（1）按外汇贷款的投向划分

按外汇贷款的投向划分，可以分为固定资产贷款和流动资金贷款。

固定资产贷款又可分为技术改造贷款和基本建设贷款。

（2）按融资的目的划分

按融资的目的划分，可以分为对外贸易贷款和出口信贷。

对外贸易贷款是进出口的融资方式，为国际贸易提供资金融通，是商业银行国际信贷业务的一个重要方面。对外贸易贷款主要有以下几种：

① 打包贷款，是银行为满足信用证项下出口商生产进料、加工、包装运输的资金需要而发放的专项贷款。打包贷款是银行办理出口押汇之前的贷款，与出口押汇有密切关系。

② 出口押汇，是银行应出口商的要求，以装运出口后提交的与信用证要求完全相符的全套单据为依据，以应收的出口款项为抵押，对出口商发放的结算贷款。

③ 进口押汇，是银行在信用证项下对进口商付款赎单的资金不足而发放的贷款。

④ 银行承兑由借款人（进出口商）以对外贸易交易为基础，开立最长期限为6个月的汇票，经国际大银行承兑，然后在金融市场上贴现，以取得资金融通。

⑤ 代理融通又称代收账款、代客收账、出口账款保理，是指商业银行或专业代理融通公司购买借款企业的应收账款，并在账款收回前提供融通资金之外的其他服务项目。

⑥ 包买票据，习惯上称为“福费廷”，又叫无追索权信贷，是对外贸易中一种新的中期资金融通形式，是一种由出口地银行通过出口商给予进口商的信贷，而出口商却不需承担进口商停止或拒付款的风险。

出口信贷是为扩大本国大型成套设备、运输工具的出口，由国家给予利息补贴并承担信贷风险，由本国银行对本国出口商或外国进口商（或银行）提供的优惠贷款。

（3）按外汇资金来源划分

按外汇资金来源划分，可以分为现汇贷款、转贷款和项目贷款。

① 现汇贷款即自由外汇贷款，是银行以自主筹措的外汇向企业发放的贷款。

② 转贷款是指商业银行既作为债务人对外签订贷款协议，借入资金，又作为债权人将此资金转贷给国内企业。转贷款多属于国际融资贷款。

③ 项目贷款是若干贷款人（银团、多国银行、政府、国际金融机构）共同向另一项目公司提供的中长期贷款，专用于大型工程建设或生产性项目的信贷。

（4）按贷款组织的方式划分

按贷款组织的方式划分，可以分为银团贷款、联合贷款和单一银行贷款。

① 银团贷款又称辛迪加贷款，是由一家或几家银行牵头、多家银行参加，按一定分工和出资比例组成银行集团，向某一特定借款者发放的贷款。

② 联合贷款是指两家或两家以上银行共同对某一客户或某一项目发放贷款，但各家银行分签贷款合同，分别就贷款条件进行谈判。

③ 单一银行贷款是指由一家银行发放的贷款。

（5）按外汇贷款期限长短划分

按外汇贷款期限长短划分，可以分为短期贷款和中长期贷款。

① 短期贷款是指1年以内（含1年）的外汇贷款。

② 中长期贷款是指1年以上的外汇贷款。

2.外汇贷款的利率和期限

（1）外汇贷款的利率

外汇贷款一般实行浮动利率，通常采用中国人民银行公布的当日综合利率。外汇流动资金贷款一般采用1年以内（含1年）3个月浮动利率。外汇固定资产贷款一般根据贷款期限采用3个月或6个月浮动利率。

（2）外汇贷款的期限

外汇贷款的期限从贷款合同签订日起至合同规定的全部债务清偿日止。流动资金贷款一般不超过1年（含1年）。周转性流动资金贷款一般不超过1年（含1年）。临时贷款一般不超过6个月。打包贷款从放款日到信用证到期日后1个月（或出口押汇日）。国家重点项目贷款一般不超过5年，个别特殊项目最长不超过7年。对外商投资企业的贷款不得超过其营业执照限定的经营期结束前1年。

3.外汇贷款管理方式

按照《国家外汇管理局关于实施国内外汇贷款外汇管理方式改革的通知》（汇发〔2002〕125号）的规定，国内外汇贷款外汇管理方式改变原来由债务人到国家外汇管理局分支局或外汇管理部逐笔办理国内外汇贷款登记的管理方式，实行由债权人集中登记，即由发放国内外汇贷款的中资金融机构定期向国家外汇管理局进行外汇债权登记，报送国内外汇贷款变动情况，并自行对企业开立国内外汇贷款专用账户和办理还本付息手续进行真实性和合规性审核，不必经国家外汇管理局批准。实行国内外汇贷款外汇管理方式改革的范围，仅限于各中资金融机构向非金融性质的境内机构发放的自营外汇贷款，不包括外债转贷款。

6.3 国际结算

6.3.1 国际结算的含义和分类

1.国际结算的含义

国际结算是指利用国际结算工具，通过国家间货币收支的调拨，结清买卖双方之间债权债务关系的一种行为。国际结算是银行最主要的国际业务之一。在国际贸易中，由于交易双方处于不同的国家，对相互间的信用了解得不是很详细，因此需要双方的银行进行合作，提供本国交易方的资信状况，由此产生了商业银行的国际结算业务。

2.国际结算的分类

① 国际贸易结算，也称进出口贸易结算，是指国内企业、事业单位由于从事商品进出口业务而发生的与国外有关单位和个人之间债权债务关系的结算业务。

② 国际非贸易结算，是指国内企业、事业单位和机关、团体、部队及其他单位等由于从事商品贸易以外的经济、文化和政治交往活动，如劳务输出、国际旅游、技术转让以及侨民汇款、捐赠等而发生的债权债务关系的结算业务。

③ 国际金融交易结算，是指国内企业、事业单位等由于从事国际金融交易活动，如对外投资、对外筹资、外汇买卖等而发生的债权债务关系的结算业务。

6.3.2 国际结算的方式

1.汇款

（1）汇款的定义

汇款是指付款方通过银行将应付的款项汇给收款方。

（2）汇款的种类

① 信汇，是汇出银行应汇款人的申请，用航空信函将信汇委托寄给汇入银行，授权汇入银行将款项支付给收款人的一种汇款方式。采用信汇方式的优点是价格较为低廉，但相对来说收款人收到汇款的时间较迟。

② 电汇，是汇出银行应汇款人的申请，拍发电报或电传给汇入银行，授权汇入银行将款项支付给收款人的一种汇款方式。采用电汇方式的优点是收款人可以迅速收到汇款，但相对来说费用较高。以前电汇使用电报，现在主要使用电传，产生差错的可能性大大降低，而且费用也大幅降低，因而现在电汇使用得较为广泛。

③ 票汇，是汇出银行应汇款人的申请，代汇款人开立以其国外分行或代理行为解付银行的银行即期汇票，收款人持汇票到解付银行取得款项的一种结算方式。采用票汇方式，收款人无须等解付银行的取款通知，即可直接持票到解付银行取款，而且除非汇票上有限制转让和流通的规定，经收款人背书后，汇票可以转让流

通，这是电汇、信汇所不能的。

在具体业务实践中，信汇和电汇两种方式使用得较多。在国际贸易中，汇款结算方式按照汇付货款与装运货物先后的不同，又可分为预付货款和货到付款两种。

（3）汇款的业务流程

① 委托：汇款人委托汇出银行将款项汇给收款人。

② 指示：汇出银行指示汇入银行将款项支付给收款人。

③ 支付：汇入银行将款项支付给收款人。

2.托收

托收是外汇结算特别是国际贸易结算中采用得较多的一种结算方式。

（1）托收的定义

托收是指债权人（出口商）出具汇票，委托银行向债务人（进口商）收取销售货款或劳务价款的一种外汇结算方式。在托收这种结算方式中，一般有4个当事人：一是委托人，指开出汇票委托银行向国外付款人收取款项的客户，通常为出口商或劳务供应商；二是托收银行，指接受委托人委托，转托国外银行代为收取款项的银行，一般为出口商或劳务供应商所在地的银行；三是代收银行，指接受委托银行委托，向付款人收取款项的银行，通常是进口商或劳务接受商所在地的银行；四是付款人，指向代收银行支付款项的客户，一般为进口商或劳务接受商。

（2）托收的种类

托收按照是否附带货运单据分为光票托收和跟单托收两种。

① 光票托收是指不附货运单据，只凭汇票付款的托收。附有非货运单据（如发票、垫款清单等）的托收，也属于光票托收。光票托收一般用于收取出口货款尾数、样品费、佣金、代垫款项、其他贸易从属费用和进口索赔款等。

② 跟单托收是指委托人将汇票连同货运单据（如提单、保险单等）一并交给托收银行办理的托收。采用跟单托收时，收款人必须按照合同的规定提交有关的货运单据才能取得货款，而付款人必须在付清货款或提供一定的保证后才能取得货运单据并据此提取货物，从而实现了作为货物所有权的货运单据和货款“一手来一手去”当面两讫，较为安全。

（3）托收的业务流程

① 委托人委托：委托人按照合同规定将货物装运后，填写托收委托书，开出即期或远期汇票，连同全套货运单据送交托收银行，委托银行代为收款。

② 托收银行委托：托收银行将汇票和货运单据以及委托人在委托书上的各项指示，交给代收银行，委托其向付款人代为收款。

③ 提示：代收银行收到汇票及货运单据，向付款人做付款或承兑提示。

④ 付款人付款：付款人向代收银行付清货款，代收银行将货运单据交给付款人。

⑤ 代收银行付款：代收银行将货款汇给托收银行。

⑥ 结汇：托收银行收妥代收银行转来的款项后将款项付给委托人。

3.信用证

（1）信用证的定义

信用证是指由银行（开证银行）依照客户（申请人）的要求和指示或自己主动在符合信用证条款的条件下，凭规定单据，向第三者（受益人）或者指定方付款或者承兑和支付受益人开立的汇票；或者授权另一银行付款，或承兑和支付汇票；或授权另一银行议付。信用证是银行开立的一种有条件地承诺付款的书面文件。

信用证的当事人主要有开证申请人、开证银行、受益人等。

① 开证申请人是指向银行申请开立信用证的人，即进口商。当交易双方签订的交易合同规定采用信用证方式结算时，进口商应当在合同规定的期限内，向进口地银行申请开出符合合同规定的信用证。信用证开立以后，进口商便有凭单付款的义务和验单、退单的权利。在开证银行履行付款义务之后，进口商应及时将货款偿付开证银行，赎取单据。对不符合信用证条款的单据，进口商有权拒绝赎单。进口商在付款赎单之后，如发现所提取的货物在数量、品种、质量等方面与单据不符，应向有关责任者索赔，而与银行无关。如果信用证是由银行主动开立的，则没有开证申请人。

② 开证银行是指应开证申请人的要求开立信用证的银行，一般为进口商所在地银行。开证银行应根据开证申请人的要求，及时、正确地开立信用证。信用证开立之后，开证银行便承担凭单付款的责任，而不管进口商是否拒绝赎单或无力支付。开证银行履行付款责任后，如进口商无力赎单，开证银行有权处理单据和货物，并有权向进口商追索所得销售货款仍不足抵偿垫付款项的部分。

③ 受益人是指信用证上明确指定，并由其接受信用证，凭发票、提单等收取货款的人，即出口商。受益人接受信用证后，应按信用证有关条款的规定装运货物，提交单据，据以收取货款。受益人应对所发货物和所提交的单据全面负责。

除此之外，信用证的当事人还包括以下3个：一是通知银行，是指接受开证银行委托将信用证转交出口商的银行，一般为出口商所在地银行，只负责证明信用证的真实性，不承担其他义务；二是议付银行，是指愿意买入受益人交来的跟单汇票的银行，可以根据信用证上的开证银行负责条款及有关指示将有关单据寄给开证银行，向开证银行索回所垫货款；三是付款银行，是指信用证上指定的信用证项下汇票的付款人，一般为开证银行，也可以是开证银行指定的另一家银行。

（2）信用证的种类

①根据是否附有货运单据，可以分为跟单信用证和光票信用证。

跟单信用证是指凭跟单汇票或仅凭单据付款的信用证。这里所说的单据，是指代表货物所有权的单据（提单）或证明货物已经发运的单据（如铁路运单、航空运单、邮包收据等）。跟单信用证主要用于国际贸易结算。

光票信用证是指凭不附货运单据的汇票付款的信用证。有些要求汇票附有非货运单据（如发票、垫款清单等）的信用证也属于光票信用证。光票信用证由于不附货运单据，对进口商来说风险太大，因而在国际贸易结算中主要用于贸易从属费用，以及小额样品货款的结算和来料加工、补偿贸易中的预付定金等。光票信用证在非贸易结算方面使用较多，旅行信用证就是光票信用证。

②根据开证银行对信用证所负的责任不同，信用证可以分为不可撤销信用证和可撤销信用证。

不可撤销信用证是指信用证一经开出，开证银行便承担履约付款的义务。在有效期内，未经受益人及有关当事人同意，开证银行不得片面修改和撤销有关条款。只要受益人提供的单据符合信用证规定，开证银行必须履行付款义务。不可撤销信用证对受益人较有保障，在国际贸易中使用最为广泛。凡是不可撤销信用证，在信用证中应注明“不可撤销”字样，并载有开证银行保证付款的文句。

可撤销信用证是指开证银行对所开信用证不必征得受益人或有关当事人的同意，有权随时撤销的信用证。凡是可撤销信用证，应在信用证中注明“可撤销”字样，以便识别。这种信用证对出口商极为不利，因此出口商一般不接受这种信用证，现在已很少使用。如信用证中未注明“不可撤销”或“可撤销”字样，应视为不可撤销信用证。

③根据有没有另一家银行加以保证兑付，信用证可以分为保兑信用证和不保兑信用证。

保兑信用证是指开证银行开出的信用证，由另一家银行保证对符合信用证条款的单据履行付款义务。对信用证加以保兑的银行，称为保兑银行。一般来说，只有不可撤销信用证才能得到保兑银行的保兑。保兑是指开证银行以外的银行对信用证的付款责任。不可撤销的保兑信用证意味着该信用证不但有开证银行不可撤销的付款保证，而且有保兑银行的兑付保证，这种有双重保证的信用证对出口商最为有利。保兑银行通常是通知银行，有时也可以是出口地的其他银行或第三国银行。保兑手续一般是由保兑银行在信用证上加列“保兑”文句。

不保兑信用证是指开证银行开出的信用证没有经另一家银行保兑。当开证银行资信很好和成交金额不大时，一般使用不保兑信用证。

④根据付款时间的不同，信用证可以分为即期信用证、远期信用证和延期付款信用证。

即期信用证是指开证银行或付款银行收到符合信用证条款的汇票或货运单据后，立即履行付款义务的信用证。即期信用证的特点是出口商收汇迅速、安全，有利于出口商的资金周转，在国际上使用最多。

远期信用证是指开证银行或付款银行收到符合信用证条款的汇票和单据后，先办理承兑，到汇票规定期限才履行付款义务的信用证。

延期付款信用证是指开证银行在信用证中规定货物装船后若干天付款，或开证银行收单后若干天付款的信用证。延期付款信用证一般不要求出口商开立汇票，出口商不能利用贴现市场资金，只能自行垫款或向银行借款。由于银行借款利率高于贴现利率，所以若使用这种信用证，货价应比远期信用证高一些，以拉平利率与贴现率之间的差额。

⑤根据受益人对信用证的权利可否转让，信用证可以分为可转让信用证和不可转让信用证。

可转让信用证是指信用证的受益人（第一受益人）可以将信用证全部或部分转让给本国或外国的一个或数个受益人（第二受益人）使用的信用证。可转让信用证只能由转让银行转让。转让银行可以是开证银行或保兑银行，或者是在信用证中明确命名为转让银行的银行。

只有开证银行在信用证中明确注明“可转让”字样，信用证才可转让。可转让信用证只能转让一次。如果信用证不禁止分批转让，在总和不超过信用证金额的前提下，可以分若干部分转让，但转让的总和被认为只构成信用证的一次转让。

不可转让信用证是指受益人不能将信用证的权利转让给他人的信用证。凡信用证中未注明“可转让”字样的，就是不可转让信用证。

此外，信用证还包括循环信用证、对开信用证、对背信用证、预支信用证、议付信用证、备用信用证等形式。

①循环信用证是指信用证金额被全部或部分使用后，其金额又恢复到原金额，可再次使用，直至达到规定的次数或规定的总金额为止的信用证。循环信用证又分为按时间循环信用证和按金额循环信用证。

按时间循环信用证，受益人在一定的时间内可多次支取信用证规定的金额。如信用证规定1月、2月、3月按月循环，1月份金额用完后，2月份信用证金额又恢复，可以再次被使用，3月份也是如此。

按金额循环信用证是指信用证金额用完后，仍恢复到原金额可再使用，直至用完规定的总额为止。

②对开信用证是指两张信用证的开证申请人互相以对方为受益人而开立的信用证。第一张信用证的受益人（出口商）和开证申请人（进口商）就是第二张信用证的开证申请人和受益人，第一张信用证的通知银行通常就是第二张信用证的开证银行。两张信用证的金额相等或大体相等，可以同时互开，也可先后开立。对开信用证多用于贸易或来料加工和补偿贸易业务。

③对背信用证是指一张信用证的受益人要求原证的通知银行或其他银行以原证为基础，另开一张内容相似的新信用证。对背信用证的受益人可以是国外的，也可以是国内的；开证银行只能根据不可撤销信用证来开立。对背信用证的开立通常是中间商转售他人货物从中获利或两国不能直接进行进出口贸易时，通过第三者以此种方法来沟通贸易。

④预支信用证是指开证银行授权代付行（通常是通知银行）向受益人预付信用证金额的全部或部分，由开证银行保证偿还并负担利息的信用证。预支信用证可分

为全部预支信用证和部分预支信用证。预支信用证凭出口人的光票付款，也有要求出口人附一份负责补交信用证规定单据的声明书的。当货运单据交到后，代付行在付给剩余货款时，将扣除预支货款的本息。为引人注目，这种预支货款的条款常用红字，所以预支信用证也被称为“红条款信用证”。预支信用证由于可能发生受益人预支后不发货和交单的情况，所以只有进口商认为出口商是很可靠的贸易伙伴时，才要求银行开立。

⑤议付信用证是指开证银行允许受益人向某一指定银行或任何银行交单议付的信用证。议付信用证又可分为公开议付信用证和限制议付信用证。

公开议付信用证是指开证银行对原办理议付的任何银行作公开议付邀请和普遍付款承诺的信用证，即任何银行均可按信用证条款自由议付的信用证。它对出口商融通资金较为方便。

限制议付信用证是指开证银行指定某一银行或开证银行自己议付的信用证。

⑥备用信用证又称商业票据信用证、担保信用证或保证信用证，是指开证银行根据开证申请人的请求对受益人开立的承诺某项义务的凭证，即开证银行保证在开证申请人未能履行其应履行义务的情况下，受益人只要凭备用信用证的规定向开证银行开具汇票（或不开汇票），并提交开证申请人未履行义务的声明或证明文件，即可取得开证银行的偿付。备用信用证属于银行信用，开证银行保证在开证申请人未履行义务的情况下，由开证银行付款。对受益人来说，备用信用证是当开证申请人发生毁约时取得补偿的一种方式，它广泛运用于招标、还款或履约保证、赊销、预付货款以及为商业票据作保等。

（3）信用证结算的基本程序

① 申请：进出口双方在交易合同中规定采用信用证结算方式，为了履行合同，开证申请人（进口商）向当地银行填制开证申请书，依照合同的有关条款填制申请书的各项要求，并按照规定交纳押金或提供其他保证，请开证银行开具信用证。

② 开证：开证银行审核无误后，根据开证申请书的有关内容，向受益人（出口商）开出信用证，并将信用证寄交受益人所在地银行（通知银行）。

③ 通知受益人：通知银行收到开证银行寄来的信用证后，经核对印鉴密押无误后，根据开证银行的要求编制通知书，及时、正确地通知受益人。

④ 交单：受益人接受信用证后，按照信用证的条款办事，在规定的装运期内装货，取得运输单据并备齐信用证所要求的其他单据，开出汇票，一并送交当地银行（议付银行）。

⑤ 垫付：议付银行按信用证的有关条款对受益人提供的单据进行审核，审核无误后按照汇票金额扣除应付利息后垫付受益人。

⑥ 寄单：议付银行将汇票和有关单据寄给开证银行（或开证银行指定的付款银行），索取货款。

⑦ 偿付：开证银行（或开证银行指定的付款银行）审核有关单据，认为符合

信用证要求的，向议付银行偿付垫付款项。

⑧ 通知申请人：开证银行通知开证申请人向银行付款赎单。

⑨ 付款赎单：开证申请人接到开证银行的通知后，向开证银行付款，获取单据，凭此提取货物。

4.保函

（1）保函的定义

保函又称保证书，是指银行、保险公司、担保公司或个人（即保证人）应申请人的请求，向受益人开立的一种书面保证凭证，保证对申请人的债务或应履行的义务承担赔偿责任。保函的当事人主要有以下3个：

① 委托人，是指要求保证人开立保证书的当事人。保函的委托人一般是债务人（还款保证书）、投标人（投标保证书）、出口商（出口保证书）等。根据委托人和受益人之间签订的经济合同，委托人必须偿还债务或履行义务。在使用保函的情况下，如果委托人不偿还债务或不履行义务，受益人将要求保证人付款或赔偿损失，当然保证人付款后是一定要委托人偿还的，除非委托人破产。

② 受益人，是指收到保函凭以向保证人索偿的当事人，通常为债权人（还款保证书）、招标人（投标保证书）、进口商（出口保证书）等。根据受益人和委托人之间的经济合同，受益人有权要求委托人偿还债务或履行义务，如果委托人不偿还债务或不履行义务，受益人有权凭保函要求保证人偿付债务或赔偿损失，因此保函能保证受益人的权益得到实现。

③ 保证人，是指开立保函并在保函中许诺的当事人。保证人一般为银行，也可能是保险公司、担保公司以及其他单位和个人。保证人根据委托人的申请，在一定条件下（如由委托人提供一定的担保，交纳一定比例的手续费等），向受益人开立保函。在委托人不按合同规定偿还债务或不履行义务的情况下，保证人应按保函的规定向受益人偿付债务或者给予赔偿，赔付后再向委托人索还。

（2）保函的种类

在国际贸易、非贸易及融资活动中，保函的使用十分广泛，保函的种类也很多。以下是几种最常见的保函：

①投标保函，是在国际投标时，保证人向招标人（受益人）承诺：当投标人（委托人）中标而不履行义务时，保证人将向招标人赔偿一定金额的款项。

投标保函主要用于担保投标人在投标后开标前不撤销投标、不片面修改投标条件，中标后保证签约并支付履约金；否则，将由保证人向招标人赔偿一定数额的损失，从而保护招标人的利益。

②履约保函，是保证人向受益人承诺：如果委托人没有履行与受益人签订的合同，保证人将按规定向受益人支付一定金额的赔款。

履约保函的使用范围较广。在国际招标中，招标人往往要求中标人在签订合同时提供履约保函，以保证中标人未履约时由保证人赔偿损失。在货物进出口业务中，出口商往往要求进口商提供履约保函，在出口商履约交货后，如进口商未按期付款则由保证人负责偿还；进口商也可要求出口商提供履约保函，如出口商未能按期交货，则由保证人向进口商赔偿损失。此外，在国际劳务合作、国际技术贸易中也经常使用履约保函。

③还款保函，是指保证人向受益人（贷款人）承诺：如果委托人（借款人）未按期偿还贷款本息，保证人将向受益人偿还本息。

在国际融资中，外国贷款人往往要求借款人提供还款保函，以保证贷款的安全。此外，在国际贸易、非贸易活动中，受益人向委托人预付货款或定金时，往往要求委托人提供保函，保证委托人未履行合同时退回预付款项，如未退回则由保证人偿付未退款项的本金，这样的保函也属于还款保函。

此外，保函还有其他形式，如设备进口使用的维修保函、设备租赁时的租赁保函等。

5.国际保理业务

保理业务是一项集商业资信调查、应收账款管理、信用风险担保及贸易融资于一体的新兴综合性金融服务，是国际贸易中在以O/A（赊销）或D/A（承兑交单）为付款条件的情况下，由保理商就进口商的信用风险对出口商做出的一种付款担保。

相对于一般的信用证交易，保理业务具有手续简单的优点，可以向客户提供更具竞争力的O/A、D/A付款条件，而且信用风险由保理商承担，出口商可以得到100%的收汇保障。同时，保理商还负责资信调查、账务管理和账款追收，减轻了出口商的负担。就进口商而言，利用O/A、D/A的优惠付款条件，可以加快资金的流动。

6.4 贸易融资业务管理

6.4.1 贸易融资的含义

贸易融资是指银行向进口商或出口商提供的，与进出口贸易结算相关的短期融资或信用便利。境外贸易融资业务是指在办理进口开证业务时，利用国外代理行提供的融资额度和融资条件，延长信用证项下付款期限的融资方式。

在贸易融资中，银行运用结构性短期融资工具，基于商品交易中的存货、预付款项、应收账款等资产进行融资。贸易融资中的借款人除了商品销售收入可作为还款来源外，没有其他生产经营活动，在资产负债表上没有实质资产，没有独立还款能力。贸易融资保理商提供无追索权的贸易融资，手续方便，简单易行，基本上解决了出口商信用销售和在途占用的短期资金问题。加入WTO以来，我国对外贸易的数量及范围迅速扩大，对外贸易主体向多层次扩展，国际贸易结算工具呈现多样化，新业务不断推出。海关总署的数据显示，2021年我国货物贸易进出口总值39.1万亿元人民币，比2020年增长21.4%，规模再创新高。其中，出口21.73万亿元，进口17.37万亿元。2021年我国外贸进出口呈现5个特点：一是年度进出口规模再上新台阶，首次突破6万亿美元关口；二是与主要贸易伙伴进出口均实现稳定增长，对“一带一路”沿线国家进出口增速更快；三是贸易方式进一步优化，一般贸易进出口占比超过六成；四是外贸经营主体活力有效激发，民营企业进出口更加活跃；五是机电产品出口、进口均保持良好增势。与之相对应，国际贸易融资方式亦呈现出前所未有的多样化、复杂性和专业化，其潜在的风险也在不断增加和变化。对于我国从事贸易融资的商业银行来说，要把握机遇，扩大国际贸易融资，开展国际结算业务，最大限度地获取融资效益；又要加强管理，有效地防范和控制融资风险。

6.4.2 贸易融资的方式

商业银行的贸易融资按期限可划分为短期贸易融资和中长期贸易融资。短期贸易融资一般包括进出口押汇、打包放款、票据承兑；中长期贸易融资主要包括出口信贷和福费廷。

1.进出口押汇

(1) 进出口押汇的含义

进出口押汇是指在不同国家的进出口商之间的交易中，A国出口商以其所开的汇票，连同货物的提单、保险单以及发票等全部有关单据为担保，向银行押借款项，而由银行持全部单据到期后，向B国进口商收回贷款本息的贸易融资业务。从本质上讲，押汇是一种以运输中的货物为抵押，要求银行提供在途资金融通的票据贴现。对银行而言，其安全程度较一般性贷款和贴现高。此外，由于押汇的货物通常为已经装船在运的货物，付款前途已有着落，所以其风险较以一般货物为担保的贷款低。

(2) 进出口押汇的分类

进出口押汇依据承做押汇业务的银行（押汇行）所处地理位置的不同，可以分为出口押汇和进口押汇。由出口商所在地银行承做的押汇为出口押汇，在实务中，最常见的出口押汇形式是出口信用证押汇。由进口商所在地银行承做的押汇为进口押汇。

进出口押汇依据银行办理押汇业务时有无凭信，还可以分为有凭信的押汇和无凭信的押汇。有凭信的押汇是指押汇行除了要求出口商提供全部货运单据以外，还需要外地银行对进口商所签发的含有担保性质的凭信，最常见的如信用证和银行担保书。无凭信的押汇是指押汇行在办理押汇业务时，只依据出口商所签发的汇票和所提交的全部运货单据。

2.打包放款

打包放款是一种短期贸易贷款，是指在国际贸易中，银行用以出口商为受益人的信用证为抵押，向出口商提供用于生产、备货、装船的贷款。如果客户是采用信用证结算方式的出口商，在需要融资的时候，银行可以用信用证正本为还款依据，向客户提供装船前融资。打包放款主要用于支付生产或收购信用证项下产品的开支及其他从属费用。

3.票据承兑

票据承兑是指商业汇票的承兑人在汇票上记载一定事项，承诺到期支付票款的票据行为，是汇票的付款人承诺负担票据债务的行为。承兑为汇票所独有。汇票的发票人和付款人之间是一种委托关系，发票人签发汇票，并不等于付款人就一定付款，持票人为确定汇票到期时能得到付款，在汇票到期前要向付款人进行承兑提示。如果付款人签字承兑，那么他就对汇票的到期付款承担责任；否则，持票人有权对其提起诉讼。商业汇票一经银行承兑，承兑银行就必须承担到期无条件付款的责任。因此，票据承兑属于银行的一项授信业务。

客户在商品交易过程中因购货现款不足，需要取得银行信用支持，可向银行申请办理票据承兑。经银行承兑的商业汇票较商业承兑汇票具有更为可靠的银行信用保证，流通范围广，变现能力强，既减少了企业的资金占用，又节省了资金使用的成本，是备受广大客户欢迎的一项银行业务。

4.出口信贷

（1）出口信贷的含义

出口信贷是一种国际信贷方式，是一国政府为支持和扩大本国大型设备等产品的出口，增强国际竞争力，对出口产品给予利息补贴、提供出口信用保险及信贷担保，鼓励本国的银行或非银行金融机构对本国的出口商或外国的进口商（或银行）提供利率较低的贷款，以解决本国出口商资金周转的困难，或满足国外进口商对本国出口商支付货款需要的一种国际信贷方式。

（2）出口信贷的特点

① 利率较低。对外贸易中长期信贷的利率一般低于相同条件资金贷放的市场利率，由国家补贴利差。大型机械设备制造业在西方国家的经济中占有重要地位，其产品价值和交易金额巨大。为了增强本国设备的竞争力，许多国家的银行竞相以低于市场利率的利率向外国进口商或本国出口商提供中长期贷款给予信贷支持，以扩大本国资本货物的国外销路，利差由国家补贴。

② 与信贷保险相结合。对外贸易中长期信贷偿还期限长、金额大，发放贷款的银行有较高的风险。为了减少出口国家银行的后顾之忧，保证其贷款资金安全发放，很多国家设有信贷保险机构，对银行发放的中长期贷款给予担保。

③ 由专门机构管理。发达国家提供的对外贸易中长期信贷一般直接由商业银行发放，若金额巨大，商业银行资金不足，则由国家专设的出口信贷机构给予支

持。在许多国家，特定类型的对外贸易中长期贷款直接由出口信贷机构承担发放责任。这样做的好处是利用国家资金支持对外贸易中长期信贷，可弥补私人商业银行资金的不足，改善本国的出口信贷条件，加强本国出口商占领国外销售市场的能力。

（3）出口信贷分类

按照贷款的对象不同，出口信贷可分为卖方信贷和买方信贷。

① 卖方信贷是出口商银行向本国出口商提供的商业贷款。出口商（卖方）以此贷款为垫付资金，允许进口商（买方）赊购自己的产品和设备。出口商（卖方）一般将利息等资金成本费用计入出口货价中，将贷款成本转移给进口商（买方）。

② 买方信贷是出口国政府支持出口商银行直接向进口商或进口商银行提供信贷支持，以供进口商购买技术和设备，并支付有关费用。买方信贷一般由出口国出口信用保险机构提供买方信贷保险。买方信贷主要有两种：一是出口商银行将贷款发放给进口商银行，再由进口商银行转贷给进口商；二是由出口商银行直接贷款给进口商，由进口商银行提供担保。贷款币种为美元或经银行同意的其他货币。贷款金额不超过贸易合同金额的80%~85%。贷款期限根据实际情况而定，一般不超过10年。贷款利率参照经济合作与发展组织（OECD）确定的利率水平而定。

5.福费廷

福费廷（Forfaiting）又称票据包买，是基于进出口贸易的一种融资方式，指商业银行从出口商那里无追索权地买断通常由开证银行承诺付款的远期款项。福费廷业务主要提供中长期贸易融资，利用这一融资方式的出口商应同意向进口商提供期限为6个月至5年，甚至更长期限的贸易融资；同意进口商以分期付款方式支付货款，以便汇票、本票或其他债权凭证按固定时间间隔依次出具，以满足福费廷业务的需要。福费廷业务具有高风险、高收益特征。对银行来说，能带来可观的收益，但风险也较高；对企业和生产厂家来说，货物一出手，可立即拿到货款，占用资金时间很短，无风险可言。因此，银行做这种业务时，关键是选择资信好的进口商银行。

在国内的实际操作中，福费廷业务与押汇非常相像，都是有期限的。如果在到期日款项仍然未回，银行将顺延7天；如果仍然未回款，将被计入不良记录。福费廷不能像押汇一样提前还；否则，银行将不能关卷，会造成银行的不便。

小资料6-1

福费廷与保付代理业务的区别

福费廷与保付代理业务虽然都是由出口商向银行卖断汇票或期票，银行不能对出口商行使追索权，但是，两者是有区别的。

1.保付代理业务一般多在中小企业之间进行，成交的多是一般进出口商品，交易金额不大，付款期限在1年以下；而福费廷业务成交的商品为大型设备，交易金额大，付款期限长，并在较大的企业间进行。

2.保付代理业务不需进口商所在地银行对汇票的支付进行保证或开立保函；而福费廷业务则必须履行该项手续。

3.保付代理业务的出口商不需事先与进口商协商；而福费廷业务的进出口双方必须事先协商，达成一致意见。

4.保付代理业务的内容比较综合，常附有资信调查、会计处理、代制单据等服务内容；而福费廷业务的内容比较单一，只提供远期汇票兑现的资金融通。

6.4.3 贸易融资管理方法

1.调整机构设置，遵循审贷分离原则

为满足业务发展的需要，银行有必要对内部机构进行调整，重新设计国际贸易融资业务的运作模式，审贷分离，实行授信额度管理，达到既有效控制风险又积极服务客户的目的。

① 贸易融资属于信贷业务，必须纳入全行信贷管理。由信贷部对贸易融资客户进行资信评估，据此初步确立客户信用额度。通过建立审贷分离制度，使信贷风险和国际结算风险由信贷部、信贷审批委员会和国际业务部负责，最终达到统一综合授信管理体系下的审贷分离、风险专项控制，从而采取不同措施，达到防范和控制风险的目的。

② 授信额度应把握以下5点：一是授信额度要控制远期信用证的比例，期限越长，风险越高；二是控制信用证全额免保比例，通过交纳一定数额的保证金来加强对客户业务的约束和控制；三是设立考核期；四是实行总授信额度下的分项授信额度管理；五是建立健全内部控制制度，跟踪基本客户的进出口授信额度，加强部门内部的协调和配合。

2.建立科学的贸易融资风险管理体系

应制定符合国际贸易融资特点的客户评价标准，选择从事国际贸易时间较长、信用较好的客户，成立信用审批中心和贸易融资业务部门。影响国际贸易融资风险的因素很多，防范风险就要求商业银行的工作人员具有信贷业务知识，以分析评价客户的信用，从而利用人才优势，事前防范和事后化解各种业务风险。

3.完善制度，实施全过程风险监管

① 做好融资前的贷前准备，建立贷前风险分析制度，严格审查和核定融资授信额度，控制操作风险；通过对信用风险、市场风险、自然风险、社会风险、国家宏观经济政策风险、汇率风险等进行分析，以及对申请企业、开证人和开证银行的资信等方面进行严格审查，及时发现不利因素，采取防范措施。

② 严格信用证业务管理。在国际贸易中，信用证是一种比较可靠的结算方式。审核信用证是银行和进出口企业的首要责任。首先，必须认真审核信用证的真实

性、有效性，确定信用证的种类、用途、性质、流通方式是否可行；其次，审查开证银行的资信、资本结构、资本实力、经营作风，并了解真实的授信额度；再次，要及时了解产品价格、交货的运输方式、航运单证等情况，从而对开证申请人的业务运作有一个综合评价，对其预期还款能力及是否有欺诈目的形成客观判断；最后，要认真审核可转让信用证，严格审查开证银行和转让行的资信，并对信用证条款进行审核。

③ 尽快建立完善的法律保障机制，严格依法行事。应对现有的相关立法进行研究，结合实际工作和未来发展趋势，找出不适应的地方，通过有关途径呼吁尽快完善相关立法，利用法律武器，最大限度地保障银行利益，减少风险。

4.加强和国外银行的合作

在众多国外投资者看好中国市场、对外贸易发展良好的形势下，国有商业银行应该抓住时机，基于共同的利益和兴趣，与国外有关银行联手开拓和占领中国的外汇业务市场，共同争取一些在中国落户的、利用外资的大项目，多方面、多层次地拓展中国商业银行的贸易融资业务。

6.5 国际借贷管理

商业银行国际借贷是指在国际金融市场上同外国银行发生的资金借贷行为。外国银行既包括资金雄厚的大银行，也包括中小银行及非银行金融机构。商业银行是从事货币借贷的部门，随着国际贸易的不断扩大以及各国商业银行国际业务的不断拓展，各国进出口企业及银行自身对外汇资金的需求量越来越大，因此，有必要大力加强各国银行间的国际金融合作，在互利互惠的基础上，积极开展国家间的银行借贷，加速资本在国家间的合理流动。

20世纪80年代以来，各国银行间的直接融资越来越多，规模也越来越大。一方面，这是加强国际金融合作的需要；另一方面，是因为国际银行间的借贷较其他借贷更加安全可靠，风险较低。国家间银行借贷不但满足了各国银行在支持本国经济发展中对外汇资金的需求，也满足了银行在开展国际业务中对头寸进行调剂的需要。更重要的是，通过国际银行间的借贷使银行资金运行更加合理、安全，借贷双方也由此获得了相当可观的利润。

6.5.1 国际借贷的种类

1.从借贷期限上划分

国际借贷可以分为短期借贷、中期借贷和长期借贷。这种划分方法与国内银行对企业放款相似，短期为1年以下，中期为1~5年，长期为5年以上。

2.从参加银行的数量上划分

国际借贷可以分为单边银行间放款和多边银行间放款。单边银行间放款即借贷双方各是一家银行，一对一贷款。这种放款风险相对较高，如果借款银行有倒闭风险，放款银行可能遭受较大损失，所以单边银行间放款量比较有限。多边银行间放款是指一家银行同时接受几家银行的放款，类似于联合贷款和银团贷款。对于放款银行而言，各自提供的资金额度有限，风险损失得到了分散。

6.5.2　国际借贷的特点

1.贷款利率按国际金融市场利率计算，利率水平较高

欧洲货币市场的伦敦银行同业拆放利率是市场利率，其利率水平是通过借贷资本的供需状况自发形成的，符合市场化的资金价格确定要求。

2.贷款可以自由使用，一般不受贷款银行的限制

一般情况下，国际贷款不受贷款银行的任何限制，借款人可根据自己的需要自由使用。

3.贷款方式灵活，手续简便

国际贷款比较灵活，每笔贷款可多可少，借款手续相对简便。

4.资金供应充足，允许借款人选择各种货币

国际市场上有大量的闲散资金可供使用，只要借款人资信可靠，就可以筹措到自己所需要的大量资金。

6.5.3　国际借贷的管理重点

国际银行间的借贷比国内借贷要复杂得多，无论是借款银行还是贷款银行，都必须加强这方面的管理；否则，可能蒙受各种风险损失。

1.放款银行管理重点

（1）审查借款银行的信誉

为保证贷款不受损失，放款银行必须首先确定贷款银行的资格，包括银行的声望、信誉、经济实力以及该银行所在国的政治、经济状况。

（2）确定放款数量

放款数量取决于多种因素，如借款银行要求借入的数量，借款银行的资本数量、流动性高低，银行的规模、管理水平等，都会影响放款数量。在一些国家，私人商业银行与政府间的关系十分密切，这就为放款银行提供了重要的安全保证，在确定放款数量时，这一点也是应考虑的因素。

（3）贷款投向

国际银行间的贷款对象一般是组织机构和业务活动比较健全的商业银行。对风险较高的银行，如从事房地产放款或消费性放款的银行及其他金融机构，放款银行较少涉足。这是因为：一是专业银行经营风险较高，可能有贷款损失；二是商业银行与上述银行或金融机构之间一般不存在代理关系，业务往来较少，限制了相互间的资金流动。

（4）放款担保

国际放款风险较高，所以放款银行应要求借款银行提供相应的债务担保或抵押品。可作为借款银行借款担保的有：借款银行所在国资信度较高的商业银行、中央银行、政府等，一般的工商企业不适合作为银行国际借款的担保人。从抵押品来看，以借款银行拥有的固定资产为宜。

（5）放款利率

国际银行间放款利率除按国际惯例办事外，应本着利润最大化的原则确定。

2.借款银行管理重点①

（1）考查放款银行的信誉和实力

国际金融市场上存在一些专门从事投机活动的资金掮客或中间商，他们利用借款银行迫切需要资金的心理，以提供巨额信贷为诱饵，骗取借款银行事先出具委托书、授权书或银行本票，然后到国际金融市场去筹资，转手贷给借款银行，从中获取利差，而借款银行不得不承受较高的利息和费用负担。

（2）科学选择借款货币

同样一笔贷款，由于币种不同，借款银行所要承受的风险也不同，因为各种货币间的汇率变动趋势是不同的。有一些货币的汇率一直是稳定、上升的，而有些货币的汇率则长期波动、疲软，呈下降趋势。前者人们俗称为“硬币”，后者人们俗称为“软币”。两者汇率变动趋势不同，利率也不同，“硬币”利率低，“软币”利率高，借款银行一般希望借入“软币”，不愿借入“硬币”。因为“软币”汇率呈下降趋势，这有利于将来借款银行的债务清偿；而“硬币”汇率呈上升趋势，将来偿还本息时会加重借款银行的债务负担。当然，如果“硬币”汇率上升幅度低于利率，借入“硬币”也是可取的，要针对具体情况具体分析。

（3）争取获得优惠贷款利率

贷款利率水平的高低根据贷款期限长短有所区别。1年以内的短期贷款利率一般按同业拆放利率确定。按照国际惯例，伦敦银行同业拆放利率就是国际商业银行间短期放款利率，借贷双方可以据此磋商确定。中长期贷款利率通常是在短期贷款利率的基础上加上加息率确定，加息率的高低根据贷款期限的长短而定。

（4）贷款的偿还方式

国际银行间的贷款偿还方式主要有3种：一是到期一次性偿还，利随本清；二是分期偿还，适用于中长期贷款，自贷款后的某一年开始偿还本金和利息；三是逐年偿还，类似于分次偿还，只是偿还的时间是自支用贷款之日起，按年偿还。除此之外，有些贷款还可提前偿还，这一点对借款银行十分有利。如果贷款货币汇率预计有上升趋势，提前偿还贷款可以减少由此而增加的利息负担；如果预测贷款货币汇率将下跌，可一直等到规定偿还日偿还，将由此而相对减少一部分利息负担。

---

① 戴国强. 商业银行经营学［M］. 6版. 北京：高等教育出版社，2022.

本章小结

外汇业务是指商业银行经办的，涉及外汇收支的业务，是商业银行的重要业务之一。我国商业银行从事的外汇业务种类和交易方式较齐全。商业银行要加强外汇存款和外汇贷款管理。国际结算是银行最主要的国际业务之一，信用证是国际结算的常用方式。贸易融资是指银行对进口商或出口商提供的与进出口贸易结算相关的短期融资或信用便利。商业银行国际借贷是指在国际金融市场上同外国银行发生的资金借贷行为。

即测即评

第6章单项选择题

第6章多项选择题

第6章判断题

第7章
网络银行业务管理

思政小课堂

强化监管　夯实基础　以科技振兴推动银行业创新发展

2020年，中国网上银行用户比例增至59%左右，网上银行交易量为1 550.3亿笔，网上银行交易总额达到1 818.19万亿元；疫情期间，各银行机构线上业务服务替代率平均水平达到96%，网络银行业务呈现稳定增长态势。2021年2月，中国银保监会发布了《关于进一步规范商业银行互联网贷款业务的通知》；2022年1月，中国银保监会下发的《中国银保监会办公厅关于银行业保险业数字化转型的指导意见》提出，到2025年，银行业保险业数字化转型取得明显成效……近年来，金融机构运用大数据、云计算、人工智能等技术革新业务模式，创新产品服务，使信息技术不再只是电子化与网络化的载体，更成为践行普惠金融、催生消费需求、发展数字经济的重要动力，金融科技在建设网络强国、数字中国、智慧社会的国家战略发展中发挥巨大的支撑与促进作用；同时也对银行业未来发展提出更高、更新、更严格的监管要求。

7.1 网络银行概述

7.1.1 网络银行的含义、特征和竞争优势

1.网络银行的含义

网络银行是指银行利用互联网技术向客户提供开户、查询、对账、行内转账、跨行转账、信贷、网上证券、投资理财等传统服务项目，使客户足不出户就能够安全便捷地管理活期和定期存款、支票、信用卡及个人投资等。网络银行包含两层含义：一是机构概念，指通过信息网络开办业务的银行，也称为虚拟银行；二是业务概念，指银行通过计算机和互联网提供的金融服务，包括传统银行业务和因信息技

术应用带来的新兴业务[①]。后者实际上是传统银行服务在互联网上的延伸，这是目前网络银行的主要形式，也是绝大多数商业银行采取的网络银行发展模式。事实上，我国还没有出现真正意义上的网络银行，也就是虚拟银行，国内现在的网络银行基本上都属于第二种模式。

2.网络银行的特征

（1）"3A"服务

网络银行又被称为"3A"银行，因为它不受时间、空间的限制，能够在任何时间（anytime）、任何地点（anywhere），以任何方式（anyway）为客户提供金融服务。

anytime——任何时间，即无时限银行。网络银行可以全天候地连续运行，摆脱了传统银行上下班时间的制约，也摆脱了全球时区划分的限制。

anywhere——任何地点，突破了空间的限制。这主要缘于互联网的全球化，使网络银行服务不受空间因素的制约，加快了金融市场全球化的进程。

anyway——任何方式，即服务方式多样化。客户通过计算机终端就可以享受查询、转账等银行服务，而不需要到银行柜台去办理业务。

（2）业务创新

网络银行继承了传统银行业务，包括银行及相关金融信息的发布，客户的咨询投诉，账户的查询勾兑、申请和挂失，以及在线缴费和转账功能。企业集团用户不仅可以查询本公司和集团子公司账户的余额、汇款、交易信息，还能在网上进行电子交易；个人用户不仅可以通过网络银行查询存折账户、信用卡账户中的余额以及交易情况，还可以通过网络自动定期交纳各种社会服务项目的费用，进行网络购物等。

（3）全方位的电子化运营和管理

票证被全面电子化，如电子汇票和电子支票等，签名也为数字化签名所取代。通过银行电子化，银行管理逐步从地理性扩张的粗放型经营转变为依靠科技和网络扩张的集约型经营。

（4）保证交易安全

网络银行服务采用多种先进技术来保证交易的安全，不仅用户、商户和银行三者的利益能够得到保障，而且随着银行业务的网络化，商业犯罪将更难以找到可乘之机。尽管网银失窃事件频频见于报端，让很多银行用户谈"网"色变，但随着各家银行对网银技术进行改造升级，网络银行的安全性大为增强。网银客户数量的大幅增加显示了网银用户信心正在逐步上升。

3.网络银行的竞争优势

网络银行不仅是一种经营模式的变革，也是银行业经营理念的一场革命。传统

---

① 全球第一家网络银行——安全第一网络银行的营业厅就是计算机屏幕，所有交易都通过互联网进行，没有建筑物、没有地址，只有网址和10名员工。与此同时，美国花旗银行也在互联网上设立了网站，拉开了银行业网上竞争的序幕。

银行业的竞争手段主要是依靠设立众多的分支机构争夺市场，而忽视服务手段、服务内容的创新，这种竞争是一种低水平竞争。在传统经营模式下，市场份额在众多银行之间反复划分，并不能扩大总的经济效益，而网络银行的出现彻底打破了这种陈旧的模式，给银行业带来一场崭新的革命。网络银行的竞争优势主要表现在以下4个方面：

（1）全新的运营模式

传统的银行依托于钢筋水泥的营业大厅和众多的分支机构，其经营明显地受地域和时间限制；而网络银行借助开放的互联网，使顾客可方便地进入网络银行，随时随地享受“7×24服务”，即客户可以随时联系银行的客服，来解决自己的问题。网络银行使银行不再有规模大小之分，网络银行业务更多地借助不同的媒介，如智能手机、平板电脑及无线POS机等移动设备，这使得金融业务具有透明度更强、参与度更高、协作性更好、成本更低、操作更便捷等特征。在网络金融时代，金融机构能否在竞争中占据优势完全取决于其服务内容、服务质量及创新意识。

（2）低成本、高效率

网络银行不需要物理上的庞大建筑物，也不需要众多从业人员，其业务活动全部通过计算机和网络完成，实现无纸化办公，这将大大降低银行的经营成本。同时，互联网具有连接世界各个角落和信息传递快捷等特点，可将资金在途的耗费减少为零，提高整个社会系统的经济效益。网络银行还可利用互联网信息来源广泛的先天优势，掌握尽可能多的有用信息，完善风险管理，提高决策效率，增强自身的竞争力。

（3）紧密的客户联系环境

信息技术的发展及互联网的普及使得非银行金融机构及信息企业逐步向银行业渗透，争夺银行业市场份额，银行的金融媒介作用在降低，传统银行业面临巨大压力和日益严峻的挑战。网络银行的出现为传统银行业夺取这场战争的胜利增加了筹码。网络银行便捷、灵活的服务方式强烈地吸引着客户（尤其是高层次、成长型、高价值的年轻客户）的注意力，而这种注意力是21世纪商家争夺的焦点及银行利润的来源。同时，新型中间业务（如银证通、银关通等）、结算业务、外汇业务、信用卡业务以及多样化的电子支付手段，使网络银行功能日益多样化，银行与客户之间可实现“无缝”联系，进而实现银行与客户的“零距离”沟通。

（4）优质的客户服务

网络银行的客户无论办理何种业务，只要通过网络银行的一个窗口就可以全部处理。同时，网络银行可以避免营业网点由于客户或银行人员的个人情绪及业务水平的不同而带来的差别，使金融服务更加标准化、规范化。个性化服务一直是传统模式很难突破的难题。一个储蓄网点的十几名柜员在面对几万乃至几十万名客户时，如何了解客户的需求、提供有针对性的服务就变得很困难。传统银行的营销目标一般只能细分到某一类用户群，难以实现一对一的客户服务。在客户短暂的业务办理时间内，柜员与客户很难有详细交流的机会。网络银行具有与客户面对面沟通的特点，可以为客户提供交互式的分析和交流，且不受时间的制约。网络银行还可以充分利用互联网资源为客户提供丰富的资讯、金融信息、业务参考以及各种相关链接。客户可以随时随地获得这些金融信息而不受外界干扰。网络银行操作简单，客户具有很强的参与性。客户可根据文字提示轻松使用网络银行，主动接受金融服务，并可以尝试新业务，这会促使客户提高金融交易的主动参与性，并从中享受乐趣。

7.1.2 网络银行业务的内容

根据网络银行业务对信息技术的依赖程度，可以将网络银行业务分为两类：一类是通过互联网提供的传统银行业务，也叫基础网络银行业务，包括转账、存款、贷款、汇款等；另一类是依靠信息技术的新产品创新，包括新兴网络银行业务和附属网络银行业务。

1.基础网络银行业务

（1）信息服务

这是银行通过互联网提供的最基本的服务。信息服务的内容主要是宣传银行能够给客户提供的产品和服务以及公共信息，主要包括公共信息发布、银行业务介绍、存贷款利率发布、外汇利率发布、投资理财资讯、银行分支机构分布情况、最新市场行情和最新经济信息等。

（2）客户交流服务

客户交流服务允许客户与银行之间进行一些互动交流活动，包括客户信箱服务、查询服务、贷款申请、档案资料定期更新等。客户交流服务使银行内部网络系统和客户之间保持一定的连接，其风险高于信息服务。

（3）银行交易服务

银行交易服务是指银行与客户之间通过互联网发生了实质性的资金往来或债权债务关系，是网络银行业务的主体。银行交易服务按对象分为个人业务和公司业务。个人业务包括转账、汇款、代缴费用、投资理财和按揭贷款等；公司业务包括结算、电子票证、电子信贷、账户管理、国际业务和投资银行业务等。

2.新兴网络银行业务

新兴网络银行业务是利用互联网的优势设计和开发的新产品业务品种，是网络银行最具有吸引力的业务品种。

（1）电子账单呈示和收款服务

电子账单呈示和收款服务是利用电子邮件等功能发出账单，通过银行间支付网络进行电子化支付的服务。这项服务主要向大公司提供现金管理和汇款处理服务的补充，这些公司每年发出数量巨大的、反复发生的账单。

（2）商户对商户（B2B）电子商务

B2B是电子商务按交易对象分类中的一种，这种形式的电子商务是在企业与企业之间进行的，一般以信息发布与撮合为主，主要是建立商家之间的桥梁。B2B使用互联网技术或各种商务网络平台，完成商务交易的过程。这个过程包括发布供求信息，订货及确认订货，支付，票据的签发、传送和接收，确定配送方案并监控配送过程等。B2B按服务对象可分为外贸B2B及内贸B2B；按行业性质可分为综合B2B和垂直B2B。2010—2019年，我国B2B电子商务交易规模从4.55万亿元增至34.81万亿元，年均复合增速达25%。

（3）商户对消费者（B2C）网上支付结算

B2C电子商务是指企业通过互联网，公开对个人用户进行产品销售的电子商务模式。某种交易被纳入线上B2C电子商务范畴的必要条件是其产品或服务需通过在线订单模式进行信息的沟通与确认，而支付则可以在线上或线下进行。《中国网络零售B2C市场季度监测报告2021年第4季度》数据显示，2021年第四季度，中国网络零售B2C市场交易规模为23 593.9亿元人民币，同比增长8.1%。

（4）发行电子货币

电子货币是指用一定金额的现金或存款从发行者处兑换并获得代表相同金额的数据，通过使用某些电子化方法将该数据直接转移给支付对象，从而能够清偿债务。这种货币没有物理形态，是持有者的金融信用。随着互联网技术的快速发展，这种支付办法越来越流行。对于信用卡，我国从1996年4月1日起实行的《信用卡业务管理办法》规定，信用卡的发行者仅限于商业银行，对于信用卡之外的其他类型电子货币，我国尚无法律规定。2004年颁布、2015年修订的《中华人民共和国电子签名法》规范了电子签名行为，确立了电子签名的法律效力。

（5）账户整合服务

账户整合服务是指向客户提供一个理财平台，通过该平台，客户能同时了解在多个银行、证券公司或保险公司开立的各类账户的交易情况。

3.附属网络银行业务

附属网络银行业务是指网络银行在开发实现本行业务发展的信息技术产品时，利用已有的开发经验和信息技术产品为其他银行提供服务。附属网络银行业务主要包括提供身份验证、帮助小企业开展电子商务、出售软件产品、整合ATM网络与互联网、开发企业门户网站等。这些业务一般不具备金融服务产品的特征，但与银行提供的金融服务密切相关。

小资料7-1

身份识别和CA认证

网上交易不是面对面的，客户可以在任何时间、任何地点发出请求，传统的身份识别方法通常是靠用户名和登录密码对用户的身份进行认证，但是，用户的密码在登录时以明文的方式在网络上传输，很容易被攻击者截获，进而可以假冒用户的身份，身份认证机制就会被攻破。

在网络银行系统中，用户的身份认证依靠基于“RSA公钥密码体制”的加密机制、数字签名机制和用户登录密码的多重保证。银行对用户的数字签名和登录密码进行检验，全部通过后才能确认该用户的身份。用户的唯一身份标识就是银行签发的“数字证书”。用户的登录密码以密文的方式进行传输，确保了身份认证的安全、可靠。数字证书的引入，也实现了用户对银行交易网站的身份认证，不仅可以保证访问的是真实的银行网站，还能确保客户提交的交易指令的不可否认性。由于数字证书的唯一性和重要性，各家银行为开展网上业务都成立了CA认证机构，专门负责签发和管理数字证书，并进行网上身份审核。2000年6月，由中国人民银行牵头，12家商业银行联合共建的中国金融认证中心（CFCA）正式挂牌运营。CFCA是经国家信息安全管理机构批准成立的国家级权威安全认证机构，是国家重要的金融信息安全基础设施之一。它的成立标志着中国电子商务进入了银行安全支付的新阶段。CFCA作为一个权威的、可信赖的、公正的第三方信任机构，为今后实现跨行交易提供了身份认证基础。截至2020年年末，超过2 400家金融机构使用CFCA的电子认证服务，在使用数字证书的银行中占98%。

4.我国商业银行网络银行业务

（1）公共信息发布

公共信息发布的内容主要是宣传银行能够给客户提供的产品和服务，以及公共信息，一般包括银行的历史背景、经营范围、业务介绍、机构设置、网点分布、业务品种、利率和外汇牌价、金融法规等。

（2）账务信息服务

账务信息服务以账户查询和信用查询为主。账户查询包括账户余额明细和账户当天、历史交易明细查询，付款方信息查询。信用查询是指了解在银行发生的信用情况，包括查询使用的结构、信用余额、当前和历史交易记录等。

（3）网上转账

目前国内银行提供的网上转账功能包括个人名下活期互转、个人名下活期和定期互转、约定账户的转账（指向行内的他人账户进行资金划转）、网上速汇通、同行同城转账、跨行异地转账、跨行同城转账等。

（4）代理缴费业务

各大银行的网上服务均有所不同，一些银行开通了与中国移动、中国电信、中国联通等的业务关系，可以在网络银行缴纳话费，水、电、煤气等费用也可全部交给网络，一些银行还推出了代收学费等业务。

（5）银证转账和其他证券交易业务

银证转账是指将股民在银行开立的个人结算存款账户（或借记卡）与证券公司的资金账户建立对应关系，通过银行的电话银行、网络银行、网点自助设备和证券公司的电话、网上交易系统及证券公司营业部的自助设备将资金在银行和证券公司之间划转，为股民存取款提供便利。银证转账业务是券商电子商务发展的前提和基础，银证转账业务的开展极大地促进了券商电子商务的发展。

（6）网上外汇业务

各商业银行已开通的企业外汇网络银行业务有账户查询、网上信用证管理、集团内外汇资金上收下拨和国际汇款等。已开通的网上个人外汇业务主要有查询外汇买卖、国际汇款、外币理财、个人小额结售汇、外币基金、国际卡境外消费购汇还款、B股银证转账、个人外汇账户管理等。

（7）网银新业务——手机银行合作项目

从1999年起，中国银行、中国工商银行、中国建设银行、招商银行等商业银行与中国移动、中国电信、中国联通等网络运营商合作，先后推出了手机银行业务。《2021中国数字金融调查报告》显示，随着手机银行普及率的提高，国内手机银行用户数量快速增长，从2014年的6.7亿户增长到2019年的20.9亿户。

小资料7-2

“SIM网银”无线支付业务

“SIM网银”无线支付业务是通过WPKI卡进行公共事业缴费、网上支付、一般转账业务等的总称。其实现借助于STK功能、短消息通道以及WPKI技术。银行应用系统通过“SIM网银”短信接入网关向签约用户发起缴费或支付申请。“SIM网银”短信接入网关根据银行的请求，以数据短消息（SIM-Data Download模式）和普通短信的形式将相应的申请发到用户的手机，并将数据传递给用户的WPKI卡。WPKI卡对银行应用系统的内容进行组织存储，普通短信提示用户进行缴费或支付操作。用户确认后，WPKI签名系统下发的数据短信内容回复给银行系统，银行系统收到用户确认，并对用户银行卡数据进行核对后，进行转账处理。

与此同时，银行签约用户通过WPKI卡菜单和“SIM网银”短信接入网关向银行系统发起一般转账请求，银行系统认证签约用户后，存储数据将请求数据通过“SIM网银”短信接入网关，以数据短消息的形式将相应的申请发给用户手机，并将数据传递给用户的WPKI卡。WPKI卡对银行应用系统下发的内容进行组织存储，提示用户进行缴费或支付数据的核实。用户核实确认后，WPKI签名系统下发的数据回复给银行系统，银行系统收到确认后进行转账处理。

“SIM网银”无线支付系统平台硬件包括一台服务器，用于“SIM网银”短信接入网关，短信接入网关起到短信通道作用，可由移动运营商控制与银行核对账务信息。用户WPKI卡通过短信接入网关建立与短信中心、银行系统（包括CA服务器，用来实现RSA签名及签名验证；银行接口模块，负责业务处理；银行CA认证系统）等的链接，进行企业和用户银行数据的业务处理。

“SIM网银”提供的便利性，一方面延长了银行的服务时间，扩大了银行的服务范围，为银行扩展中间业务提供了一种方便、快捷、安全的运营模式；另一方面可以帮助银行降低交易成本和运营成本，而移动运营商利用SIM卡终端所独具的贴身特性，使之成为继ATM、互联网、POS之后银行开展业务的强有力工具，从而增加了移动运营商的收入，让消费者及相关公司都受益。

7.1.3 网络银行业务的一般流程

对于商业银行网络银行业务流程及有关手续的办理，各网络银行都在自己的网站提供了相关的说明和业务指导，以及相应的业务操作演示功能和在线帮助服务，引导客户学习使用网络银行并进行业务操作。这里仅介绍一般业务流程。

1.用户使用流程

（1）选择网络银行

个人或企业首先要选择网络银行服务提供商，即决定选择哪家银行，然后向选定的银行提出网络银行业务服务申请，并注册登记，获得进行网络银行业务操作的凭证。

（2）登录网络银行

上网登录自己的网络银行，根据提示输入有关信息，就可以获得相应的服务。一般来说，所需要的服务不同，输入的信息也有所差异。我国网络银行大多将客户分为个人客户和企业客户，客户可根据自己所属类型，选择个人网络银行或企业网络银行。

（3）办理业务

网络银行服务中使用最多的两项是账务信息查询和网上转账与支付。具体业务操作流程可按相应网络银行的业务操作网页提示信息进行。

（4）退出网络银行

客户完成交易后，按“退出”键即可退出网络银行操作页面。

2.网络银行业务处理的一般流程

根据网络银行的技术结构，无论是支持B/S还是C/S应用模式，其业务处理过程都包括以下步骤：第一，登录网络银行Web服务器，借助Web页面发出金融服务请求，如网络支付、查询请求等；第二，Web服务器接收到客户的服务请求后，先进行一系列安全检查，然后将通过安全检查的交易请求转发到应用服务器；第三，应用服务器将交易请求送交后台业务处理系统，完成相应账户的借、贷、转账、信息更新操作及其他有关处理；第四，数据库服务器更新相应的数据库表；第五，应用服务器的业务处理系统将交易结果经过Web服务器返回客户端浏览器。

小资料7-3

手机银行App的发展

在移动互联网日益发达的今天，移动终端的性能正变得越来越强大。在硬件的支撑下，终端设备也被赋予了越来越多的功能。作为终端设备和互联网的结合点，App正在改变用户的各种生活习惯，无论是就商业价值还是就用户价值而言，App都体现出一种不可代替性。如今，手机银行App正在取代柜台和ATM的服务，储户要理财、转账、付款等，不必去银行排队，就连日常的燃气、水、电交费也可以通过手机银行App支付。移动App不同于传统的Web端，由于手机本身可以利用更多技术，如指纹识别、NFC、GPS，这些功能配合新的商业模式可以催发出新的应用功能，如指纹支付、NFC无线支付、基于LBS的O2O线下交易，这些新的应用方式可以在保证安全性的前提下大大拓展银行业务的覆盖范围，提升服务质量，并降低成本。

银行服务的特殊性使手机银行App相对于其他App在安全性和连续可用性上有更为苛刻的要求，这可能使银行在移动互联网应用创新上较其他行业略显缓慢。可以肯定的是，银行网络或手机银行App的变革将反推银行自身整体变革，成为助力银行业发生聚变的催化剂。目前，手机银行之争渐成焦点，各银行硬核招数频出，加速App迭代创新。用户最感兴趣、最期待上线的是数字银行卡、智能化服务和远程服务等。对用户而言，办事效率较高、办理流程简单、交易信息安全是其使用手机银行App的主要原因，但手机银行App功能实用性不强、交互体验不佳等是主要槽点，手机银行App的功能与操作体验需要优先改进。

7.1.4　网络银行业务的发展现状与趋势

1.网络银行业务的发展现状

经过几十年的发展，网络银行已经成为一种整体性的市场需求。据统计，全球有1 000多家银行连入了互联网，在互联网上建立了自己的网站，可提供多种在线银行金融业务和服务，而提供动态网页和动态信息的网络银行正在迅速增多。网络银行正在成为金融机构拓宽服务领域、实现业务增长、调整经营战略的重要手段。伴随着网络银行数量的增加，网络银行客户快速增加。在网络银行和客户数量增加的同时，网络银行业务也经历了一个从简单到复杂、从低级到高级的发展过程，从开始作为传递银行相关信息的载体，到作为对其他服务渠道（如营业网点、ATM、POS、呼叫中心等）的补充和银行业务创新的支撑平台。

1996年，中国银行首次将传统银行业务延伸到互联网上。目前，国内几乎所有大中型商业银行都推出了自己的网络银行或在互联网上建立了自己的主页和网站，初步实现了在线金融服务。目前最新版本的网络银行系统已经可以实现网上汇兑、网上信用证等业务，极大地方便了个人和企业用户。《2020年中国银行业服务报告》显示，2020年银行业金融机构离柜交易3 708.72亿笔，同比增长14.59%；离柜交易总额2 308.36万亿元，同比增长12.18%；行业平均电子渠道分流率为90.88%。

小资料7-4

微信银行

自2013年招商银行宣布升级微信平台，推出全新概念的首家“微信银行”以来，微信端金融服务在电子银行各渠道使用率中占比过半，这与微信拥有庞大的用户群体是分不开的，银行搭载微信平台吸引新用户，不断扩大受众群体。2017年第一批微信小程序正式上线，目前仍处于起步阶段，整体用户使用率较其他渠道偏低，仅有56.3%。用户对微信小程序持观望态度，从品牌和短期来看，银行利用微信小程序共享微信的用户黏性，提升了用户服务体验；从运营以及长期效果来看，虽然小程序轻量化即点即用，但是用户使用频率并不是很高。此外，小程序是加载在微信端的，只有微信用户才可使用，有一定的局限性。

2.网络银行业务的发展趋势

随着电子商务的发展，网络银行同样面临激烈的市场竞争。网络银行应当以市场为导向，从客户、产品等出发制定发展战略。网络银行的发展主要体现在以下6个方面：第一，增加企业银行业务和中间业务，丰富网络银行的服务范围和对象；第二，配置CA中心，实现网上购物和网上支付功能；第三，与电子钱包、POS和智能IC卡等配合，提供多样化的电子支付手段；第四，与移动通信技术相结合，实现移动电子商务；第五，与客户服务中心相结合，实现无缝的客户联系环境；第六，与客户关系管理系统相结合，实现个性化的金融服务。

成熟的现代支付体系是实施电子商务的基础，要实现最终意义上的电子商务，还有赖于网络银行的普遍建立，以及电子现金、电子支票等电子支付的真正实现。在我国，网络银行的发展还有一些障碍，比如我国的银行体系缺乏必要的信用评价机制，随着科学技术的发展和我国金融体制改革的进一步深化与成熟，这些问题终将得到圆满解决，代表现代银行金融业发展方向的网络银行必将得到快速发展。

7.2 网络支付

7.2.1 网络支付概述

1.网络支付的含义和特征

（1）网络支付的含义

网络支付是指电子交易的当事人，包括消费者、厂商和金融机构，使用安全电子支付手段，通过网络进行的货币支付或资金流转。网络支付主要包括电子货币类支付、电子信用卡类支付、电子支票类支付。

（2）网络支付的特征

① 数字化。网络支付采用先进技术，通过数字流转来完成信息传输，其各种支付方式都是采用数字化的方式进行款项支付的；而传统的支付方式则是通过现金的流转、票据的转让及银行的汇兑等物理实体的流转来完成款项支付的。

② 互联网平台。网络支付的工作环境是基于一个开放的系统平台（互联网）的，而传统支付则是在较为封闭的系统中运作的。

③ 通信手段。网络支付使用的是最先进的通信手段，如互联网、外部网络系统；而传统支付使用的是传统的通信媒介。网络支付对软、硬件设施的要求很高，一般要求有联网的计算机、相关的软件及其他一些配套设施；而传统支付没有这么高的要求。

④ 经济优势。网络支付具有方便、快捷、高效、经济的优势。用户只要拥有一台上网的计算机或手机，便可足不出户，在很短的时间内完成整个支付过程。支付费用仅相当于传统支付的几十分之一，甚至几百分之一。网络支付可以完全突破时间和空间的限制，满足“7×24服务”的工作模式，其效率之高是传统支付望尘莫及的。

2. 网络支付体系的构成

网络支付通常涉及消费者、商家、银行等中介机构以及认证机构，位于开放式公共网络平台和银行内部的金融专用网络平台之间的安全接口（支付网关）也是网络支付的基本构成元素之一。网络支付体系的基本构成如图7-1所示。

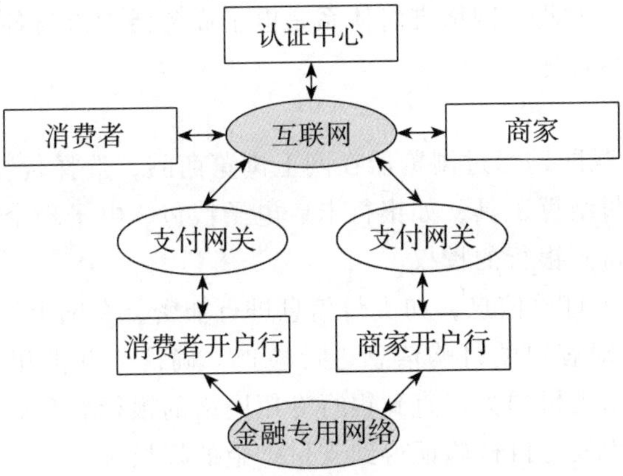

图7-1　网络支付体系的基本构成

在图7-1中，认证中心是第三方公证机构，负责为电子商务活动的参与各方发放证书和进行证书维护，以确认各方的真实身份，也发放公共密钥及提供数字签名服务等，保证网络支付结算的安全有序运行。

消费者和商家分别代表在互联网上进行交易的双方，即买方和卖方。这两者既可能是个人，也可能是企业。消费者用自己拥有的网络支付工具发起支付，是整个网络支付体系运作的起点；商家则根据消费者发起的支付指令向银行等中介机构请求获取货币给付。

支付网关是用于连接互联网和银行内部的金融专用网络的一组专用服务器。网络支付信息通过支付网关处理后，才能进入银行内部支付结算系统，进而完成安全支付的授权和获取。设置支付网关的目的是安全地连接互联网和银行内部的金融专用网络，完成两者之间的通信、通信协议转换以及进行相关支付数据的加密、解密，将开放的、不安全的公共网络（互联网）上的交易信息传输给安全的银行专网，以隔离和保护银行内部的金融专用网络。支付网关通常由银行、消费者和商家以外的第三方研发运作。

消费者开户行是指消费者开设资金账户的银行或其他中介机构，也称为付款银行；对卡基支付工具来说，则称为发卡银行。消费者拥有的网络支付工具通常由消费者开户行提供。

商家开户行是指商家开设资金账户的银行或其他中介机构。其账户是整个网络支付结算过程中资金流向的目的地，也称为收单银行。商家将收到的消费者支付指令提交其开户行后，就由开户行进行支付授权的请求，并进行商家开户行与消费者开户行之间的资金清算等工作。

金融专用网络是银行内部或银行间进行通信的专用网络，不对外开放，安全性相对较高。例如，中国国家金融通信网运行中国国家现代化支付系统、中国人民银行电子联行系统、银行卡授权系统等。

另外，网络支付系统的构成中还包括进行网络支付时使用的网络支付工具和遵循的支付通信协议。因此，网络支付体系是电子商务活动参与各方、网络支付工具和支付通信协议的结合体。

3.网络支付流程

① 客户接入互联网，通过浏览器在网上浏览商品，选择货物，填写网络订单，选择应用的网络支付结算工具，如银行卡、电子钱包、电子现金、电子支票或网络银行账号等，并且得到银行的授权。

② 客户机对相关订单信息，如支付信息进行加密，在网上提交订单。

③ 商家服务器对客户的订购信息进行检查、确认，并把相关的、经过加密的客户支付信息转发给支付网关，直到银行专用网络的银行后台业务服务器确认，以便从银行等电子货币发行机构验证得到支付资金的授权。

④ 银行验证确认后，通过此前建立起来的经由支付网关的加密通信通道，给商家服务器回送确认及支付结算信息；为确保安全，银行给客户回送支付授权请求(也可没有)。

⑤ 银行得到客户传来的进一步授权结算信息后，把资金从客户账号转拨至开展电子商务的商家银行账号，借助金融专用网络进行结算，并分别给商家、客户发送支付结算成功的信息。

⑥ 商家服务器收到银行发来的结算成功的信息后，给客户发送网络付款成功信息和发货通知。至此，一次典型的网络支付结算流程结束。商家和客户可以分别借助网络查询自己的资金余额信息，以进一步核对。

以上的网络支付流程只是对目前各种网络支付结算方式的应用流程的普遍归纳，并非表示各种网络支付方式的应用流程完全相同，但大致与该流程相似。

7.2.2 电子货币网络支付

电子货币是20世纪90年代中期出现的一种新型支付工具。目前，电子货币基本上是各个发行商自己开发设计的产品，种类繁多，但基本属性一致，具有传统纸币体系所包含的大部分货币性质，又不以实物形式存在[①]。

1.电子货币的含义和特征

(1) 电子货币的含义

电子货币是指用一定金额的现金或存款从发行者处兑换并获得代表相同金额的数据，通过使用某些电子化方法将该数据直接转移给支付对象，从而清偿债务。电子货币没有物理形态，为持有者的金融信用。随着互联网的高速发展，这种支付方法越来越流行。

巴塞尔银行监管委员会认为，电子货币是指通过销售点终端、不同设备之间直接转账，或经开放式网络执行支付的储值或预付支付机制。

(2) 电子货币的特征

电子货币的特征主要有以下5个：第一，以电子计算机技术为依托，进行储存、支付和流通；第二，可广泛应用于生产、交换、分配和消费领域；第三，融储蓄、信贷和非现金结算等多种功能为一体；第四，具有使用简便、安全、迅速、可靠的特征；第五，现阶段多以银行卡（磁卡、智能卡）为媒体。

2.电子货币的种类

(1) 按照载体不同，电子货币分为电子钱包和电子现金两种[②]

① 电子钱包是将货币价值保存在IC卡内并可脱离银行支付系统流通的、电子商务活动中网上购物顾客常用的一种支付工具，是在小额购物或购买小商品时常用的新式钱包。使用电子钱包的顾客通常在银行里有账户。使用电子钱包时，电子商务服务器安装有关的应用软件，利用电子钱包服务系统就可以把顾客在电子货币或电子金融卡上的数据输入进去。付款时，顾客如果用电子信用卡付款，只要单击一下相应项目（或相应图标）即可完成，人们常将这种电子支付方式称为单击式或点

---

① 我国于1994年成立了国家金卡工程（电子货币工程）协调领导小组，这标志着我国金卡工程的开始。金卡工程的应用目标是先从银行卡起步，建立现代化的实用电子货币系统，以电子货币（信用卡、智能卡）替代现金流通，与国际金融支付体系接轨。实施金卡工程的发卡银行之间可以实现资源共享、通存通兑，可以实现银行电子化、网络化。

② 总部设在荷兰的Digicash公司是世界上目前唯一一家在商业上提供真正的电子现金系统的公司，数字设备公司（DEC）紧随其后。Digicash公司于1995年10月就开始在美国圣路易斯 Mark Twain银行试验一种名为CyberrBucks的电子现金系统。

击式支付方式。目前世界上有VISAcash和Mondex两大电子钱包服务系统，其他电子钱包服务系统还有MasterCardcash、EuroPay的Clip和比利时的Proton等。在电子钱包内只能完全装电子货币，即装入电子现金、电子零钱、安全零钱、电子信用卡、在线货币、数字货币等。

② 电子现金是基于互联网环境使用的，且将代表货币价值的二进制数据保管在计算机终端硬盘内的一种以数据形式流通的货币。电子现金把现金数值转换成一系列加密序列数，通过这些序列数来表示现实中各种金额的币值。用户在开展电子现金业务的银行开设账户并在账户内存钱后就可以在接受电子现金的商店购物了。用户进入网络银行后，使用一个口令（password）和个人识别码（PIN）来验明身份，直接从其账户中下载成包的低额电子“硬币”时，电子现金才起作用。然后，这些电子现金被存放在用户的硬盘中，直到用户从网上商家进行购买为止。为了保证交易安全，计算机还为每个“硬币”建立随时选择的序号，并把这个号码隐藏在一个加密的信封中，这样就没有人可以搞清是谁提取或使用了这些电子现金。按这种方式购买，实际上可以让买主无迹可寻，注重个人隐私的人对此很欢迎。

（2）按照使用方式和条件不同，电子货币分为认证或匿名系统、在线或离线系统

① 认证是指电子货币的持有者在使用电子货币时需要对其身份进行确认，其个人资料被保存在发行商的数据库中，以电子货币进行的交易是可被追踪的。匿名是指电子货币的持有者在使用电子货币时，不需进行身份认证，其交易不能被追踪。

② 在线是指客户使用电子货币支付时需要连接上网。电子货币的接收方通过网络实时验证电子货币是否真实、金额是否相符，然后才能决定是否接受支付请求。需要注意的是，电子货币的在线认证与信用卡、转账卡等不同，前者关注的是货币本身，后者验证的是用户的身份。离线电子货币的使用者在支付时不需要上网。部分离线电子货币甚至可以通过专用的IC卡支付机完成两张卡之间的资金转移。由于离线电子货币更像流通中的现钞，近年来发展较快。目前，可用来转移离线电子货币的设备已从专门设备发展到多用途ATM、POS和手机芯片等。

3.电子现金支付流程

我们用ECash[①]作为典型的电子现金来进行网上支付，其支付流程为：第一，客户需要先在其电子钱包软件中储存ECash硬币，即一定数量的电子现金；第二，客户浏览商户站点，确定欲购物品的品类、数量及价格等；第三，客户通过商户站点递交一份购物表格；第四，商户收到订单后，即向客户电子钱包发送支付请求，内容包括订单金额、可用币种、当前时间、商户银行、商户的银行账户ID及订单

① ECash是由Digicash公司开发的在线交易用的数字货币。通过使用ECash客户软件，消费者可以从银行提取并在自己的计算机上存储Ecash，银行验证现有货币的有效性并把真实的货币与ECash进行兑换，商家能够在提供信息或货物时接收支付的ECash。客户端软件叫计算机钱包（cyberwallet），负责到银行存取款，以及支付或接收商家的货币。在这种支付方式下，支付者的身份是匿名的。

描述等；第五，客户的电子钱包将上述信息呈现给客户，请求付款；第六，客户若同意付款，就从电子钱包中采集与请求金额值相等的硬币；第七，在将所要支付给商户的硬币值送给商户之前，客户要用银行的公用密钥加密；第八，商户将接收的硬币值送给银行存入自己的账户，在先送往商户、后送给银行的支付信息中包含有关支付和加密的硬币值信息；第九，在商户存款期间，支付信息与加密硬币一起被送往银行；第十，在收到支付信息后，作为存入请求的一部分，商户将其送往银行，客户可以用类似的存入信息格式向银行返回专用硬币。

在收到有效支付后，商户给用户发送所购商品或收据。

7.2.3 信用卡网络支付

在发达国家，信用卡是最常见的电子支付工具之一。在进行网络支付时，信用卡也成为首选方式。信用卡网络支付始于20世纪90年代初期，到目前为止，出现了多种不同形式的信用卡网络支付，安全性也越来越高。

1.信用卡网络支付的含义

信用卡是一种非现金交易付款的方式，是简单的信贷服务，由银行或信用卡公司依照用户的信用额度与财力发给持卡人，持卡人持信用卡消费时无须支付现金，待结账日再还款即可。除部分与金融卡结合的信用卡外，一般的信用卡与借记卡、提款卡不同，信用卡不会从用户的账户中直接扣除资金。从持卡人角度来看，网络支付被认为是信用卡的几种支付方式中风险最大的一种，因为不怀好意的人可能使用网络钓鱼、窃听网络信息、假冒支付网关等手段窃取用户资料。

2.信用卡网络支付的方式

从20世纪90年代出现信用卡网络支付到现在，安全是信用卡网络支付最需要解决的问题。在先后出现了无安全措施的信用卡网络支付、基于第三方代理机构的信用卡网络支付、简单加密信用卡网络支付后，为了使信用卡支付更加安全，近年来，有两套标准已经被制定出来：一是由网景公司开发的SSL加密方案；二是由Visa和MasterCard共同开发的安全电子交易（SET）。两者的差异很明显。SSL只加密Web浏览器和Web服务器间的传输过程（用户的计算机和经营者的计算机）；而SET提供一套完整的支付解决方案，不仅包括客户和经营者，还包括银行，因为信用卡支付需要银行的参与。

（1）基于第三方代理机构的信用卡网络支付——First Virtual公司的FVC系统[①]

其基本做法是用户在网上经纪人处开账号，网上经纪人持有用户账号和信用卡号，用户用账号从商家订货，商家将用户账号提供给网上经纪人，网上经纪人验证

① 基于第三方代理机构的信用卡网络支付的典型代表就是First Virtual公司开发的FVC系统。该系统于1994年10月在互联网上使用，1997年该公司宣布该系统有35万用户。2005年3月，该公司被RADVISION收购。2010年6月21日，中国人民银行公布了《非金融机构支付服务管理办法》，对非金融机构支付服务进行了定义，不仅包含第三方支付从事的网络支付，还包含预付卡的发行与受理、银行卡收单及中国人民银行确定的其他支付服务。

商家身份后，将信用卡信息传给银行，完成支付过程。这个支付过程是通过双方都信任的第三方（网上经纪人）完成的，用户账号的开设不通过网络，信用卡信息不在开放的网络上传送，网上经纪人使用电子邮件来确认身份，防止伪造；商家自由度大，无风险，且交易成本很低，对小额交易很适用。在这种支付方式中，第三方代理机构必须具有一定的诚信度。在实际操作过程中，第三方代理机构可以是发行信用卡的银行自身。

（2）简单加密信用卡网络支付——CyberCash系统

简单加密信用卡网络支付是对第三方代理机构的信用卡网络支付的改进，其支付仍然需要借助第三方代理机构来完成，只不过增加了对信用卡信息的加密功能，目的是提供安全的信用卡网络支付服务。使用这种模式付费时，用户的信用卡号码被加密，采用的加密技术有S/SHTTP、SSL等，这种加密的信息只有业务提供商或第三方付费处理系统能识别。用户在线购物时只需要一个信用卡号，非常方便。这种方式需要一系列加密、授权、认证及相关信息传送，交易成本较高，对小额交易不适用。

（3）基于SSL协议的信用卡网络支付

SSL协议是一种在持有数字证书的客户端浏览器和远程服务器之间构造安全通信通道并传输数据的协议。基于SSL协议的信用卡网络支付是指利用信用卡进行网络支付时遵守SSL协议的安全通信与控制机制，以实现信用卡即时、安全、可靠在线支付。SSL协议效率较高，成本较低，应用简单，且具备较高的安全性，因而被广泛应用于国内外信用卡网络支付。目前，几乎所有操作平台上的Web浏览器和流行的Web服务器都支持SSL协议。使用基于SSL协议的信用卡网络支付方式进行网络支付前，消费者必须离线或在线在发卡银行进行信用卡注册，得到发卡银行的网络支付授权。

（4）基于SET协议的信用卡网络支付

SET协议是实现在开放的网络（互联网或公众多媒体网）上使用付款卡（信用卡、借记卡和取款卡等）支付的安全事务处理协议。为了使信用卡在网上支付过程中真正实现交易安全和支付的不可否认性，采用SET协议是不可缺少的步骤。SET协议是专门用于加密信用卡支付的，可以更好地保证信用卡在互联网环境下进行网络直接支付，现在已经成为网络银行支付的安全标准。它的应用可以为信用卡的网络支付提供信息的机密性、数据的完整性、消费者账户的可确认性、商户的确定性和可靠的互操作性。使用基于SET协议的信用卡网络支付方式进行网络支付前，消费者和商家首先要分别到发卡银行和收单银行申请并取得SET交易专用的客户端软件（即电子钱包软件）和商家服务器软件，安装到各自的计算机上，然后向认证中心申请各自的数字证书。支付网关也须事先到认证中心申请数字证书，才能参与SET交易和支付结算活动。

7.2.4 电子支票网络支付

电子支票是为了克服纸质支票交易速度慢、安全性差、使用区域受限等缺点而开发的。在美国等支票使用大国，企业间的支票结算越来越多地使用电子支票，使电子支票成为B2B电子商务中重要的网络支付工具。

1.电子支票的含义和特点

(1) 电子支票的含义

电子支票也称数字支票，是将传统的纸质支票的全部内容电子化后形成的电子版。借助开放式网络和金融专用网络，电子支票能在买卖双方之间、银行与客户之间以及银行与银行之间传递，实现银行与客户间的资金支付与结算。按照参与银行的情况，可分为同行电子支票网络支付模式和异行电子支票网络支付模式。

(2) 电子支票的特点

电子支票的特点有以下5个：第一，电子支票以传统支票为雏形，客户容易接受而且容易上手；第二，电子支票较好地支持了B2B、B2C电子商务市场；第三，电子支票采用先进技术，提供了比传统支票更为可靠的安全防欺诈手段；第四，电子支票打破境域限制，最大限度缩短了支票运转周期，减少了在途资金；第五，电子支票业务流程的自动化和网络化节省了大量人力、物力，极大地降低了处理成本。

2.电子支票网络支付的流程

① 消费者在网上商店选定商品，选择使用电子支票支付，利用自己的私钥对电子支票进行数字签名后，发送电子支票到商家。

② 商家收到电子支票后，通过认证中心对消费者发来的电子支票进行验证，验证通过后将电子支票发送到商家开户行索付。

③ 商家开户行收到商家转来的电子支票后，将其转发到票据交换所资金清算系统；票据交换所向消费者开户行申请兑换电子支票，并且将兑换的资金发送到商家开户行。

④ 商家开户行向商家发送到款通知，消费者开户行向消费者发送付款通知。

电子支票网络支付的优点是速度快、安全性高，因而主要用于企业间的资金支付与结算。

3.电子支票系统

电子支票网络支付遵循金融服务技术联盟（Financial Services Technology Consortium，FSTC）提交的BIP（Bank Internet Payment）标准（草案）。典型的电子支票系统有FSTC、NetBill和NetCheque等。

(1) FSTC电子支票系统

FSTC是美国一些银行、研究机构、公司于1993年组建的集团，初衷是帮助美国金融服务业提高竞争能力，有60多个成员加入，包括美洲银行、大通银行、花旗银行、IBM、微软、SUN等。FSTC的主要任务是确定一个新的框架来支持所有形式的电子商务，包括电子支票。FSTC的目的是既要以新的支付和商务形式来适应当今的变化，又要尽可能地运用已存在的基础设施，以减少投资、避免混乱。

在FSTC中，所有个人和独立单位在签发电子支票时，都要配备一个电子支票簿安全设备。这个安全设备用于安全存储私钥、凭证，并登记已签发和背书的支票、生成购货发票及支票加密的数位信封。安全设备可以是智能卡。收款者确认接收支票后就可背书，并用自己的安全设备将其传送到自己的开户行。电子支票一旦安全抵达收款银行，FSTC就与现存的支票处理方法相衔接，即资金从付款银行账户向商户银行账户的传送沿用传统的ACH（银行自动清算所）和EFT（电子资金转账）方法。

（2）NetBill电子支票系统

NetBill是由美国的卡内基·梅隆大学设计的、用于销售信息的一个电子支票系统。当客户要对选择的商品询价时，即开始NetBill支付交易协议；在接收到发来的产品并打开其通信密钥后，则结束交易协议。

该系统中有一台计算机记录各类账目，在其基本的交换协议中，中心服务器记录账目余额和意欲购买信息的客户数。客户和中心服务器在交换信息以前，先交换经过加密和数字化签字的购买订单，以防止客户付账前获取欲购买商品的信息。

NetBill通过程序库集成不同的客户/服务对，以便对交易提供支持。客户程序库称为支票簿，服务程序库称为钱柜。支票簿和钱柜分别与客户和商户的应用衔接，并建立通信，商家从钱柜收到客户想买什么或卖什么的公报，两者之间的所有通信均需加密以保证安全性。

NetBill涉及3方：客户、商家及NetBill服务器。客户持有的NetBill账号相当于一个虚拟电子信用卡账号，其业务流程如下：客户向商家查询某商品价格时，支票簿向钱柜发出报价要求，钱柜将要求发送给商家；商家对报价进行数字化签字，并将其返回到钱柜；客户决定购买时，则通知钱柜，并对其购买要求进行数字化签字；钱柜得到客户购买信息的要求后，向商家提出要求，商家用一个随机私钥对以上要求加密，并把加密的结果发送给钱柜，钱柜对加密结果计算一个安全的校验码，并把加密结果发送给客户；客户收到加密结果后，对加密结果计算出一个校验码，把校验码、时间、购买描述以及最终所接受的价格打包在一起，形成电子购买订单（electronic purchase order，EPO），并将EPO反馈给钱柜；钱柜收到EPO后，检验其数据的完整性，随后进行转账；商家向钱柜发出一张发票，发票经商家数字化签字后，通过钱柜传递给客户；客户对商家的加密结果解密。

（3）NetCheque电子支票系统

NetCheque是由南加利福尼亚大学的信息科学研究所开发的，用于模拟支票交易银行。该系统使用Kerbreros实现认证，并且中心服务器在认为有必要时，可对所有主要业务进行跟踪。在该系统中，电子支票是通过将有关金额、货币类型、接收者姓名、银行名称、账号、支票号以及其他项目的标准信息打包在一起而产生的。用户在签发一张支票之前，必须向Kerbreros服务器申请一张票据，票据中包含一个私钥，以便使银行知道支票是由哪个用户签发的。该系统也允许其他人用相同的签字方案签署支票。该系统的主要优点是使用私钥加密，而私钥加密一般未申请专利，因此可采用很好的加密方案而不涉及侵犯专利权。使用该系统时，每个用户都要产生一个用于签署支票的票据，而票据常常出现过期的问题，故对在线环境的要求较高。

7.2.5 数字货币电子支付

1.数字人民币的含义

数字人民币（E-CNY）又称数字货币电子支付（Digital Currency Electronic Payment, DC/EP），是由中国人民银行发行的数字形式的法定货币，由指定运营机构参与运营并向公众兑换，以广义账户体系为基础，支持银行账户松耦合功能，与纸钞、硬币等价，具有价值特征和法偿性，支持可控匿名。

数字人民币的概念有两个重点：一是数字人民币是数字形式的法定货币；二是数字人民币和纸钞及硬币等价，主要定位于现金类支付凭证（M0），也就是流通中的现钞。数字人民币与实物人民币长期并存，主要用于满足公众对数字形态现金的需求。

2.数字人民币的产生和发展

（1）试点阶段

2019年年末，数字人民币开始试点，包括10个城市及2022年北京冬奥会场景，部分城市还推出了数字人民币绿色出行、低碳红包等使用场景。2021年7月，中国人民银行发布了数字人民币白皮书。截至2021年12月31日，数字人民币试点场景已超过808.51万个，累计开立个人钱包2.61亿个，交易金额875.65亿元。

（2）全面发展阶段

2021年，数字人民币推广全面提速，覆盖城市、应用场景、钱包开立数量全面开花，数字人民币离全面推广更近了。数字人民币钱包已经直接接入了中国工商银行、中国农业银行、中国银行、中国建设银行、中国邮政储蓄银行、交通银行6家大型银行，以及美团、京东、东方航空、携程旅行等App应用场景。在10个试点城市中，各商业银行与中国人民银行数字货币研究所合作，进行了多轮红包活动测试。

2022年1月，数字人民币（试点版）App已在子钱包页面上线了49家商户，包含购物、出行、生活、旅游、其他几大类，包括京东、美团、饿了么、天猫超市、滴滴出行、哔哩哔哩、快手、爱奇艺、腾讯视频、百度等互联网商家，以及顺丰速运、网上国网（用于电费支付）、中石化、中国电信翼支付等生活常用支付场景。

2022年1月，数字人民币（试点版）App在iOS/安卓平台发布了1.0.4版本更新，增加了消费红包提示，可独立展示红包余额。此外，1.0.4版本还有以下更新：登录密码找回功能，支持更快找回密码；提高屏幕朗读准确度；改进无障碍服务；修复其他已知问题。消费红包不在钱包余额中展示，用户可在“红包”中查看待领取和已领取的消费红包。消费红包设有使用条件，用户可在“服务-红包-使用限制”查看红包使用条件。

小资料7-5

央行数字货币整装待发

伴随着加密货币的财富效应与市场乱象，全球央行数字货币也在飞速发展。按照国际清算银行发布的最新调查结果，全球80%的央行表示正在研究数字货币技术，约20%的央行表示很可能在未来6年内发行数字货币。

美联储主席鲍威尔在2021年4月的新闻发布会上表示，美国正在进行一项严密的计划，以了解数字货币相关的技术和政策问题。美元是世界储备货币，这意味着美元在世界各地交易中的使用率远远超过其他货币。在数字货币问题上，美国不需要急于行动，谨慎地正确行事更为重要。然而仅一个月之后，鲍威尔又在公开谈话中指出，美联储会发布了有关美国央行数字货币（CBDC）的研究论文；美国商品期货交易委员会（CFTC）前主席Chris Giancarlo表示，如果美国没有CBDC，就会成为一潭死水，美国必须对这种创新持开放态度；美国众议院金融服务委员会在2021年7月召开了“央行数字货币的希望与风险”听证会；8月鲍威尔又公开发表声明称，“数字货币正在变得越来越重要”。这一系列事件也代表美国对于发行CBDC的态度出现了微妙的转变。

其他国家对于央行发行数字货币普遍持积极态度。法国、瑞典、日本、南非、韩国、印度、俄罗斯、泰国、牙买加、印度尼西亚、智利、加纳、英国、巴西、哈萨克斯坦等国家央行都在2021年成立了CBDC项目组或进行了CBDC测试工作。

埃及央行在2021年4月宣布允许当地银行在监管下自行发行数字货币；伊朗央行则希望采用加密货币方案来推动CBDC，在10月启动了国家加密货币项目，并拟修改中央银行法。

2021年6月，新加坡金融管理局与国际货币基金组织、世界银行、亚洲开发银行等共同发起了零售CBDC解决方案的国际挑战赛，旨在鼓励支付创新，解决CBDC工具、CBDC分发和CBDC基础设施3个关键领域的12个主要问题。

欧洲对于CBDC的态度一直比较积极。2021年6月30日，欧洲央行管理委员会委员暨法国央行总裁维勒鲁瓦德加洛表示，如果不推进数字欧元和欧洲支付系统，欧洲对其货币的主权控制将面临风险。次月14日，欧洲中央银行宣布启动数字欧元项目，旨在解决数字欧元设计和发行等关键问题。乌克兰总统也在同月签署了《支付服务法》，允许其央行发行CBDC。30多家欧洲银行正在建立一个用于即时交易和支付卡的零售系统，以在目前由Visa和万事达卡等外国公司主导的市场中进行竞争。

澳大利亚、马来西亚、新加坡和南非四国联合，在2021年9月进行了CBDC跨境支付试验，以评估这是否能降低交易的结算成本并提高便利性。11月3日，中国香港金融科技周期间，在国际清算银行中国香港创新中心支持下，中国人民银行数字货币研究所、中国香港金融管理局、泰国央行及阿拉伯联合酋长国央行共同发布《多边央行数字货币桥研究项目用例手册》，进行多边跨境支付的探索尝试。12月，瑞士央行和法国央行表示，欧洲首次CBDC跨境支付试验也获得了成功。

2021年10月，拥有2亿人口的非洲第一强国——尼日利亚正式发行CBDC，与其他各国的研究和测试不同，“非洲雄狮”尼日利亚是正式发行CBDC并由政府向民间推广的国家，这也是CBDC历史上的里程碑事件。

7.3 网络银行的风险与管理

网络银行由于运行在基于互联网的开放网络环境中，银行与客户之间在互不见面的虚拟银行柜台办理业务，突破了时空界限，客户可以随时随地以多种交互方式进入网络银行，办理各种业务。与传统银行面临的风险相比，网络银行的风险不仅涉及经营、管理的各个方面，而且由于支撑基础技术环境的开放性、跨时空性、开发运营方式的特殊性，引发风险的因素以及这些风险对传统商业银行和网络银行的影响大不相同。

7.3.1 网络银行的风险种类

美国银行监管机构和巴塞尔银行监管委员会认为，网络银行面临传统银行的所有风险，包括信用风险、流动性风险、市场风险、操作风险、法律风险、战略风险和声誉风险等。根据网络银行的构成及运行方式，从运行环境、技术和业务的角度分析，网络银行的风险包括基于虚拟金融服务品种的业务风险、基于计算机网络技术的技术风险和网络银行基础环境所引发的系统风险。

1.网络银行的业务风险

网络银行的业务风险可能来自网络银行安全系统和其产品的设计缺陷及操作失误，也可能来自网络银行客户的疏忽、商业银行职员在业务上的操作失误。传统银行业务存在的风险对网络银行的影响方式和强度不同。

（1）信用风险

信用风险是指由于债务人未能按照与银行所签订的合同条款履约而对银行资本

造成损失的风险。网络银行的特点决定了银行在验证客户的信誉、验证异地申请人抵押品和完善安全协议等方面难度更大，不利于银行信贷政策的贯彻和银行信贷规模的宏观控制。网络银行没有实体办公地点，银行与客户之间没有面对面的接触；银行又缺少足够的客户资信评估数据，对借款人信用评价格外困难。传统商业银行业务中的抵押、担保等保证方式又难以适用于快捷的网络金融交易。如果贷款人违反贷款协议，拒不清偿贷款，或丧失清偿能力而无力履行还款义务，就会使银行面临损失的风险。

（2）流动性风险

流动性风险是指银行在其所作承诺到期时，不承担难以接受的损失就无法履行这些承诺，从而给银行收益或资本带来的风险。在网络环境下，客户开立账户和存取款需求对利率等变化响应更加便捷，存款波动性将加大。如果网络银行不能保证在任何时间都有足够的资金满足偿还和支付需要，它就存在流动性问题。同时，对于完全凭利率或开户条件而保持账户的客户来说，网络银行业务会增加这些客户存款的不稳定性。

（3）市场风险

市场风险主要包括利率风险和价格风险。利率风险是指利率变化对银行收益或资本造成损失的风险。网络银行业务同其他形式的业务相比，能从更多的潜在客户群体中吸引存款、贷款和其他业务关系，这就需要银行管理者维持恰当的资产负债管理体系，包括能对变化的市场情况做出快速反应，开展多种业务，规避利率波动的影响。价格风险是指因交易完毕的金融票据价值发生了变化而对银行收益或资本造成损失的风险。这种风险来自在利率、外汇、资本和期货市场上进行买卖、交易和补入头寸等行为。当网络银行推出或扩展存款代理、贷款销售或证券化计划时，银行会受到价格风险的影响。

（4）内部控制风险

内部控制风险是指由于网络银行的内部控制系统和内部信息系统出现问题而使银行遭受损失的风险。从内部控制角度看，网络银行内部人员熟知网络密码和认证方式，网上操作使内部犯罪更易发生，居心不良或在交易中求胜心切的员工都可能超越权限进行违法交易。网络银行不仅会受到来自互联网外部黑客的攻击，也会因为内部职员的欺诈行为而被迫承担风险。网络银行可以通过互联网连接本行的各家机构，也可以与中央银行或其他商业银行相连，在网络操作的各个银行分支机构中的员工都有可能利用其职业优势，通过快捷的网络传输，轻而易举地窃取联行资金、储蓄存款、信用存款，且金额巨大，这会使银行和客户资金蒙受损失。

2.网络银行的技术风险

网络银行在享受现代计算机网络技术带来的方便和快捷的同时，也面临计算机网络技术带来的一系列风险。

（1）计算机硬件和软件问题带来的运行风险

网络银行所依赖的计算机硬件系统停机、磁盘列阵破坏等不确定性因素都会形成网络银行的系统风险。发达国家的不同行业都有因计算机系统停机造成损失的记录。计算机系统软件或应用软件的不完善（如存在某些设计缺陷、容错能力差、兼容问题等）可能引起系统故障，甚至可能导致系统崩溃，这也带来了运行风险。

（2）互联网的安全问题决定了网络银行面临的风险

网络银行容易受到来自网络内部和网络外部的攻击。虽然网络银行设计了多层安全系统，并不断开发新的、更安全的技术及方案，以保护虚拟金融柜台的平稳运行，但是安全系统仍然是网络银行业务中最薄弱的环节。随着黑客攻击技术的日益提高，他们可能通过互联网侵入银行专用网络或银行电脑系统，修改或删除服务程序，窃取银行及客户的资料，盗用他人身份接管网络银行客户的储蓄和信用账户，将银行或客户的利息收入划入自己的个人账户中，甚至直接非法进行电子资金转账。

（3）计算机病毒引发的风险

来自网络银行系统外部的正常客户或非法入侵者在与网络银行的业务交往中，可能将各种计算机病毒带入网络银行的计算机系统。计算机被病毒所感染，轻则改变和破坏银行业务的数据，重则可使银行系统整体瘫痪。全世界已知的计算机病毒达几万种，尚有几百种待查明的计算机病毒在流传。随着互联网的普及，银行的电子函件也成为计算机病毒传播的主要渠道。

（4）信息污染

信息时代存在信息污染和信息过剩，大量无序信息不是资源而是灾难。美国在线公司每天处理的3 000万份电子函件中，最多时有1/3是网上“垃圾”。这些“垃圾”不仅占用了宝贵的网络资源，加重了互联网的负担，而且影响了网络银行发送和接受网络信息的效率，更严重的是，风险也大大增加。

（5）网上诈骗

一些不法分子通过发送电子邮件或在互联网上提供各种吸引人的免费资料等引诱互联网用户。当用户接受他们提供的电子邮件或免费资料时，不法分子编制的病毒也随之进入用户的计算机中，并偷偷修改用户的金融软件。当用户使用这些软件进入银行的网址时，修改后的软件就会自动将用户账号上的钱转移到不法分子的账号上。网上诈骗包括市场操纵、知情人交易、无照经纪人、投资顾问活动、欺骗性或不正当销售活动、误导进行高科技投资等十余种。

（6）安全系统运行风险

网络银行安全系统造成的客户损失是指由于安全认证系统出现故障而给客户造成的损失。因为网络具有虚拟性，所以交易双方无法确保对方身份的真实性，尤其是在当事人仅通过互联网交流时。在这种情况下，要建立交易双方的信用感和安全感非常困难。于是，人们在实践中发展出一种切实有效的方法来解决这个问题，电子认证应运而生。在电子认证过程中，有一个把电子签名和特定的人或者实体加以联系的管理机构，即认证机构。如果安全认证系统出现故障，商业银行将与提供认证服务的一方一起承担民事法律责任。因为银行负有维护网络安全的义务，不能尽义务，就应承担一定范围内的民事法律责任。

3.网络银行的系统风险

（1）法律风险

网络银行的法律风险源于违反相关法律规定、规章和制度，以及在网上交易中有关权利与义务的规定不清晰，缺乏相应的网络消费者权益保护管理规则及试行条例。网络银行在许多国家还处于起步阶段，政府尚未有配套的法律法规与之相适应，银行在开展业务时可能无法可依。即使有些国家有相关的法律法规，但网络是跨越国界的，各国之间有关金融交易的法律法规存在差异，在网络银行的跨国交易业务中，难免产生国与国之间法律问题的冲突。目前国际上尚未就网络银行涉及的法律问题达成共同协议，也没有一个仲裁机构，客户与网络银行很容易陷入法律纠纷之中。因此，利用网络签订的经济合同存在相当大的法律风险。

（2）声誉风险

声誉风险是指负面的公众观点对银行收益和资本所产生的现实和长远影响。这种风险影响银行建立新的客户关系或服务渠道以及继续为现有客户服务的能力，会使银行面临诉讼、金融损失或者客户流失的局面。网络银行的声誉风险主要集中在以下4个方面：第一，系统存在技术缺失，客户无法登录系统或账户信息受损，客户停用该银行产品和服务等信息传播后，可能产生挤兑现象；第二，网络银行不能解决客户网络银行业务问题和困难；第三，网络银行提供的产品不能满足公众的需求；第四，系统存在安全隐患，遭受攻击，不能提供有效的应急计划和业务恢复计划，给客户带来损失。

（3）战略风险

战略风险是指经营决策错误，或决策执行不当，或对行业变化束手无策，对银行的收益或资本形成现实和长远影响。网络银行的投资时机、投资规模、投资方式等选择的不确定性构成了银行发展的总体战略风险。过早地大规模投资、投资项目和形式相似，或者投资技术选择不当、业务不能深化，都会引发网络银行的阶段性调整和整合，从而增加后期金融体系总体风险的累积。相反，投资过迟或者规模过小，不能形成网络银行的相对业务优势，又可能导致银行在国际竞争中处于劣势。

7.3.2 网络银行的风险管理

1.风险评估

风险评估是指在风险事件发生之前或之后（但还没有结束），对该事件给人们的生活、生命、财产等各个方面造成的影响或损失的可能性进行量化评估的工作。风险评估就是量化测评某一事件或事物带来的影响或损失的可能程度。从信息安全角度来看，风险评估是对信息资产（某事件或事物所具有的信息集）所面临的威胁、存在的弱点、造成的影响，以及三者综合作用所带来风险的可能性的评估。作为风险管理的基础，风险评估是组织确定信息安全需求的一个重要途径，属于组织信息安全管理体系策划的过程。

2.风险控制

风险控制是指风险管理者采取各种措施和方法，消灭或降低风险事件发生的各种可能性，或者减少风险事件发生所造成的损失。网络银行的风险控制主要包括2个方面：

（1）提高网络银行系统技术水平

① 建立网络安全防护体系。其主要目的是在充分分析网络脆弱性的基础上，对网络系统进行事前防护，主要通过采取物理安全策略、访问控制策略、打基础和构筑防火墙、安全接口、数字签名等高新网络技术的拓展来实现。

② 加快发展网络加密技术。近年来，世界加密技术市场规模巨大，并呈迅猛发展态势。我国应学习和借鉴发达国家的先进技术和经验，加快网络加密技术的创新、开发和应用，包括乱码加密处理、系统自动签退技术、网络使用记录检查评定技术、人体特征识别技术等。

③ 发展数据库技术，建立大型网络银行数据库，通过数据库技术存储和处理信息来支持银行决策。要防范网络银行的各种风险，必须从解决信息对称、充分、透明和正确性着手，依靠数据库技术储存、管理和分析、处理数据，这是现代化管理必须完成的基础工作。网络银行数据库的设计可从社会化思路考虑信息资源的采集、加工和分析，以客户为中心进行资产、负债和中间业务的科学管理。不同银行可实行借款人信用信息共享制度，建立不良借款人预警名单和“黑名单”制度。对有一定比例的资产控制关系、业务控制关系、人事关联关系的企业或企业集团，可通过数据库进行归类整理、分析、统计及统一授信的监控。

（2）加强内部管理

对网络银行业务安全的监管，必须强化内部监控，防范违规行为和电脑犯罪。监管机构要与金融机构密切合作，外部监管要与内部自律自控相结合。如果加强网络银行业务安全的监管，大部分安全事故是可以避免的。监管机构必须督促商业银行加强内部控制建设和管理，及时分析，将潜在的风险消灭于萌芽状态。

3.风险监管

（1）对系统环境安全的监管

对网络银行系统风险的监管，包括对产生系统风险的各种环境及技术条件，特别是系统安全的监管。相关机构要监管网络银行支付系统的安全性，确保为支付系统提供服务的网络主机系统和数据库是安全的，在人为或非人为因素干扰下，支付系统都能正常运行；对网络银行使用的系统软件和应用软件要进行严格测试、审核，确保网络银行支付系统安全运行；对于未经合法授权交易的安全性进行监管，也是监管机构对支付系统安全监管的内容。

（2）加强外部监管

为了加强对网络银行的监管，政府部门要建立强有力的司法制度。一是建立健全各种相关的网络银行法律和管制措施；二是形成确保这些法律及管制措施得以执行的执法系统。网络银行离不开网络法规环境的支持。网络银行立法的内容应包括电子合同、电子商务认证、电子数据认证、网上交易与支付、网上知识产权、电子商务管辖权、在线争议解决等。

（3）加快电子商务和网络银行的立法进程

针对目前网络金融活动中出现的问题，我国应借鉴先进国家的经验，制定相关的法律，以规范网络金融参与者的行为。首先，电子商务立法要解决电子交易的合法性，如怎样取用交易的电子证据，法律是否认可这样的证据，以及电子货币、电子银行的行为规范以及跨国银行的法律问题；其次，电子商务的安全保密也要有法律保障，对计算机犯罪、计算机泄密、窃取商业和金融机密等要有相应的法律制裁，以逐步形成有法律许可、法律保障和法律约束的电子商务环境。

（4）加强国际银行间联合监管

对网络银行的监管需要不同国家金融监管层的密切合作和配合，以形成全球范围内的网络银行监管体系。对跨境金融数据流的监管也属于网络银行监管的主要内容。

本章小结

网络银行包含两层含义：一是机构概念；二是业务概念。后者是目前网络银行的主要形式。网络银行业务包括基础网络银行业务、新兴网络银行业务和附属网络银行业务。网络支付是商业银行网络银行业务的主要内容，主要包括电子货币网络支付、信用卡网络支付、电子支票网络支付、数字货币电子支付等方式。随着网络银行业务的发展，网络银行业务风险种类增多，给银行带来的损失加大，网络银行业务风险管理日益重要。

即测即评

第7章单项选择题　　第7章多项选择题　　第7章判断题

第8章
商业银行营销管理

思政小课堂

展现金融营销初心　画出服务客户同心圆

2022年1月发布的《中共中央　国务院关于做好2022年全面推进乡村振兴重点工作的意见》中指出，从容应对百年变局和世纪疫情，推动经济社会平稳健康发展，必须着眼国家重大战略需要，稳住农业基本盘、做好“三农”工作，接续全面推进乡村振兴，确保农业稳产增产、农民稳步增收、农村稳定安宁……强化乡村振兴金融服务。对机构法人在县域、业务在县域、资金主要用于乡村振兴的地方法人金融机构，加大支农支小再贷款、再贴现支持力度，实施更加优惠的存款准备金政策。全面实施乡村振兴战略，不仅催生巨大的资金投入和金融服务需求，还为金融机构服务农村实体经济创造历史机遇。地处福建省南安市的南安农商银行自实施乡村振兴网格化金融服务发展战略以来，回归本源，立足网格化营销，变坐商为行商，全员挎包出动，以“沉下去、走出去、促服务”的方式，通过跑户建档、实地调查、金融知识普及等方式，走万村、惠万家，全力画好金融服务同心圆，让“有温度”的网格化营销服务走进千家万户，一张全新的“金融服务生态网”正在南安辖区内全面铺开……可以说，类似这样以客户为中心的主动化服务模式正在成为现阶段商业银行营销业务开展的新常态。

8.1 商业银行营销管理概述

市场营销作为一门学科，在近几十年里发展迅速，商业银行市场营销的理论与实务也呈现较快发展的态势。随着我国金融全球化进程加快和金融开放不断扩大，商业银行面临日益激烈的市场竞争，因此，借鉴发达国家成熟的市场营销经验，探索我国商业银行营销策略显得尤为重要。

2019年12月，中国人民银行、中国银保监会、中国证监会、国家外汇管理局联合发布《关于进一步规范金融营销宣传行为的通知》，对规范市场主体金融营销宣传行为、保障金融消费者合法权益、促进金融行业健康平稳发展提出了规范性要求。

8.1.1 商业银行营销的含义、要素和特点

1.商业银行营销的含义

营销是市场经济竞争的产物，是一门判断市场需求变化并提供相应产品的管理科学。商业银行营销是在特定的市场环境中，以银行总体的战略决策和各级分支机构的管理哲学、营销理念、创新思维为指导，以市场要素及其未来变化为导向，以竞争对手为参照系，以顾客、顾客需要及其未来变化为中心，把可营利的商业银行金融产品和服务引导流向目标客户的管理活动。商业银行运用整体营销手段向客户提供金融产品和服务，以提高顾客满意度为准则，以创建、扩大、巩固忠诚顾客群为直接目标，以银行利润最大化为中间目标，以银行持续、全面发展与成功为总目标，运用各种先进技术和艺术方法，创造、实现银行与顾客的公平交易。

2.商业银行营销的要素

（1）营销主体

营销主体是指以营销管理哲学为指导，有正确的营销理念，在买方市场的激烈竞争中从事营销活动和营销管理的银行整体组织、营销机构、营销人员（如客户经理），即营销者。

（2）营销客体

营销客体即营销对象，要突出以顾客为中心。营销客体包括两个方面：一是银行的顾客和其他利益相关者；二是向顾客提供的有形的产品、无形的服务等，银行服务是商业银行营销的本质。

（3）营销载体

营销载体即市场时空，包括随时间不断变化的各种实体性营销场所和虚拟营销空间（网络银行）。

（4）营销危机

营销危机即风险或机遇。商业银行营销所处的环境和银行系统构成要素的复杂性、多变性会给营销管理带来难以预测的风险或机遇，要创造性地把风险转化为机遇，并善于把握机遇。

（5）营销资源

营销资源是指在特定环境中，商业银行营销所必需的各种资源。要关注各种资源和环境因素的整合、运用与开发，更要不断获得、创造、积累、开发更多的战略资源。

（6）营销活动

营销活动包括营销总体策划、具体的环节性活动（如市场预测、营销决策、科

研开发、设计实验、计划安排、资源配置、营销策划、业务操作、品牌设计、促销与服务活动、回报分析等）、创造性活动（如营销研究、制定营销战略与策略、制订规划、金融创新、创造需求等）和各种业务交易性活动。它集中表现为社会公众逐步转化为银行忠诚顾客的过程。

（7）营销目标

营销目标是通过与客户交换产品、服务、权利、价值，使客户满意，进而使社会满意，以塑造银行的良好形象、实现银行盈利，使银行更好地生存与发展。它也可以表述为主要利益相关者的满意度和忠诚度与银行价值最大化之间的平衡。

（8）营销方法与技术

① 营销步骤：调研、确定顾客及其金融消费需求；根据市场细分与定位设计、准备产品与服务；针对目标顾客提供个性化金融服务；满足顾客消费需求。

② 营销策略：最大限度地创造、利用市场机会满足顾客需求，如广告、公关、定价策略与营销渠道、网络、地点策略。

③ 各种营销沟通艺术与技术。

3.商业银行营销的特点

（1）以客户市场为轴心，实现利润最大化

商业银行的发展以客户市场为轴心，管理方式灵活多样，很少采用直接管理手段，主要采用市场化、利润导向的管理方式。

（2）打造商业银行市场品牌，培育有吸引力的银行文化

这主要包括：高瞻远瞩，全方位精心设计银行形象；通过各种媒体扩大社会影响；按照市场定位，有针对性地在确定的潜在客户群中树立银行的形象。

（3）建立激励机制，培育相对宽松的人文环境

这主要包括：建立培训体制，增加教育投入，使员工有较多学习提高的机会；对优秀人才具有很强的吸引力；提高整个银行员工的素质和文化品位。

（4）采用先进技术，提高服务的科技含量

这是指以计算机网络为基础，建立共享客户档案库，为客户提供分层次、个性化的服务，建立广泛的机构网络体系，实现国内外联行资金及时调度，凭借快捷的信息渠道为客户提供全球24小时金融服务。

（5）充分利用国际市场和国际惯例

及时、准确地掌握国际规则、金融发展和市场的变化，熟悉现代经营模式和前沿管理手段，充分利用世界各国金融制度和政策调整的机会，保持“领先一步”，在国际竞争中赢得主动。

（6）在控制金融风险的前提下开展市场营销活动

金融产品创新和市场营销必须以严格控制风险为前提，建立科学的财务指标和风险管理体系，不能盲目迎合客户的要求（银行不可能满足所有客户的所有要求），更不能因追求市场份额而放弃安全性。

8.1.2 商业银行营销的类型和功能

1.商业银行营销的类型

① 服务营销。服务营销是指通过提供更全面、优质的服务，与竞争对手拉开距离，保持自己的优势地位，赢得顾客和市场。

② 超值营销。超值营销是指在营销的各个环节中，通过增加顾客可以感觉到的超过期望的或比竞争对手高的额外价值，赢得顾客。

③ 快速营销。快速营销是指在营销的各个环节都加快速度，抢在竞争对手之前赢得顾客和其他资源，以获得优势地位。

④ 质量营销。质量营销是指提供超过顾客期望的优质产品和服务质量，使顾客感到满意。

⑤ 口碑营销。口碑营销是指在营销的各个方面都使顾客满意，使顾客自觉或不自觉地正面宣传银行形象，从而增强银行的品牌美誉度。

⑥ 关系营销。关系营销是指通过多种途径发展银行与新老顾客的长期、信任、互利关系，以实现银行的营销目标。

⑦ 选择营销。选择营销是指注意市场特点和动态，根据不同顾客的特点，推出适当的产品和服务。

⑧ 知识营销。知识营销是指将银行产品和服务与顾客在特定的知识结构上建立稳固的关系，吸引、维持日益增多的顾客。

⑨ 直接营销。直接营销是指对于大量的个体客户，银行借助各种可以双向沟通的现代化媒体，针对目标顾客，以多种方式开展各种营业活动，以实现银行的营销目标。

2.商业银行营销的功能

① 顾客分析，考查、评价顾客的需要、期望、要求，以便确定目标顾客。

② 吸引客户和资金，包括吸收存款、吸引投资、吸引参股等。

③ 提供产品与服务，包括新产品试销，产品与品牌定位，制定、公布产品与服务的质量标准和保证条款，包装，确定产品与服务的类型、特性、形式等。

④ 定价，根据客户、政府、中央银行、竞争者等方面的相关利益，合理确定价格。

⑤ 分销，通过分支机构、电子网络、ATM、储蓄网点、中介机构、受托机构等开展营销活动。

⑥ 市场调查，即营销调研，主要指对营销信息的系统化收集、储存、分析等，以揭示市场反应状况。

⑦ 机会分析，包括对与营销相关的成本、收益、风险等方面的评价。

⑧ 承担社会责任，主要是以合理的价格向社会提供优质、安全、可靠的产品与服务。

8.1.3 商业银行营销的重点

1.建立商业银行的形象与品牌

商业银行要通过自身形象、金融产品特征、优质服务等努力创造产品特色，使自身的产品与竞争对手的产品区分开来，使用户建立起品牌偏好。因为金融产品不享有专利权，随着国内外金融市场之间，国内各金融市场、各银行之间的联系日益紧密，不同金融工具在不同国家、不同银行之间的价格也趋于一致，所以，金融产品的差异主要体现在产品的品牌和银行的形象上。形象和品牌是商业银行的灵魂。品牌创造以及与此密切相关的形象设计是无形资产，将对银行的竞争能力产生长远的影响。在服务举措上，商业银行塑造良好的整体形象，在经营、服务上做出特色，是银行品牌创造和形象设计的现实选择。

2.发现、分析、评价市场机会

市场机会是指市场上存在的“未被满足的需求”。市场竞争日益激烈，顾客需求不断增长。在任何时候，顾客的需求都不可能得到完全满足，因而市场上始终存在机会。银行只有敏感地捕捉到市场机会，不断发掘新的市场增长点，才能不断地满足顾客的需求，使企业长期生存和发展。

要运用市场调研和市场预测方法，发现市场机会，弄清楚顾客目前及未来的主要需求有哪些、竞争对手满足顾客需求的状况及策略如何、本行满足顾客需求的状况如何，从而找出顾客尚未被满足或尚未被完全满足的需求，这就是市场机会。在实践中，并不是每个市场机会都能成为本行的机会，这就需要对已发现的市场机会进行分析、评价。在市场经济条件下，某个市场机会能否成为某个企业的机会，取决于这个市场机会是否与该企业的业务和目标相吻合，取决于该企业是否具备利用这一机会的能力，取决于该企业是否在利用这一市场机会时比潜在的竞争对手有更大的优势，并能获得更大的差别利益。商业银行要选择与本行业务、目标、资源条件相一致，并且能获得更大差别利益的市场机会，将其作为本行的市场机会。

3.实施目标市场营销

任何一家商业银行，无论其规模多大，它所提供的产品和服务都不可能满足整体市场的全部需求，而只能满足其中某一部分需求。商业银行主要通过满足特定客户群的需求，或者将精力集中于特定的产品或市场，为自身营造竞争优势。银行面对众多客户，他们对资金的需求存在差异，这不仅体现在金融产品的类型和档次上，而且体现在对利率、费率和销售方式的不同要求上。没有一家银行能够满足所有客户的所有需求，每家银行都需要在市场上寻找一个合适的位置，以便和其他竞争对手区分开来。因此，有必要通过市场调研，依据客户需求的差异性，进行市场细分。

商业银行的顾客市场可以按照地理因素、人口因素、心理因素、行为因素、受益因素、规模因素等进行细分。只有把资源集中于最擅长的领域，找到一个赖以生存的市场，并设法在该市场上获得成功，而不是盲目地追逐任何可获利的机会，才能在瞬息万变的市场竞争中脱颖而出。在市场细分的基础上，还要选定企业的目标市场，实施市场营销组合策略，使顾客的需求得到更为有效的满足，从而稳定和扩大企业的市场占有率。银行选定了目标市场后，就要在目标市场上进行产品的市场定位，为自己的产品和服务创造鲜明的、有别于竞争者的特色，从而塑造出独特的市场形象，使自己的产品和服务在顾客心目占有重要地位。

4.进行市场营销手段组合

在选定目标市场后，银行还要针对目标市场的特点进行各种营销手段的组合。这些手段包括银行可以控制的各种工具，主要有产品、价格、分销渠道、促销等。

8.1.4 商业银行营销的策略

1.客户导向策略

商业银行要靠优质的客户服务赢得竞争优势，就必须树立以客户为中心的经营理念。以客户为中心，就是所有营销策略都以追求顾客满意为最终目的，在顾客满意的过程中获取利润。要应对激烈的市场竞争，就必须真正树立客户导向经营理念，深入调研客户需求，并以此为依据安排银行的组织结构、作业流程、产品设计、服务手段和沟通方式，用银行信誉稳定优质客户，减少银行人员变动引发的客户转移。随着信息技术的快速发展，国内商业银行应积极借鉴客户关系管理新方式，通过客户管理、客户服务和营销管理等功能，完整地建立客户资源库，有针对性地了解客户需求，提供量身定制的个性化金融服务方案，建立银行与客户之间持久的相互信任关系。

2.金融业务创新策略

开展金融业务创新不仅是竞争的需要，也是突破传统约束、寻求利润源泉的要求。在发达国家，中间业务已成为银行利润的重要来源，中间业务收入占银行总收入的40%~50%，是与银行传统存贷业务并行的第三大支柱业务。在金融自由化、银行综合化的背景下，具有稳定收益的中间业务已成为商业银行业务发展的重点。我国商业银行必须从战略高度审视中间业务，把发展中间业务作为调整业务结构、增强银行盈利能力和提高市场竞争力的重要措施；加快技术创新和业务流程再造，不断完善新一代业务操作系统和信息管理系统；在业务开发设计时，要充分考虑风险防范，加强内部控制，加强风险分析和预测，坚持稳健经营和规范发展。

居民收入水平不断提高和金融消费需求不断变化，使个人金融产品和服务需求已从简单的储蓄存款发展到代理、资信、投资、咨询、委托等多层次、全方位需求。这种旺盛的个人金融需求为商业银行的业务开展提供了良好商机。我国商业银行从事个人金融服务业务的历史相对较短，在市场细分、市场定位、产品开发、风险控制等方面与发达国家商业银行还存在一定差距。借鉴国际经验，科学进行市场细分、有针对性地设计产品、满足顾客个性化金融需求和推动个人金融服务创新是发展的方向。

3.金融品牌策略

现代市场竞争是品牌竞争。随着竞争加剧，国内同业纷纷加大品牌宣传投入，加强品牌形象管理，加强公众形象的重塑和提升，用无形的营销力量推动业务发展。在品牌策略推行中，商业银行需要注意：创立品牌是一项长期工程，不能急功近利，银行竞争手段专利性差、模仿性强，要形成经营特色有较大难度；银行品牌是整体概念和系统工程，要求制定品牌战略，明确服务标准和规范，使每个部门、每个人都意识到每项工作均是品牌创造的有机组成部分，共同打造银行品牌；银行品牌策略实施必须有银行文化的支撑，缺乏文化的品牌战略难以长久。

4.网络金融发展策略

伴随着信息技术的迅猛发展，改变传统金融旧有运营模式与行业理念的网络金融应运而生，并以前所未有的速度在扩展。网络金融具有信息对称好、运作效率高、交易成本低、服务智能化的优势，能让更多的参与者有机会分享社会金融资源，实现金融的普惠性。同时，也要认识到，外资银行进入国内一般不会采用铺摊设点、扩张机构的竞争策略，而是把网络金融服务作为主要竞争方式，抢占市场份额。因此，我国商业银行应明确对传统银行业务进行改造的重要性，积极发展网络金融服务，密切跟踪网络技术发展方向；加快网络金融人才培养，积极开展网上业务创新活动，提供多样化、个性化的金融产品和服务，利用先进技术及时掌握客户现实和潜在需求，通过业务创新吸引客户；网络金融活动存在安全风险、信用风险、法律风险、信誉风险等，有效控制与防范网络风险是非常重要的，应着力构建科学的网络金融监管体系，维护网络金融的安全。

5.合作互补发展策略

在经营观念上，要突破国界概念，要有国际化发展眼光，积极、主动与国际著名商业银行进行资本注入、聘任高管、业务代理和交流培训等合作。国内中外商业银行的参股合作直接触动了商业银行的“心脏”——董事会，这会使决策层的理念发生一定的改变，在经营管理、市场营销和风险防范等方面都有显著改变。随着我国金融监管制度逐步与国际接轨，金融监管与风险控制制度和手段更加完善和成熟，商业银行的合作互补发展策略有更大的拓展空间，立足国内的金融国际化将有更大的发展。

8.1.5 商业银行营销宣传的禁止行为

① 不得非法或超范围开展金融营销宣传活动。金融产品或金融服务经营者进行金融营销宣传，应当提供能够证明其合法经营资质的材料，以便相关金融消费者或业务合作方等查验。金融产品或金融服务经营者应当确保金融营销宣传在形式和实质上未超出上述证明材料载明的业务许可范围。

② 不得以欺诈或引人误解的方式对金融产品或金融服务进行营销宣传。金融

营销宣传不得引用不真实、不准确的数据和资料；不得隐瞒限制条件；不得对过往业绩进行虚假或夸大表述；不得对资产管理产品未来效果、收益或相关情况做出保证性承诺，明示或暗示保本、无风险或保收益；不得使用偷换概念、不当类比、隐去假设等不当营销宣传手段。

③ 不得以损害公平竞争的方式开展金融营销宣传活动。金融营销宣传不得以捏造、散布虚假事实等手段恶意诋毁竞争对手，损害同业信誉；不得通过不当评比、不当排序等方式进行金融营销宣传；不得冒用、擅自使用与他人相同或近似等有可能使金融消费者混淆的注册商标、字号、宣传册页。

④ 不得利用政府公信力进行金融营销宣传。金融营销宣传不得利用国务院金融管理部门或地方金融监管部门对金融产品或金融服务的审核或备案程序，误导金融消费者认为国务院金融管理部门或地方金融监管部门对该金融产品或金融服务提供保证，并应当提供对该金融产品或金融服务相关信息的查询方式；不得对未经国务院金融管理部门或地方金融监管部门审核或备案的金融产品或金融服务进行预先宣传或促销。相关法律、法规、规章另有规定的，从其规定。

⑤ 不得损害金融消费者的知情权。金融营销宣传应当通过足以引起金融消费者注意的文字、符号、字体、颜色等特别标识，对限制金融消费者权利和加重金融消费者义务的事项进行说明。通过视频、音频方式开展金融营销宣传活动的，应当采取能够使金融消费者足够注意和易于接收、理解的适当形式披露告知警示、免责类信息。

⑥ 不得利用互联网进行不当金融营销宣传。利用互联网开展金融营销宣传活动，不得影响他人正常使用互联网和移动终端，不得提供或利用应用程序、硬件等限制他人合法经营的广告，干扰金融消费者自主选择；以弹出页面等形式发布金融营销宣传广告的，应当显著标明关闭标志，确保一键关闭；不得允许从业人员自行编发或转载未经相关金融产品或金融服务经营者审核的金融营销宣传信息。

⑦ 不得违规向金融消费者发送金融营销宣传信息。未经金融消费者同意或请求，不得向其住宅、交通工具等发送金融营销信息，也不得以电子信息方式向其发送金融营销信息。以电子信息方式发送金融营销信息的，应当明确发送者的真实身份和联系方式，并向接收者提供拒绝继续接收的方式。

8.2 商业银行产品营销策略

现代商业银行要在激烈的市场竞争中生存和发展，必须深化市场营销管理。产品营销是商业银行营销策略的核心，是制定其他营销策略的基础。金融产品是商业银行赖以生存的基础，是商业银行的生命线。近几年来，我国积极推进金融对外开放，吸引外资机构加速布局中国市场，共批准设立了100多家外资银行、保险、证券、支付清算等机构，在更高水平上推动金融开放稳步扩大。在外资银行产品种类繁多、服务优良的竞争压力下，商业银行更应该加强产品营销力度，提供满足市场及顾客需求的金融产品。产品营销策略包括产品开发、产品创新、产品组合、产品分销及促销策略。

8.2.1 商业银行产品的含义和分类

1.商业银行产品的含义

银行产品是指银行向市场提供的，能满足人们某种愿望和需求，与货币相关的一切商品，是金融产品的重要组成部分。与一般产品不同的是，银行产品在很大程度上是无形的服务，在交收过程中产生并在交收结束时停止存在。在服务本身终止后，来源于服务的收益是可以继续下去的。

虽然服务本身是无形的，但大多数服务的提供不可能不使用有形的商品，在提供服务过程中所使用的商品可能具有支撑或提供方便的作用。作支撑用的商品是服务者在提供服务时使用的，它们是有形的；提供方便的商品则是购买者在接受服务过程中所使用的，它们也是有形的。也就是说，银行虽然提供无形的服务，但往往要通过有形的商品作为中介或媒体。

广义的银行产品不仅是指银行提供的各种服务，也包括银行提供服务所需的中介和银行提供服务的渠道，以及为提供服务而开发的金融工具等。例如，银行提供的存款服务往往需要借助银行账户、存折、银行卡等服务中介，以及柜面操作系统、电话银行系统、网络银行系统等服务渠道。

2.商业银行产品的分类

银行产品的种类很多，按不同的分类标准可以分为不同的种类，见表8-1。

表8-1　**商业银行产品的分类**

分类标准	种类	内容
银行产品的性能和表现形式	核心产品	它是银行向客户提供的能够满足客户具体金融需求和投资收益要求的产品。它满足客户的基本需求，并让客户获得利益。核心产品一般是为解决某一特定问题而设计的具有特殊意义的产品。由于银行产品的专业化程度较高，银行客户经理在营销过程中要向客户揭示隐含在每一产品中的各种客户需要和能满足客户需要的某种形式
	基本产品	它是银行产品构成的基本部分，是银行某一产品赖以存在的基础，如存款、贷款等；是某一产品的基本业务形式
	外延产品	它也叫扩展产品，是指银行产品中为客户提供功能扩展或超值服务的那部分产品，属于金融产品的系列化业务，是银行产品的延伸，用以配套解决客户的全部问题

续表

分类标准	种类	内容
银行产品的业务	负债业务产品	负债业务就是资金的使用权从客户转移到银行，构成了银行对客户的负债。银行设计了许多产品，用以办理负债业务，如各种储蓄存款、单位存款、同业存放以及清算占用等
	资产业务产品	与负债业务相反，资产业务是银行把资金出让给客户使用，并收取一定利息的业务。为了办理资产业务，银行也设计了许多产品，如各种贷款、票据贴现以及金融租赁等
	中间业务产品	它是银行为满足向客户提供各类中间业务服务而设计开发的产品，通常不需要占用银行资金，主要是通过银行自身资源为客户服务来收取手续费
银行产品的层次	基础业务产品	它主要指传统的银行业务产品，包括存款、贷款、票据、投资业务产品，结算、担保、代理、咨询4大类中间业务产品，以及信托、租赁业务产品等
	衍生业务产品	它是依托某种资产作为基础来表现其自身价值而派生出来的银行产品，主要包括远期契约、期货、期权、互换等产品
	组合业务产品	它是一种跨越市场的产品，可能跨越债券市场、外汇市场、股票市场以及商品市场中两个以上市场，如证券存托凭证、股指期货，以及资产债券化和结构化银行产品等

8.2.2 产品组合及品牌策略

1.银行产品组合策略

产品组合的主要目的在于促进销售、提高利润、分散风险。一般情况下，各金融机构增加其产品组合多从自己的领先优势开始，先扩大与其相关的产品系列，再逐渐将其扩展到更宽广的范围。金融产品组合是指金融机构所经营的全部产品线和产品品目的组合或搭配。金融产品的有效组合在营销中会发挥重要作用。商业银行产品组合策略主要包括以下几种：一是扩大产品组合策略，包括拓展宽度和拓展深度。拓展宽度是在原产品组合中增加一个或几个产品大类，扩大经营产品的范围；拓展深度是在原有产品大类内增加新的产品项目。二是缩减产品组合策略，是指减少产品组合的宽度和深度，即从现有产品组合中开发某些产品大类或产品项目。三是产品延伸策略，是指全部或部分改变原有产品的市场定位，具体做法有向下延伸、向上延伸和双向延伸。

2.银行产品品牌策略

（1）品牌的创造与推广

品牌是银行的标志。银行品牌的构成包括3个方面：一是企业与产品形象；二是产品和服务功能；三是消费者认知。前两者是银行发展的基础，也是比较容易实现的部分，但这并不是说有了好的产品和服务就会形成品牌，银行品牌认知的实现靠的是消费者认知。品牌表明产品的出处，便于消费者识别和选购产品；品牌可以监督和保证产品的质量，有助于新产品的销售；品牌是银行产品广告的基础，有助于顾客建立品牌偏好，能够更好地吸引更多品牌忠诚者。银行要实现品牌战略，就必须创新，创造与众不同的品牌形象，从而强化客户对银行提供的金融产品和服务的认可、满意和信赖。

（2）确立品牌意识

银行在确立品牌时，要在视觉系统、服务系统、理念系统、文化系统、传播系统、促销系统等方面有一套完整的设计思路与策略，这对银行品牌形象的建立起着至关重要的作用。

（3）持续有效的品牌传播

这是指通过多种渠道让品牌广为人知。银行可以通过公益活动、事件营销、网络营销，增强品牌传播的参与性和互动性，让公众对银行的品牌认知更深入、更详尽、更透彻；可尽量利用网络渠道，充分利用电话、手机、互联网等技术手段，开展电话银行、网络银行、手机银行的建设，获得比传统网点更为便捷的服务网络优势，充分体现服务的方便性，把营销的核心价值真正体现出来，让银行的品牌形象多角度地根植在客户心中。

8.2.3 产品分销策略

1.分支机构管理策略

从银行到消费者，银行产品要通过一定的渠道才能实现流通。生产者与消费者在时间、地点、数量等方面存在差异，只有缩小这些差异，才能在适当时间、适当地点，按适当数量和价格，把产品从银行转移到消费者手中。商业银行业务的特点决定了商业银行必须直接与存款人及贷款人建立业务联系，而建立更多的分支机构可以进一步扩大银行的业务范围，方便银行的各类客户。银行在设置分支机构和营业网点时，应考虑以下3点：

① 按经济区划合理布局。特别是在大城市，不应受行政区划的限制，而应适应中心城市经济发展的需要，促成金融中心的形成。

② 根据实际业务需要设置。在业务量集中的地区设置网点，能极大地方便居民和企业，有利于银行业务的拓展；而在业务量不足的地区盲目设点，会造成人、财、物的浪费。

③ 注重网点的实体环境。网点周围的环境，如便利的交通、清洁的卫生条件等，能吸引更多的客户；服务场所的设计，如建筑风格、色彩、陈设、舒适程度等，有助于培养顾客的亲近感；银行员工的外貌和言谈举止，会影响顾客对服务质量的期望与判断。

银行应根据具体情况，调整分销渠道结构，疏通分销网络体系，积极调整网点布局，优化网点结构。同时，由于增设机构投资大、成本高、风险高，因此要着力加快无形分支机构、间接分销渠道的建设，大力发展电话银行、网络银行、销售点终端机和自动柜员机等电子化分销渠道，在保持其数量稳步增长的同时，不断提高其技术水平，使产品销售既方便又可靠。

2.零售与批发

根据在商品流通中地位和作用的不同，作为分销渠道重要成员的中间商可以分为两种：零售商和批发商。商业银行也存在批发与零售业务，但这两种业务都由银行自己完成。

（1）零售

商业银行通常设立众多的分支机构，在全国各个地区从事存贷款业务。这些分支机构直接面对存款客户和贷款客户，直接从事吸收存款、发放贷款的经营活动，即直接从事银行零售业务。

市场经济的实质在于经济活动中当事人的自主选择权力。商业银行只有充分尊重客户的自主选择权，在服务上以客户的需求为导向，积极开展零售业务，才能获得更广阔的发展空间。

（2）批发

商业银行的批发业务主要通过满足特定的客户群，或者将精力集中于特定的产品或市场来实现。商业银行将市场区分为更细小的市场或客户群体，或区分为具有不同特征的目标市场，实施不同的营销策略，而且根据自身的战略定位，选择相应的市场组合，达到营销的预期效果。银行应积极吸收大客户的资金，对大客户可采取适当的优惠措施，以利于银行业务长远发展。

3.网络推广

银行业务电子化已成为同业竞争的新焦点，银行营销的实施同样离不开电子化建设。在市场竞争中，谁的计算机网络技术领先，谁就在新一轮竞争中占据优势。目前，我国金融业计算机网络化正在形成，各商业银行系统内部不同程度地实现了报表数据汇集联网、会计营业网点通存代付、储蓄业务通存通兑，形成了以经济发达城市为中心的大、中型计算机网络系统，中小城市的计算机网络系统也正在逐步形成。此外，各商业银行的应用软件开发也取得了很大的进展，开发了各种可独立应用的软件，如会计业务处理系统、储蓄业务处理系统、各种报表处理和汇总系统、ATM联网系统等。商业银行产品和服务网络推广的具体方法有：

（1）建立商业银行的信息优势

信息优势是商业银行在市场竞争中的生存和立足之本。信息优势并不是指商业银行拥有多少信息，而是指商业银行拥有多大的宣传商品信息的能力和获取关于市场分析、经营状况、决策支持以及新产品开发信息的能力。信息优势可以从不同方面得到，也就是说，商业银行可以从某一个（或几个）方面建立相对于竞争对手的信息优势，也可以全面地建立相对于竞争对手的信息优势。

（2）建立商业银行网页

商业银行要向客户展示自己的先进技术、服务理念和具体业务范围，在网络环境下，首先应建立商业银行网页，选择一个易记且与品牌有联系的域名，设立一个可让社会各界了解商业银行及其产品、服务的窗口。网络没有地域的限制，也没有时间的规定，可以随时向外界介绍商业银行的最新产品和服务，只要能够登录网络，外界用户和相关群体就能够通过商业银行的网页了解商业银行的最新动态和整体形象。商业银行要善于通过主页宣传品牌和服务，树立自身形象，加强与外界的联系。

（3）建立网络服务平台

商业银行可在上述基础上进一步采用基于Internet/Web的技术建立商业银行的Extranet。Extranet是商业银行对外设立的营销运作网络平台。商业银行可以在这个平台上宣传产品品牌、商业银行形象、服务内容、与外界的商贸联系，可以开展电子商务，使其成为一个日夜提供自动信息和电子服务的网络银行。

（4）建立商业银行内部的管理信息系统

建立涉及商业银行内部经营及管理等主要环节的管理信息系统，全面提高商业银行管理工作质量和效率，是建立商业银行内部管理整体信息优势的措施，也是系统投入和开发工作量最大的一个环节。由于商业银行是最早使用计算机和网络的组织，因此，已经有许多商业银行建立了自己的信息系统，并且具有良好的网络基础，但是，要建立商业银行的信息优势，还需要在这些系统的性能和可扩展性上下功夫，努力在这些方面超过竞争对手。

8.2.4 产品促销策略

促销是指通过一定的手段，将企业和产品信息传递给消费者，促使消费者了解、偏爱和购买本企业的产品，从而达到扩大销售目的的活动。商业银行的促销策略包括广告策略、工作人员推销策略、营业推广策略和公共关系策略。

1.广告策略

商业银行在宣传促销中，首先用到的就是广告。广告策略要考虑以下4个方面：

（1）选择广告代理商

选择广告代理商时要充分了解的内容包括客户情况和客户记录、资信情况、内部管理和重要人员的流动情况、广告公司代理的媒体、广告公司与媒介单位的协作关系、有关人员在业务上是否诚实可信、广告公司的业务水平等。

（2）确定广告目标

广告目标是商业银行整个营销目标的组成部分，广告目标可分为一般目标和具体目标两个层次。一般目标包括：树立良好的企业形象，建立企业个性化特征，建立客户对银行的认同感，指导员工更好地为客户服务，协助营销人员顺利工作。具体目标包括企业整体介绍目标、说服目标、提醒目标。

（3）制定广告战略

在确定广告目标后，要制定一套完整的广告战略，包括广告媒体战略、广告表现战略和广告市场战略。广告媒体战略包括：选择广告媒体类型，选择具体的媒介物；决定广告的具体时间段、版面和位置；决定广告媒体组合；进行广告预算等。广告表现战略包括广告主题、广告创意、广告内容、广告结构、表现方式等。广告市场战略包括区位战略、受众战略、时间战略、时期战略、竞争战略等。

（4）广告效果评估

广告的有效计划与控制主要基于广告效果的测定。广告效果测定从以下几方面进行：广告前分析、广告后分析和销售分析。广告前分析包括直接评价和样本测试等，广告后分析包括回忆测试、认识程度测试、试验测试等，销售分析包括销售额增长率法、广告费收益率法、历史资料分析法、试验分析法等。

2.工作人员推销策略

① 商业银行推销人员的类型。根据商业银行业务的特点，从广义上讲，为销售产品和服务进行业务推广而与潜在客户或现有客户直接打交道的人员，均是推销人员，包括：固定人员，即店面人员和坐席人员；流动人员，即业务推销人员、客户经理、投资顾问和经纪人。

② 商业银行的推销形式。商业银行的推销形式包括坐席销售，电话销售，拜访、研讨会、路演、讲座，社区咨询活动等。

③ 推销人员的管理。推销人员的管理包括推销人员的选聘、推销人员的培训、推销人员的报酬和激励、推销人员的督导、推销人员的评估等。选聘推销人员时，要注重思想素质、文化素质、专业素质、表达素质、身体素质等方面。

3.营业推广策略

营业推广是指金融企业为刺激一定时期的市场需求，引起较强的市场反应而采取的一系列优惠促销措施。它具有刺激性、灵活性、多样性、竞争性和见效快等优点。营业推广策略主要包括以下内容：

① 决定营业推广对象，主要是金融企业的客户、金融企业产品和服务的销售中介商、金融企业的销售人员。

② 决定营业推广目标，主要包括针对客户的目标、针对销售中介商的目标和针对推销人员的目标。针对客户的目标是：鼓励续购和使用，吸引新客户试用，争夺竞争者的客户等；针对销售中介商的目标是：鼓励推广新产品，大量销售产品，培养忠诚中介商以及吸引新的中介商；针对推销人员的目标是：鼓励推销人员积极推销金融机构的产品和服务，开拓新市场、寻找更多的潜在客户，扩大消费者对金

融机构产品和服务的购买。

③ 决定营业推广的方式，主要包括赠品或赠券、赠送样品、专有权利、配套优惠或免费服务、数量折扣、有奖销售、合作推广等。

④ 决定营业推广的规模，要将推广费用与营业额的变化进行比较，找出推广费用与推广效果的关系，以制定合理的鼓励标准。

⑤ 决定营业推广的合理期限。时间过短，会影响潜在客户的进入；时间过长，会给企业造成较大负担，并降低吸引力，甚至会使客户对产品本身产生怀疑。

⑥ 评估营业推广的效果，对于每一项推广活动，都应确定具体目标和实施方案，并对方案进行评价，及时对不同地区、不同时间所采取的推广活动的作用进行比较，总结经验，完善方法，提高效果。

4.公共关系策略

商业银行要重视公共关系活动，协调与股东、客户、内部员工、同业机构、社会团体、传播媒介、政府机构的关系。公共关系的活动方式可以分为不同类型：根据活动方式的特点划分为宣传性公关、交际性公关、社会性公关和服务性公关等；根据活动方式的功能划分为建设性公关、维系性公关和矫正性公关等。

商业银行在开展公共关系活动时，要从以下几方面进行决策：形象调研，确定公关目标；确定公关对象，选择公关方式；制定公关项目方案，项目方案实施与控制；公关效果评估。形象调研主要是通过调查各界公众，确立企业形象，找出自身的差距；公关目标是根据营销目标和企业自身的形象差距制定的。

小资料 8-1

上市股份制商业银行业务经营特点

表 8-2 显示了上市股份制商业银行业务经营特点。

表 8-2 **上市股份制商业银行业务经营特点**

商业银行简称	成立时间	总行地址	经营特点
招商银行	1987-03	深圳	“零售业务之王”，零售网点较多，大力建设交易银行，信息化建设领先同业，综合实力较强
兴业银行	1988-08	福州	同业业务范围广泛，同业业务模块优势明显
浦发银行	1992-10	上海	大力支持上海国际金融中心建设等国家和区域战略，经济效益和社会效益突出
中国民生银行	1996-02	北京	“民营企业银行、小微企业银行、高端客户银行”三大战略定位，是最早全面进军小微金融的全国性商业银行
中信银行	1987-04	北京	综合金融业务服务特色鲜明，公司银行业务领先，网络金融业务持续创新，零售银行业务发展迅速

续表

商业银行简称	成立时间	总行地址	经营特点
中国光大银行	1992-06	北京	在综合经营、公司业务、国际业务、理财业务、电子银行业务等方面培育了较强的比较竞争优势
平安银行	1987-12	深圳	专业化、集约化、综合金融、互联网金融
华夏银行	1992-10	北京	坚持服务实体经济，实施“中小企业金融服务商”品牌战略，加大对小微企业金融支持力度
渤海银行	2005-12	天津	公司治理特点突出，是第一家在发起设立阶段就引进境外战略投资者的中资商业银行
浙商银行	1993-04	杭州	“公司业务为主体，小企业银行和投资银行业务为两翼”的“一体两翼”市场与业务定位，在同业中率先建立小微业务专营模式

8.3 商业银行营销战略管理

8.3.1 商业银行营销市场定位

市场定位就是明确商业银行及其产品在目标市场上的位置，设法建立一种竞争优势，以便在目标市场上吸引更多的顾客。

1.市场细分的标准、原则与基本步骤

（1）市场细分的标准

市场细分的标准是影响信贷消费者市场需求差异的因素。以信贷为例，只有真正了解客户的贷款需求，才能设计出满足客户需求的信贷产品，实现信贷产品的价值，从而实现银行的发展目标。因此，市场细分是产品营销的基础。

市场细分的标准有：第一，按地理因素进行市场细分：地理位置、人口密度、商业化程度、集群程度。第二，按人口因素进行市场细分：收入、家庭构成、文化程度。第三，按产品因素进行市场细分：产品特点、需求原因、社会阶层。第四，按行为因素进行市场细分：购买时间、利益追求、使用者状况及使用程度、品牌忠诚度、偏好和态度。

（2）市场细分的原则（如图8-1所示）

① 可衡量性（measurable）：细分市场的范围、规模及需求额度可以衡量，从而便于银行经营决策和采取营销组合策略。

② 可进入性（accessable）：细分后的市场能够以现有的资源进入或占领，并能够满足市场对信贷产品的需要。

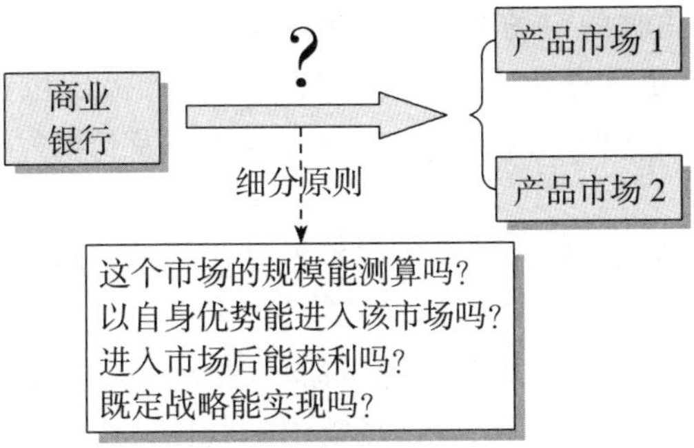

图8-1 市场细分的原则

③ 可获利性（profitable）：银行在细分市场上有利可图，可获取较好的收益。

④ 可实施性（feasible）：银行能够为细分市场提供有效的产品，以满足客户需要，而且产品营销便于操作。

（3）市场细分的基本步骤

市场细分首先要进行初步的市场调查，目的是了解市场的规模、客户的需求特点；然后分析自身在市场中的地位：一是外部的威胁与机遇，二是自身的优势和劣势；最后对每一个细分市场采取“存大异求小同”的市场分类方法，对同类产品需求有差异的消费者进行分类，识别具有不同需求的客户群的活动。

市场细分的具体步骤为：一是选定某信贷产品的市场范围；二是列举潜在客户的基本需要；三是了解不同潜在客户的不同需求；四是找到特殊需求作为市场细分的标准；五是分析每一细分市场的特点（规模、客户购买能力、购买频率等）。

在市场细分过程中，银行能够深入了解客户需求，有利于发现市场机会和不断开拓市场；在确定目标市场的基础上，银行可以有效制定营销组合策略，集中精力，深入了解该目标市场的具体变化，从而有利于发挥资源优势，提高核心竞争力，创造理想的经济效益。

2.市场定位策略（见表8-3）

表8-3 市场定位策略选择

区域位置		市场状况	定位策略
产品数额大	时间长	已有竞争对手存在，竞争激烈	取代定位
产品数额小	时间长	已有竞争对手存在，竞争一般	插入定位
产品数额大	时间短	已有竞争对手存在，竞争一般	插入定位
产品数额小	时间短	已有竞争对手存在，竞争不激烈	错位定位

① 取代定位策略是将竞争对手赶出原来的市场，或者兼并竞争对手，从而达到取而代之的目的。

② 插入定位策略是指商业银行将自己的产品定位于竞争对手产品的附近，或

者插入竞争对手已经占据的市场中，与竞争对手争夺同一目标市场。

③ 错位定位策略也称避让定位策略，即把企业产品定位在当前目标市场的空白地带。这种定位策略初期投入较大，但有先入优势及长期发展优势。

3.目标市场策略

目标市场策略包括无差异化营销策略、差异化营销策略和专业化营销策略。

（1）无差异化营销策略

无差异化营销策略又称市场整体化策略，是指商业银行以市场整体为服务对象，不考虑市场需求的差异，只关注市场需求的共性，用一种信贷产品、一种市场营销组合策略，力求在一定程度上吸引尽可能多的顾客。

（2）差异化营销策略

差异化营销策略又称市场细分策略，是根据消费者需求和购买行为的差异性，将某种产品的整体市场划分为若干细分市场，商业银行从中选择几个细分市场作为目标市场，并且按照各个细分市场的不同需求，分别设计和运用不同的市场营销组合策略。

（3）专业化营销策略

专业化营销策略又称密集型策略，是指商业银行在市场细分的基础上，集中全部力量，以一个或少数几个细分市场为目标市场，为某一个或少数几个细分市场服务。

8.3.2 商业银行营销战略的模式

1.菲利普·科特勒模式

① 经营摘要：简要说明战略目标、战略措施、费用预算及实施结果预测等战略计划的关键问题，供高层领导审阅。

② 企业当前营销状况：产品状况、市场状况、竞争状况、分销状况、宏观环境状况。

③ SWOT分析和问题分析：机会与风险分析、优势与劣势分析、当前主要问题分析。

④ 营销目标：销售收入及增长率、利润及增长率、市场占有率等。

⑤ 营销战略措施：目标市场及定位、市场营销组合、营销费用分配。

⑥ 营销执行方案：项目、时间、负责人、所需费用及预期收益。

⑦ 营销的利润表。

⑧ 风险分析与应变措施。

2.唐·德布莱克模式

① 目标：销售额、毛利、毛利率、净利率、按销售额计算的市场占有率。

② 销售史料：过去3年及未来2年的市场总规模（按销售额）、本企业销售额、本企业市场规模。

③ 市场占有率：过去3年及未来2年的本企业市场占有率，第一、二、三、四位竞争对手及其他竞争者的市场占有率。

④ 综述：过去一两年内发生的主要事件以及将要发生的主要事件、发展趋势。

⑤ 竞争形势：主要竞争对手及优势、劣势。

⑥ 价格对比：本企业与主要竞争对手的价格比较。

⑦ 问题与机会。

⑧ 主要行动。

⑨ 次要行动。

⑩ 市场定位描述。

⑪ 策略：所要开展的活动。

⑫ 生意所在地，即销售增长的来源。

⑬ 时间表：全年活动的项目、时间、费用、负责人等。

⑭ 关键风险。

3.卡位营销模式

（1）明确定位

明确定位就是为企业在市场上树立一个清晰的、有别于其他竞争对手的、符合目标市场客户需要的形象，在目标客户心中占据有利位置。明确定位的目的是在目标客户心中建立品牌区隔。有明确定位的企业才是强势企业，因为它拥有与众不同的概念，当客户产生相关需求时，就会自然而然地把它作为首选。

（2）挖掘优势

① 差异化战略。差异化战略是指企业提供差异化产品和服务，形成一些在行业范围中具有独特性的东西。差异化战略可以通过设计品牌形象、技术特点、外观特点、客户服务、经销网络及其他方面的独特性来实现。一方面，产品的差异化使客户没有可与之比较的产品选择，替代品无法在性能上与之竞争，降低了客户对价格的敏感度；另一方面，产品的差异化使客户具有较高的转换成本，客户更依赖企业，客户忠诚度也更高。

② 创造优势战略。企业可以通过战略联盟、产品创新、市场创新来创造企业的竞争优势。在没有突出竞争优势的情况下，应该积极寻找市场缝隙，因为在营销中任何一个环节的创新都可以创造竞争优势。

（3）做到最好

① 聚焦原则。放大镜可以将光线聚为一点，能量高度集中，因此温度升高，可点燃火柴。只有聚焦、再聚焦，才能在市场竞争中取胜。聚焦是企业做强的必经之路。找准切入点之后，把主要资源聚焦在具有战略意义的业务模块上，就能够更灵活地调整成本结构和业务流程，对客户需求和市场变化能够快速响应，提高工作效率，创造出竞争优势。

② 包装策划。包装策划就是对企业的产品包装在开发与改进之前，根据企业

的产品特色与生产条件，结合市场与人们的消费需求，对产品的市场目标、包装方式与档次进行整体方向性规划定位的决策活动。随着自助服务销售方式的增加，产品的包装需要执行更多销售任务，包装已经成为一个重要的营销工具。它必须能够吸引顾客注意，描述产品的功能，给顾客信心，使产品在顾客心目中有一个很好的印象。

（4）建立团队

建立专业团队，建立有效的运营和流转机制，巩固优势，才能建立起企业的核心竞争力。外围业务可外包给相应领域的优秀企业。企业在内部资源有限的情况下，为取得更大的竞争优势，仅保留其最具竞争优势的业务，而将其他业务委托给比自己更具成本优势和专有知识优势的企业。这样可以整合利用外部最优秀的专业化资源，达到降低成本、提高效率、充分发挥自身核心竞争力和增强企业对环境的迅速应变能力的目的。

本章小结

商业银行面临日益激烈的市场竞争，营销管理显得尤为重要。商业银行营销是在特定的市场环境中，以银行总体的战略决策和各级分支机构的管理哲学、营销理念、创新思维为指导，以市场要素及其未来变化为导向，以竞争对手为参照系，以顾客、顾客需要及其未来变化为中心，把可营利的商业银行金融产品和服务引导流向目标客户的管理活动。在商业银行营销中，要以市场营销为基础，以产品营销为核心，确定营销战略、营销模式和营销方法。

即测即评

第8章单项选择题　　第8章多项选择题　　第8章判断题

第9章

商业银行绩效评价

思政小课堂

数字语言　展示责任感与使命感

在商业银行经营业绩财报中，一串串数字彰显着银行人的付出与回报。2021年银行业总资产稳健增长、信贷资产质量基本稳定、持续加强金融服务、利润保持稳健、风险抵补能力较强。2021年，银行业累计实现净利润2.2万亿元，同比增长12.6%。财务分析中的一张张报表、一行行数字，看起来复杂深奥，读起来晦涩不解，但实际上，真正的财务分析难点不在于计算指标、比率和数据，而在于分析的思维和意识。要掌握思考的能力与方法，洞察数据后面的真相，解读数据想告诉你的故事……对于真正理解报表的人，每一次分析都是进入企业最真实的机体，进行一次最透彻的认识，真正认识企业的资金运用与管理、盈利与亏损，真正了解社会财富的运转与累积、商业银行的作用与地位。

9.1 商业银行绩效评价概述①

9.1.1 商业银行绩效评价的含义和基本原则

1.商业银行绩效评价的含义

绩效是组织或个人为了达到某种目标而采取的各种行为的结果。绩效评价是组织依照预先确定的标准和一定的评价程序，运用科学的评价方法，按照评价的内容和标准对评价对象的工作能力、工作业绩进行定期和不定期的考核和评价。

《商业银行绩效评价办法》明确规定，绩效评价是指财政部门根据商业银行功

① 本部分根据财政部2020年12月25日颁布的《商业银行绩效评价办法》（财金〔2020〕124号）相关内容编写。该办法自2021年1月1日起实施。《商业银行绩效评价办法》将进一步激励商业银行贯彻落实国家宏观政策，服务微观经济、实体经济的举措。除商业银行外，其他金融企业绩效评价暂继续执行《财政部关于印发〈金融企业绩效评价办法〉的通知》（财金〔2016〕35号）。

能特点建立评价指标体系，运用适当评价方法和评价标准，对商业银行一个会计年度响应国家宏观政策、服务实体经济、防控金融风险情况，以及发展质量、经营效益情况进行的综合评价。这里的商业银行包括国有大型商业银行、全国性股份制商业银行、城市商业银行、农村商业银行、农村合作银行、农村信用合作社等。

2.商业银行绩效评价的原则

① 坚持服务国家宏观政策和服务实体经济导向。商业银行绩效评价要为国家宏观政策实施提供强有力的保障支撑，体现更好服务实体经济、服务微观经济的导向，促进商业银行与实体经济的良性互动、共生共荣。

② 坚持高质量发展和创新驱动导向。商业银行绩效评价以新发展理念为指导，以供给侧结构性改革为主线，以可持续发展为目标，引导商业银行加快转变发展理念和发展方式，加大自主创新力度，优化资源配置，提升投入产出效率，增强核心竞争力，强化金融服务功能，有效防范金融风险。

③ 坚持市场机制和政府引导相统一。商业银行绩效评价遵循市场经济和企业发展规律，坚持市场配置资源的决定性作用。政府通过制定规则，发挥宏观指导作用，维护经济金融安全。财政部门依法履行金融企业出资人职责，以管资本为主加强引导，促进国有金融资本保值增值。

④ 坚持统一规制和分级管理相结合。财政部负责分类制定全国金融企业绩效评价管理办法，负责采集数据，计算并发布行业标准值，并负责组织实施中央管理的商业银行绩效评价。省级人民政府财政部门组织实施本地区商业银行的绩效评价工作。

9.1.2 商业银行绩效评价的基础、数据来源及数据调整

1.绩效评价的基础

为确保绩效评价工作客观、公正、及时、有效与公平，商业银行要提供全面、真实的绩效评价数据。绩效评价工作以独立审计机构按中国审计准则审计后的财务会计报告为基础，其中，财务报表应当是按中国会计准则编制的合并财务报表。绩效评价数据应由负责商业银行年度财务报告审计的独立审计机构进行复核并单独出具审计报告。商业银行相关业务数据应与按照监管要求报送的最终结果保持一致，相互印证。

2.绩效评价数据来源

商业银行要确保各项绩效评价数据资料及时、真实、可获得。数据来源为监管报表的，应将监管报表作为证明材料一并报送；数据来源为内部业务统计的，应对业务统计口径进行详细说明。

数据来源具体包括：第一，商业银行绩效评价基础数据表；第二，商业银行的年度财务会计报告；第三，会计师事务所出具的年度财务会计报告审计报告和绩效评价数据专项审计报告；第四，对各项绩效评价基础数据和调整情况的说明材料以

及数据来源；第五，财政部门认为需要的其他材料。

3.绩效评价数据调整

为了确保绩效评价工作真实、完整、合理，商业银行可以按照重要性和可比性原则对评价期间的账面数据申请适当调整或还原，申请调整事项经审计师出具鉴定意见后，有关财务指标相应加上客观减少因素、减去客观增加因素。可以进行调整的事项主要包括：

① 商业银行因重大自然灾害、突发公共卫生事件等不可抗力因素导致行业性营业收入、盈利下降的，可在计算行业标准值时统筹考虑影响因素；

② 商业银行在评价期间损益中消化处理以前年度资产或业务损失，可把损失金额作为当年利润的客观减少因素；

③ 商业银行承担经国务院批准的政策性业务或落实国务院批准的调控要求对经营成果或资产质量产生重大影响的，可把影响部分作为当年利润或资产的客观减少因素；

④ 商业银行会计政策与会计估计变更对经营成果产生重大影响的，可把影响金额作为当年利润或资产的客观影响因素；

⑤ 商业银行并表范围、并表比例发生变动，应将变动影响绩效评价结果的部分作为客观影响因素；

⑥ 商业银行被出具非标准无保留意见审计报告的，应当根据审计报告披露影响经营成果的重大事项，调整评价账面数据；

⑦ 财政部门认可的其他客观因素。

9.2 商业银行财务报告

9.2.1 财务报告和财务报表的含义

1.财务报告的含义

财务报告是指商业银行对外提供的反映银行某一特定日期的财务状况和某一会计期间的经营成果、现金流量等会计信息的文件。财务报告包括财务报表和其他应当在财务报告中披露的相关信息和资料。

2.财务报表的含义

财务报表是对银行财务状况、经营成果和现金流量的结构性表述。财务报表至少应当包括下列组成部分：资产负债表、利润表、现金流量表、所有者权益（或股东权益）变动表、附注。

财务报表可以按不同的标准进行分类。

① 按财务报表编报期间不同，可以分为中期财务报表和年度财务报表。中期财务报表包括月报、季报和半年报等。

② 按财务报表编报主体不同，可以分为个别财务报表和合并财务报表。个别财务报表是由企业在自身会计核算的基础上对账簿记录进行加工而编制的财务报表；合并财务报表是以母公司和子公司组成的企业集团为会计主体，根据母公司和所属子公司的财务报表，由母公司编制的综合反映企业集团财务状况、经营成果及现金流量的财务报表。

商业银行的业务经营状况和银行的资产、负债、资本及其变动情况能在财务报表上反映出来。了解商业银行财务报表的内容，掌握商业银行绩效评价的方法，及时、正确地评价银行的经营状况，对提高商业银行的经营管理水平、降低经营风险极为重要。

9.2.2 财务报表的基本内容

1.资产负债表的基本内容

资产负债表是总括反映商业银行某一特定日期资产、负债和所有者权益及其构成情况的会计报表。其作用在于向有关利益关系单位、部门提供编报行各项资产、负债和所有者权益的增减变动信息，据以检查分析编报行的资产、负债和所有者权益的结构是否合理，并为分析编报行的偿债能力、预测未来财务状况提供数据。资产和负债应当分别以流动资产和非流动资产、流动负债和非流动负债列示。银行的各项资产和负债按照流动性列示能够提供可靠且更相关信息的，可以按照其流动性顺序列示。

2.利润表的基本内容

利润表是反映商业银行一定会计期间的经营成果及其分配情况的会计报表，是一种动态报表。投资者可以通过利润表考核商业银行利润计划的执行情况，分析盈亏增减变化的原因，计算投资报酬率，评价商业银行的经营业绩。

利润表采用多步式结构，通过对当期的收入、费用、支出项目按性质加以归类，按利润形成的主要环节列示一些中间性利润指标，分步计算当期净损益，便于使用者理解企业经营成果的不同来源。

3.现金流量表的基本内容

现金流量表是反映商业银行在一定会计期间现金和现金等价物流入和流出的报表。其中，现金是指库存现金以及可以随时用于支付的存款；现金等价物是指银行持有的期限短、流动性强、易于转换为已知金额现金、价值变动风险很小的投资；现金流量是指银行现金和现金等价物的流入和流出。

4.所有者权益变动表的基本内容

所有者权益变动表是指反映构成所有者权益各组成部分当期增减变动情况的报表。所有者权益变动表全面反映一定时期所有者权益变动的情况，不仅包括所有者权益总量的增减变动，还包括所有者权益增减变动的重要结构性信息，特别是要反映直接计入所有者权益的利得和损失，让报表使用者准确理解所有者权益增减变动的根源。

在所有者权益变动表中，至少要单独列示反映下列信息的项目：第一，综合收益总额；第二，会计政策变更和差错更正的累计影响金额；第三，所有者投入资本和向所有者分配利润等；第四，提取的盈余公积；第五，所有者权益各组成部分的期初和期末余额及其调节情况。

5.附注

附注是对资产负债表、利润表、现金流量表和所有者权益变动表等报表中列示项目的文字描述或明细资料，以及对未能在这些报表中列示项目的说明等。附注是财务报表的重要组成部分。附注应当按照如下顺序披露有关内容：

① 银行的基本情况，包括：银行注册地、组织形式和总部地址，银行的业务性质和主要经营活动，母公司以及集团最终母公司的名称，财务报告的批准报出者和财务报告的批准报出日。

② 财务报表的编制基础。

③ 遵循《企业会计准则》的声明。银行应当明确说明编制的财务报表符合《企业会计准则》的要求，真实、公允地反映了银行的财务状况、经营成果和现金流量等有关信息，以此明确银行编制财务报表所依据的制度基础。

④ 重要会计政策和会计估计。银行应当披露采用的重要会计政策和会计估计，不重要的会计政策和会计估计可以不披露。

⑤ 会计政策和会计估计变更以及差错更正的说明。银行应当按照《企业会计准则第28号——会计政策、会计估计变更和差错更正》及其应用指南的规定，披露会计政策和会计估计变更以及差错更正的有关情况。

⑥ 重要报表项目的说明。银行应当以文字和数字描述相结合，尽可能以列表形式披露重要报表项目的构成或当期增减变动情况，报表重要项目的明细金额合计应当与报表项目金额相衔接。在披露顺序上，一般应当按照资产负债表、利润表、现金流量表、所有者权益变动表的顺序及报表项目列示的顺序。

⑦ 其他需要说明的重要事项。这主要包括或有和承诺事项、资产负债表日后非调整事项、关联方关系及交易。

⑧ 有助于财务报表使用者评价银行管理资本的目标、政策及程序的信息。

9.3 商业银行绩效评价方法

9.3.1 商业银行绩效评价指标体系及评价方法

商业银行绩效评价维度包括服务国家发展目标和实体经济、发展质量、风险防控、经营效益等4个方面，评价重点是服务实体经济、服务经济重点领域和薄弱环节情况，以及经济效益、股东回报、资产质量等。

商业银行绩效评价指标体系保持相对稳定，并根据国家宏观政策、实体经济需求、金融发展趋势等客观情况适时进行动态调整。

1.服务国家发展目标和实体经济

这类指标主要反映商业银行服务国家宏观战略、服务实体经济、服务微观经济情况，占指标权重的25%。这类指标包括服务生态文明战略情况、服务战略性新兴产业情况、普惠型小微企业贷款“两增”完成情况、普惠型小微企业贷款“两控”完成情况。

（1）服务生态文明战略情况

绿色信贷占比=年末绿色信贷贷款余额/年末各项贷款余额×100%

该指标为正向定量指标，指标权重为6%；数据来源于监管部门报表。评价方法为综合对标（行业对标+历史对标）。

（2）服务战略性新兴产业情况

战略性新兴产业贷款占比=年末战略性新兴产业贷款余额/年末各项贷款余额×100%

该指标为正向定量指标，指标权重为6%；数据来源于监管部门报表。评价方法为综合对标（行业对标+历史对标）。

（3）普惠型小微企业贷款“两增”完成情况

普惠型小微企业贷款增速情况：全年完成普惠型小微企业贷款较年初增速不低于各项贷款较年初增速；普惠型小微企业贷款有余额户数：有贷款余额户数不低于年初水平。

该指标为正向定量指标，指标权重为7%；数据来源于监管部门报表。

评价方法为：第一，贷款增速：不低于各项贷款年初增速的为3.5分，未实现但完成当年普惠型小微企业信贷计划（以银行每年年初正式发文报监管部门数据为准）的，视实际增速与各项贷款增速之比，酌情得分；增速及信贷计划均未实现的为0分。第二，贷款户数：有贷款余额户数不低于年初水平的为3.5分，未实现的为0分。

（4）普惠型小微企业贷款“两控”完成情况

合理控制小微企业贷款资产质量水平情况：普惠型小微企业贷款不良率控制在不高于自身各项贷款不良率3个百分点；普惠型小微企业贷款综合成本（包括利率和贷款相关的银行服务收费）水平：小微企业贷款综合成本符合年度监管要求。

该指标为正向定量指标，指标权重为6%；数据来源于监管部门报表。

评价方法为：第一，全口径小微企业贷款不良率控制在不超过自身各项贷款不良率3个百分点的，得3分；高于3个百分点的，得分在3分内按区间比例计算。第二，小微企业贷款综合成本达到年度监管要求的，得3分；未达到年度监管要求的，得分在3分内按区间比例计算。

2.发展质量

这类指标主要反映商业银行高质量发展状况和人均贡献水平，占指标权重的

25%。这类指标包括经济增加值、人工成本利润率、人均净利润、人均上缴利税 。

（1）经济增加值

经济增加值=利润总额-平均权益回报率×归属于母公司所有者权益

该指标为正向定量指标，指标权重为7%；数据来源于财务报表。评价方法为综合对标（行业对标+历史对标），且根据商业银行平均净资产规模大小，即“超过1 000亿元、1 000亿元以下”进行行业分档对标。

（2）人工成本利润率

人工成本利润率=利润总额/人员费用×100%

该指标为正向定量指标，指标权重为6%；数据来源于财务报表。评价方法为综合对标（行业对标+历史对标）。

（3）人均净利润

人均净利润=净利润/平均在岗职工人数

该指标为正向定量指标，指标权重为6%；数据来源于财务报表。评价方法为综合对标（行业对标+历史对标）。商业银行利润总额超过1 000亿元的，按实际值的1.1倍计算评价；低于1 000亿元的，按实际值计算评价。

（4）人均上缴利税

人均上缴利税=年度分红及缴税/平均在岗职工人数

该指标为正向定量指标，指标权重为6%；数据来源于财务报表。评价方法为综合对标（行业对标+历史对标）。

3.风险防控指标

这类指标主要反映商业银行资产管理和风险防控水平，占指标权重的25%。这类指标主要包括不良贷款率、不良贷款增速、拨备覆盖水平、流动性比例、资本充足率 。

（1）不良贷款率

不良贷款率=（次级类贷款+可疑类贷款+损失类贷款）/年末各项贷款余额×100%

该指标为逆向定量指标，指标权重为5%；数据来源于财务报表。评价方法为行业对标。

（2）不良贷款增速（还原核销耗用拨备）

$$\text{不良贷款增速}=\left(\text{当年新增不良贷款额}+\text{当年冲销或卖出资产耗用的减值准备}\right)/\text{上年年末不良贷款余额}\times 100\%$$

该指标为逆向定量指标，指标权重为5%；数据来源于财务报表。评价方法为行业对标。

（3）拨备覆盖水平

拨备覆盖水平=实际计提损失准备/应计提损失准备×100%

该指标为适当定量指标，指标权重为5%；数据来源于财务报表。评价方法为：拨备覆盖水平在100%~200%之间，为满分；在0~100%或200%~300%的，得分在

5分内按区间比例计算。

（4）流动性比例

流动性比例=流动性资产余额/流动性负债余额×100%

该指标为适当定量指标，指标权重为5%；数据来源于财务报表。评价方法为监管对标。达到监管要求（25%）及以上的，为满分；在0~25%内的，得分在5分内按区间比例计算。

（5）资本充足率

资本充足率=总资本净额/应用资本底线之后的风险加权资产合计×100%

该指标为适当定量指标，指标权重为5%；数据来源于财务报表。评价方法为监管对标。达到监管要求及以上的，为满分；低于监管要求的，得分在5分内按区间比例计算。

4.经营效益指标

这类指标主要反映商业银行资本增值状况和经营效益水平，占指标权重的25%。这类指标主要包括（国有）资本保值增值率、净资产收益率、分红上缴比例。

（1）（国有）资本保值增值率

（国有）资本保值增值率=［（年末国有资本±客观增减因素影响额）÷年初国有资本］×100%

该指标为正向定量指标，指标权重为10%；数据来源于保值增值表。评价方法为行业对标。

（2）净资产收益率

净资产收益率=净利润/净资产平均余额×100%

该指标为正向定量指标，指标权重为8%；数据来源于财务报表。评价方法为综合对标（行业对标+历史对标）。

（3）分红上缴比例

分红上缴比例=分红金额/归属于母公司所有者净利润×100%

该指标为适当定量指标，指标权重为7%；数据来源于财务报表。评价方法为：分红上缴比例达到30%的，为7分；低于30%的，按实际分红上缴比例占30%的比例计算分数。

9.3.2 商业银行绩效评价基础数据调整及计算流程

1.基础数据调整

商业银行发生客观调整因素，相应调整以下绩效评价指标：

① 利润发生变动时，相应调整经济增加值、人工成本利润率、人工净利润、人均上缴利税、净资产收益率、（国有）资本保值增值率、分红上缴比例等。

② 资产发生变动时，相应调整经济增加值、不良贷款率、不良贷款增速、拨备覆盖水平、流动性比例、资本充足率、（国有）资本保值增值率、净资产收益

率等。

2.行业标准值测算方法

① 被剔除的商业银行数据主要包括：第一，根据评价指标的经济特性，不符合计算模型需要的数据，如计算相对值时分母为负数的数据；第二，相关指标数据与正常商业银行数据相差很大，如正处于停业、托管或业务清算状态的商业银行数据；第三，期初数或上年数不完整的商业银行数据。

② 依据所建样本库中商业银行的数据，财政部采用分段平均法测算每项财务指标的标准值。具体步骤包括：第一，对测算样本的财务指标按照实际值从大到小（对于逆向指标，从小到大）进行排序；第二，将排好序的样本，平均划分为6段，前25%的样本数据为第一段，前50%的样本数据为第二段，全部样本数据作为第三段，后60%的样本数据为第四段，后40%的样本数据为第五段，后20%的样本数据为第六段；第三，计算每一段样本财务指标的平均值，并将6段财务指标的平均值分别作为该财务指标的“优秀值”“良好值”“中等值”“较低值”“较差值”“极差值”，对应6档评价标准的标准系数，分别为1.0、0.8、0.6、0.4、0.2、0；第四，对于《关于印发〈商业银行绩效评价办法〉的通知》附件2《商业银行绩效评价指标体系》中规定根据银行平均净资产、利润总额等财务指标规模大小分档的，按照财务指标规模大小分档后，运用上述分段平均法测算每一档位的标准值。

3.历史对标标准值测算方法

依据商业银行提供的前5年基础数据，财政部和省级财政部门对正向指标、逆向指标测算历史对标标准值。具体步骤包括：

①计算财务指标前5年数据的最低值、平均值和最高值。

②对于前5年数据的最低值、平均值和最高值，通过上浮或下浮一定比例，对正向指标和逆向指标分别划分为6档。

第一，正向指标中，第一档按前5年最低值下浮20%，第二档按前5年最低值下浮10%，第三档按前5年最低值、第四档按前5年平均值、第五档按前5年最高值、第六档按前5年最高值上浮10%取值。

第二，逆向指标中，第一档按前5年最高值上浮20%，第二档按前5年最高值上浮10%，第三档按前5年最高值、第四档按前5年平均值、第五档按前5年最低值、第六档按前5年最低值下浮10%取值。

③正向指标和逆向指标中的第六档至第一档分别作为该财务指标的“优秀值”“良好值”“中等值”“较低值”“较差值”“极差值”，对应6档评价标准的标准系数，分别为1.0、0.8、0.6、0.4、0.2、0。

④对于难以获取前5年数据的财务指标，可选取最近5年内数据，按上述步骤计算标准值。

4.综合方式测算方法

对采用综合方式的绩效评价指标，选取行业对标和历史对标评价方法，综合评价同一指标。具体步骤包括：

① 按照上述行业对标和历史对标标准值测算方法，分别对绩效评价指标测算标准值。

② 将商业银行调整后的评价指标实际值对照商业银行所处标准值，分别计算行业对标和历史对标的指标得分。

③ 按照行业对标80%和历史对标20%权重设置，计算指标综合得分。

5.绩效评价加减分事项

① 商业银行在贯彻落实党中央、国务院关于服务实体经济、防控金融风险、深化金融改革相关政策和部署方面，如服务脱贫攻坚和乡村振兴战略，积极有力、精准到位、措施得当的，给予1~5分加分。

② 对被评价商业银行评价期间（年度）发生的不良事项，经核实后，予以降级或扣分。

第一，发生风险事件降级。商业银行及其负责人发生属于当期责任的重大违法违纪案件、重大资产损失事项，造成重大不利社会影响的，根据影响程度下调评价级别；正常的资产减值准备计提不在此列。

第二，违规受罚扣分。商业银行违反有关监管规定或工资管理规定的，根据相关部门的处理处罚情况扣1~5分。

第三，出现信息质量问题扣分或降级。商业银行不按照规定提供评价基础信息，或提供虚假基础信息，根据相关部门的处理处罚情况扣1~5分。情节严重的，下调评价级别。商业银行财务快报与财务决算报表报送净利润数值增幅（减幅）超过10%扣1分，超过15%扣1.5分，超过20%扣2分，超过25%扣2.5分，超过30%扣3分。

第四，无序设立子公司扣分。商业银行违反有关监管规定，盲目无序设立具有投资决策权的三级以上（计算层级时不含SPV）子公司的，根据设立情况扣1~5分。

第五，落实国家政策不力扣分。在贯彻落实党中央、国务院关于服务实体经济、防控金融风险、深化金融改革相关政策和部署方面，存在下列情况的，经查实后，给予1~5分扣分，并按违规行为情节轻重追究相关单位及当事人责任：一是未按规定，违法违规为企业办理贷款临时性延期还本付息的；二是未积极对接企业需求、及时受理企业申请的；三是不符合聚焦重点、精准支持要求进行办理的；四是发现企业弄虚作假等违法违规行为，但未及时报告金融监管部门，或未停止给予贷款延期政策支持和融资支持的；五是与企业串通，虚假申请贷款临时性延期还本付息的。

6.分档分数线

商业银行绩效评价结果以评价得分、评价类型和评价级别表示。评价得分用百分制表示，最高为100分。评价类型是根据评价分数对企业综合绩效所划分的水平档次，用文字和字母表示，分为优（A）、良（B）、中（C）、低（D）、差（E）5种类型。具体评价结果见表9-1。

表9-1 商业银行绩效评价结果

评价得分	80分以上（含80分）	65分以上（含65分）	50分以上（含50分）	40分以上（含40分）	40分以下
评价类型	A≥80 优（A）	65≤B<80 良（B）	50≤C<65 中（C）	40≤D<50 低（D）	E<40 差（E）
评价级别	3个级别： AAA≥95 85≤AA<95 80≤A<85	3个级别： 75≤BBB<80 70≤BB<75 65≤B<70	2个级别： 60≤CC<65 50≤C<60		

9.3.3 商业银行绩效评价结果及运用

商业银行绩效评价结果是商业银行整体运行综合评价的客观反映，应当作为商业银行改善经营管理和负责人综合考核评价的重要依据，是确定商业银行负责人薪酬和商业银行工资总额的主要依据。商业银行绩效评价结果的运用涉及以下5个方面：

① 商业银行当年未实现国有资本保值增值的，在已计算的绩效评价结果上，下调一档确认。

② 财政部门审核确定绩效评价结果后，及时反馈商业银行，抄报负责商业银行领导班子和领导人员综合考核评价的组织人事部门和行业监管部门，并以适当方式对社会公开。

③ 对于年度绩效评价结果为中档及以下（不含）的，商业银行要对照绩效评价结果计分表，及时总结原因，分析差距，加强管理，改进考核。

④ 当期评价后发现财务数据不实或有误，财政部门可追溯调整评价结果，并追溯调整与评价结果联动挂钩的其他事项结果。

⑤ 对于绩效评价加分事项，按照审慎从严的原则，如确有符合加分条件的事项，需依据充足，论证充分。对于绩效评价减分事项，一经核实，从严确认。

本章小结

商业银行绩效评价是检验商业银行经营成果的重要环节。商业银行绩效评价是指财政部门根据商业银行功能特点建立评价指标体系，运用适当评价方法和评价标准，对商业银行一个会计年度响应国家宏观政策、服务实体经济、防控金融风险情况，以及发展质量、经营效益情况进行的综合评价。商业银行绩效评价结果是商业

银行整体运行 综合评价的客观反映，应当作为商业银行改善经营管理和负责人综合考核评价的重要依据，是确定商业银行负责人薪酬和商业银行工资总额的主要依据。商业银行要提供全面、真实的绩效评价数据。其中，财务报表应当是按中国会计准则编制的合并财务报表。绩效评价数据应由负责商业银行年度财务报告审计的独立审计机构进行复核并单独出具审计报告。商业银行相关业务数据应与按照监管要求报送的最终结果保持一致，相互印证。

即测即评

第9章单项选择题

第9章多项选择题

第9章判断题

第10章
商业银行资产负债管理策略

思政小课堂

立足资产负债管理实践　应对未来挑战与发展

从“十三五”到“十四五”，我国金融业走过了砥砺奋进的5年，进入了建立现代金融体系的关键时期，开启了加快改革的新征程。截至2021年年末，我国银行业机构总资产为344.76万亿元、总负债为315.28万亿元，为我国的经济发展提供了资金支持。现代化的银行经营需要认识并领会资产负债管理的逻辑与框架，构筑安全、高效的资金管理模式。资产负债管理要求协调资产和负债总量、结构、利率、期限、风险、流动的搭配，实现自我约束、自担风险，建立高标准的经营管理机制。《中华人民共和国国民经济和社会发展第十四个五年规划和2035年远景目标纲要》为金融业改革发展指明了方向，未来5年乃至15年，银行业深化改革，实现以高质量金融服务助力构建新发展格局，必定要运用资产负债综合管理的理论与实践，提高金融管理能力与水平，直面挑战，不负未来。

10.1 商业银行资产负债管理概述

资产负债管理也称资产负债综合管理，是现代商业银行在经营实践中总结出来的一种比较安全、高效的资金经营管理模式。它是指商业银行在业务经营过程中，将资产和负债综合起来，通过对各类资产和负债进行预测、组织、调节和监督，协调各种不同资产和负债在总量、结构、利率、期限、风险和流动性等方面的搭配，实现资产负债总量平衡和结构合理，达到经营总目标的要求。商业银行资产负债管理按其历程，可以分为资产管理阶段、负债管理阶段和资产负债综合管理阶段。

10.1.1 商业银行资产管理

1.商业银行资产管理理论

资产管理理论产生于资本主义自由竞争阶段，是注重银行资产安全性和流动性的经营管理理论。随着经济的发展和商业银行经营环境的变化，资产管理理论经历了商业贷款理论、资产转移理论、预期收入理论3个不同的发展阶段。

（1）商业贷款理论

商业贷款理论（Commercial Loan Theory）也称真实票据理论或商业性贷款理论，源于亚当·斯密1776年发表的《国富论》中的相关论述。该理论基于对银行的资金来源主要是吸收存款的认识，出于保持资金流动性的考虑，认为商业银行只应发放与商品周转相联系或与生产物资储备相适应的自偿性贷款，而禁止发放不动产贷款、消费贷款或者长期性的设备贷款及农业贷款，更不能发放购买证券的贷款。这种理论在相当长的时期内支配和指导着商业银行的业务经营。

（2）资产转移理论

资产转移理论（Shift Ability Theory）又称资产转换理论，是保持资产流动性的理论。该理论最早由美国的莫尔顿于1918年在《政治经济学杂志》上发表的《商业银行及资本形式》一文中提出。该理论认为，保持银行资金流动性的最好办法是银行购买随时能在市场上变现的资产，即能够转移、出售给第三者的资产。这类资产一般具有信誉好、期限短、容易出售的特点，从而能保证银行资产的流动性。如果资金不足，商业银行也可以把这类资产转让给中央银行，只要中央银行随时准备购买商业银行提出转让的资产，商业银行就能保持流动性。

资产转移理论的出现为商业银行保持资产流动性提供了新的方法。它一方面消除了商业银行通过贷款保持流动性的压力，使商业银行的资产业务范围迅速扩大，业务经营更加灵活多样；另一方面减少了商业银行持有的非营利性现金资产，将一部分现金转化为有价证券，既保持了流动性，又增加了银行的收益，也加速了证券市场的发展。正因为如此，资产转移理论得到了广泛认可。

（3）预期收入理论

预期收入理论（Anticipated Income Theory）是关于商业银行资产投向选择的理论，由美国金融学家普鲁克诺于1949年在《定期贷款与银行流动性理论》一书中提出。该理论认为，无论是短期商业贷款还是可转让证券，其偿还能力或变现能力都以未来的收入为基础。贷款的偿还也有赖于借款人将来的或预期的收入和银行对贷款的安排。这样，银行就可以根据借款人的预期收入来安排贷款的期限和方式，保持银行资金的流动性和安全性。如果一笔贷款的预期收入有保证，即使是长期贷款，银行资金的流动性和安全性也不受影响；反之，如果一笔贷款的预期收入不可靠，即使是期限较短的贷款，也有发生坏账或到期不能收回的风险。因此，商业银行除了发放短期贷款和购买短期债券来保持资产流动性以外，还可对一些有未来收入的项目发放中长期贷款。

第二次世界大战结束以后，经济恢复和发展成为首要任务，商业银行的贷款投向主要是设备和投资；随着经济的恢复和发展，又增加了消费贷款需求，贷款投向由商业转向工业，预期收入理论应运而生。

预期收入理论是对商业贷款理论和资产转移理论的发展和创新，丰富了如何判断银行资产组合中流动性和营利性关系的思维方式，强调了借款人的预期收入是商业银行选择资产投向的主要标准之一，为商业银行在更宽广的领域内选择资产组合提供了理论基础。

2.商业银行资产管理方法

（1）资金汇集法

资金汇集法（Pool of Funds Approach）起源于商业银行创建初期，在20世纪“大萧条”时期被广泛应用。资金汇集法也称资金总库法，它不考虑银行资金来源的不同特性，将商业银行的各种负债，如活期存款、定期存款、储蓄存款、自有资本等汇合成一个资金库，看作单一的资金来源而加以利用。资金库的大小不是由银行决定的，而是由外部市场因素（如企业活动、人口增长、货币政策等）决定的。

这种方法要求银行首先确定其流动性和营利性目标，然后将资金配置到最能满足这些目标的资产上去。由于流动性和营利性是相互矛盾的，流动性高的资产（如第一准备金）收益低，甚至完全没有收益（如现金），因此，配置资金时要有优先顺序。优先权按一定比例分配到第一准备金、第二准备金、贷款、证券投资，在土地、建筑物及其他固定资产上的投资通常另行考虑。该方法的基本步骤如图10-1所示。

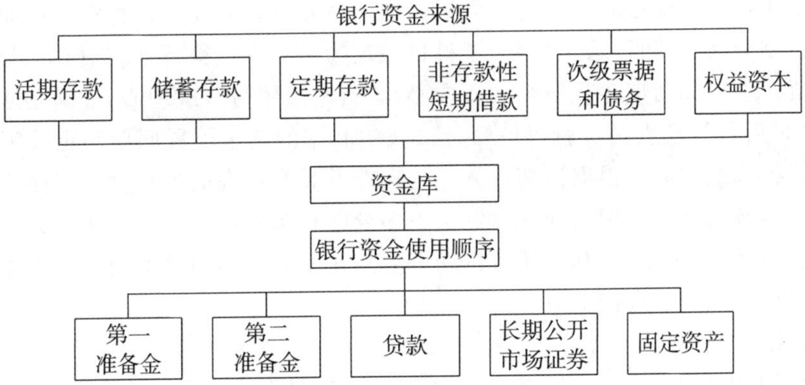

图10-1　资金汇集法

① 保证充分的第一准备金，包括库存现金、在中央银行的存款、在其他机构的存款余款，以及收款过程中的现金项目。这是为了满足银行日常支付和支票清算的需要，也是作为应付意外提存和意外信贷需求的第一道防线。

② 保证第二准备金，为防范所预见到的现金需求和未预见到的意外提供流动

性。第二准备金主要由短期公开市场证券构成，如短期国库券和票据、机构债务、银行承兑票据等。与第一准备金相比，第二准备金能赚取一定的收入，因而能提高银行的盈利能力。

③ 银行拥有充足的流动性后，其余资金可以用于满足客户的信贷需要。所有合理贷款要求都应在可贷资金限度内解决。

④ 银行在满足了信贷需要后所剩余的资金可用于购买长期公开市场证券。投资账户的目标有两个：一是创造收入；二是在这些证券到期时补充第二准备金。

（2）资产分配法

资产分配法（Conversion Funds Approach）也称资产配置法或资金转换法，是指银行所需要的流动性资金的数量与其获得资金的来源有直接关系，银行应根据不同资金来源的流动性和法定准备金的要求，决定银行的资产分配。资产分配法的要点如图10-2所示。

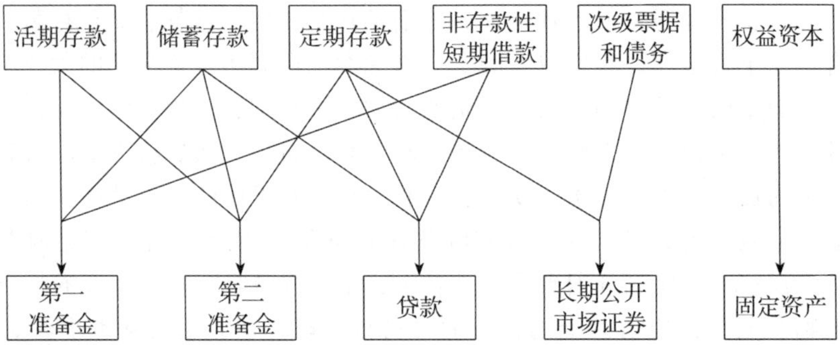

图10-2　资产分配法

在运用资产分配法时，银行首先根据周转性和准备金要求，将资产负债表负债方各科目划分为子科目，再将每个子科目假定为单一资金银行（或中心）分配于众多类型资产上，如活期存款银行（或中心）、资本金银行（或中心）。确立这些银行（或中心）后，管理人员可就每一银行（或中心）的资金配置问题制定政策，如活期存款银行（或中心）根据活期存款比定期存款具有更高的流动性，因而要缴纳更多的法定准备金，所以把活期存款资金更多分配在第一准备金上；相反，次级票据和债务没有准备金要求，其偿还或再融资要经过多年，因而这类资金就分配于长期公开市场证券和固定资产上。

（3）线性规划法

线性规划法（Linear Programming Approach）是在一定约束条件下，求得目标函数值最大（小）化的一种方法。线性规划法从20世纪70年代开始用于银行资产管理，主要是通过建立线性规划模型来解决银行的资产分配。银行的目标函数可以是净利差、营业利润、税后利润、股票市价等，约束条件是监管法规规定的各种比率、指标以及根据银行自身流动性、安全性而制定的控制指标，此外还包括其他一些客观限制条件。

①线性规划模型的建立。这一般有4个步骤：

第一，建立目标函数。商业银行通常把财富最大化作为经营管理的最高目标，但在模型中运用时，银行一般选择可以近似反映股东财富最大化的指标，如各类资产的收益率、银行净收益率等。

第二，选择模型变量。这一步骤主要考虑决策和预测这两类变量。决策变量是指银行可控的，并且企图优化其组合数额的资产和负债项目。一般而言，决策变量必须具备如下条件：一是变量与目标之间具有因果关系而不只是线性相关；二是变量必须是可直接控制或在理论上是可控的；三是变量的取值要受到一定的限制，如同业拆借、国库券、定期存单、贷款和资本型债券等。预测变量是指银行不能控制，并主要由银行外部条件决定的变量，如利率、现金流量、存款和放款种类等。

第三，确定约束条件。一般而言，约束条件应考虑如下几个：一是风险性限制，如法定资金充足率限制、法定准备金限制、银行自己规定的二级储备比率，以及呆账准备金比率等；二是可贷资金总量限制，这是指银行资产规模受资金来源总量的限制；三是贷款需求限制，银行为了维持稳定的客户关系，通常不能轻易拒绝客户的贷款要求，因此，预计的贷款需求就成为一种数量约束；四是其他限制，如金融监管层规定的再贴现贷款限制额、贷款集中度限制、对股东贷款限制、拆借资金限制，以及我国特有的规模限制等。

第四，求出模型的解。建立模型后，把各项数值输入计算机运算，求出模型的解。

②线性规划模型应用举例。假设某银行的资金来源最多为2 500万元，可用于第一种资金运用（X_1）和第二种资金运用（X_2）。X_1收益率为12%，X_2收益率为8%。现根据具体情况确定X_1和X_2的比率关系应该是$X_2 \geqslant 0.25X_1$，再假设该银行利润目标为Z。依据这些假设，可以建立如下模型：

目标函数：$MAX(Z)=0.12X_1+0.08X_2$

约束条件：$X_1+X_2 \leqslant 2\,500$

$X_2 \geqslant 0.25X_1$，$X_1 \geqslant 0$，$X_2 \geqslant 0$

由上式可知：当$X_1=2\,000$万元、$X_2=500$万元时，收益最高，为280万元。

上面这个简化的模型忽略了影响银行收入的众多因素，因而它只是粗略的，要使线性规划模型达到实用阶段，还需要做进一步考虑。在目标函数、约束条件一定的情况下，我们能得到一组最佳的资产负债组合，但是，银行管理者应考虑目标函数、约束条件的各种可能变化，据以求出相应的最佳组合，并找出从一种最佳组合变动到另一种最佳组合的途径，这称为动态规划。银行管理者经常运用线性规划模型的敏感度分析对利率、监管规定等变动做出分析。

10.1.2　商业银行负债管理

1.商业银行负债管理理论

负债管理理论产生于20世纪60年代，该理论认为，银行资产的流动性不仅可以通过加强资产管理、建立各级准备资产来获得，而且可以由负债管理，即向外借款来提供。只要银行的借款市场扩大，资金的流动性就有保证。商业银行可以处于准备不足的状态，没有必要在资产方保持大量的流动性资产，而应将其投入高收益的贷款和投资中去，甚至可以通过借款来扩大贷款规模，增加银行收益。

（1）银行券理论

银行券理论是一种古老的银行负债理论。最初人们将金银或铸币存入银行，银行开出一张支付凭证，允诺持票人依此可取得票面数额的金银或铸币。这种凭证就是银行券，也称银行钞票。发行的银行券成为银行的负债，但其背后都有贵金属资产做后盾。不过，在“金匠法则”观念的普遍影响下，银行家发觉不必以实足的金币资产做后盾，银行券可以多发，持票人一般不会同时要求兑现，于是多发银行券便成为银行获取利润的主要手段，同时银行券也成为银行的基本负债。

（2）存款理论

自从商业银行失去了发行银行券的权利以后，存款理论便成为银行负债管理的主要理论。存款理论的内容涉及存款的意义、存款的内涵、存款利息的支付、存款的安全性和稳定性、原始存款与派生存款的划分等。该理论认为，存款是银行最重要的资金来源，是存款者放弃货币流动性的一种选择，银行应当支付存款利息；存款者和银行共同关注的焦点是存款的安全性问题；存款的稳定性是银行经营的客观要求，银行的资金运用必须限制在存款的稳定性额度之内；存款可分为原始存款和派生存款。

存款理论的最主要特征是其稳定性或保守性倾向。它强调依照客户的意愿组织存款，遵循安全性的原则管理存款，根据存款的稳定性安排贷款，不赞成冒险获取利润和支付代价。在这种理论的影响下，一系列银行管理制度诞生了，如存款保险制度、最后贷款人制度、存款利率限制制度等，这些制度有助于提高存款的稳定性。同时，存款理论的盛行也反映了银行经营战略重点被定位于资产管理方面。

（3）购买理论

20世纪60年代，西方主要国家面临通货膨胀和经济停滞并存的巨大压力，一种同存款理论迥然相异的负债理论获得了银行界的普遍青睐，这就是购买理论。购买理论认为，银行对于负债并非消极被动和无能为力，银行完全可以采取主动，主动负债、主动购买外界资金。购买理论的主要内容有：银行购买资金的目的是提高流动性，购买对象即资金供应者是十分广泛的；直接或间接抬高资金价格，是实现购买行为的主要手段；银行奉行购买理论的适宜环境是通货膨胀条件下的实际低利率甚至负利率；购买资金是适应银行资产规模扩张需要的积极行为。

（4）销售理论

这是20世纪80年代兴起的一种银行负债理论，其主题是银行应努力推销金融产品。销售理论的主要内容有：客户的利益和需要是银行服务的出发点和归宿；客户是多种多样的，其需求也是多种多样的，因而金融产品也必须多种多样；银行要善于通过服务途径，利用商品和劳务的配合，达到吸收资金的目的；金融产品的推销主要依靠信息沟通、加工和传播；从负债角度来看，应该适当地利用贷款或投资手段的配合来达成资金的吸收，做出“一揽子”安排。

销售理论是在金融工程和金融创新涌现、金融竞争和金融危机日益加深的形势下产生的，它同以往所有银行负债理论的显著区别在于，它不再单纯着眼于资金，它的立足点是服务，是创造形形色色的金融产品，为有多种需求的客户提供形式多样的金融服务。银行是金融产品的制造者，银行负债管理的任务就是推销这些产品，从中既获得所需的资金，又获得应有的报酬。

销售理论关注的是市场概念，它要求银行确认客户究竟需要什么，应当在什么时候、以什么方式告诉客户银行将提供给他们什么样的产品和服务。销售理论反映了金融业和非金融业的彼此竞争和相互渗透，标志着商业银行正朝着功能多样化和复合化的方向发展，但也潜伏着新的混乱和动荡因素。

2.商业银行负债管理方法

在资产管理中，管理重心是将既定量的资金分配于贷款和投资的替换选择上。此时，银行规模被看作由外因所决定，资产管理需要做的是寻求银行资产优化组合。与此相反，负债管理需要利用买入资金来维持和增加银行资产组合规模。银行负债管理分为两类：储备头寸负债管理和贷款头寸负债管理。

（1）储备头寸负债管理

其做法是通过购入资金弥补短期流动性需要，通常是买入期限很短的资金来弥补第一准备金，满足提取存款和贷款需求增加时的需要。例如，在美国，储备头寸负债管理的主要工具是购买期限为一天的联储资金，或使用回购协议。这样，当一家银行的储备由于存款人提款或增加了对收益资产投放而暂时不足时，可购买联储资金来补充；而当储备有暂时盈余时，就售出联储资金。储备头寸负债管理使银行持有的流动性低的收益资产的比例大于资金汇集法或资产配置法下的比例，因而增加了预期收益。利用这种方法也存在一定的风险。这种风险主要来自提供流动性准备的成本所具有的不确定性。如果购入资金的成本过高，就会减少预期收益。此外，当市场无序时，银行可能无法获得资金。如果银行绩效下降、财政困难被外界所知，也可能给购入资金带来困难。

（2）贷款头寸负债管理

其做法是银行通过购入资金来持久地扩大银行的资产负债规模，故也被称为真正负债管理或纯粹负债管理。这种方法首先是通过不同利率来购入资金，用以对贷款持久增加进行融资；其次是通过增加银行负债的平均期限，减少存款的可变性，从而降低银行负债的不确定性。运用该方法的动机是扩大收益资产。要使该方法得到成功运用，前提条件是银行能获得弹性供给资金来源，因此，对于运用该方法的银行来说，资金供给风险必须比较低；否则，银行的整个负债管理结构会垮掉。

10.1.3 商业银行资产负债管理

1.资产负债管理的含义

资产负债管理（asset-liability management，ALM）也称相机抉择资金管理，其基本思想是在融资计划和决策中，银行主动利用对利率变化敏感的资金，协调和控制资金配置状态，使银行维持正的净利息差额和正的资本净值。

资产负债管理理论产生于20世纪70年代后期，当时市场利率大幅上升，使得负债管理在负债成本提高和经营风险增加等方面的缺陷越来越明显，单纯的负债管理已经不能满足银行经营管理的需要了。各国的金融管制均有所放松，使得银行吸收存款的压力减小，因此商业银行由单纯的偏重资产或负债管理转向资产负债综合管理。

资产负债管理理论认为，商业银行单靠资金管理或单靠负债管理都难以达到流动性、安全性、营利性的均衡。银行应对资产和负债两方面业务进行全方位、多层次的管理，保证资产负债结构调整的及时性、灵活性，进而保证流动性供给能力。

资产负债管理理论既吸收了资产管理理论和负债管理理论的精华，又克服了其缺陷，从资产、负债平衡的角度去协调安全性、流动性、营利性之间的矛盾，使银行经营更为科学。

2.资产负债管理的目标和原则

资产负债管理的目标是资产负债管理理论要达到的目的，即银行资产与负债总量平衡、结构合理。

（1）总量平衡的目标

总量平衡要求商业银行资产总量和负债总量实现动态平衡或实质性平衡，防止超负荷运转。

从商业银行的资产负债表来看，任何时候资产都恒等于负债与所有者权益之和，资金来源与资金运用永远是平衡的。我们这里讲的资产负债（包括所有者权益，下同）总量平衡，不是指账面上平衡，而是指实质性平衡，即商业银行的资产总量与其真实性资金来源保持平衡。若一家商业银行采取占用联行汇差、欠缴法定存款准备金、限制客户提取存款等手段扩大资金来源，增加贷款发放，从账面来看是平衡的，但实质上并不平衡。因为这些负债并不是商业银行正常的资金来源，它意味着商业银行超负荷运转，超过了自身的承担能力。另外，资产负债总量平衡是一种积极的平衡和动态的平衡，不是机械的、数学意义上的平衡。也就是说，若经济发展对商业银行的资金需求旺盛，贷款和证券投资风险较低，商业银行应积极组织资金来源，采取多种办法筹集资金，“找米下锅”。资产负债管理所要求的总量平衡目标是指资产的运用和负债的来源之间保持合理的比例关系，实现动态平衡或实质性平衡。

（2）结构合理的目标

结构合理要求商业银行资产和负债两者之间在期限和时序上相互制约、相互协调，其实质是一种动态的平衡或动态的调节过程，而不是银行资产与负债在偿还期和数量上的机械的、缺乏弹性的对称配置。结构合理的目标要求保持资产和负债的恰当的比例关系，形成资金配置的优化组合，这种组合又随着融资环境、经济周期和产业政策的变化而适时调节。如商业银行应按照负债的期限结构安排资产的期限结构，以便到期的负债能够用到期的资产变现来清偿，既满足了流动性需要，又减少了银行非营利性资产和低营利性资产。但是，若经济发展对银行长期资金需求较大，中长期贷款数量较大，商业银行就应合理调整负债的期限结构，提高负债的稳定程度，而不应教条地、机械地按照既定的负债期限结构安排资产期限结构。

总量平衡的目标和结构合理的目标既相互联系，又相互制约。资产负债总量平衡是资产负债期限结构合理配置的基础和前提，总量不平衡，结构必然不合理；资产负债期限结构合理配置又可以促进资产负债总量平衡的实现，因为如果在结构上资产负债流动性不足、安全性差、配置不合理，必然影响总量的平衡。

3.商业银行资产负债管理的原则

安全性、流动性和营利性是商业银行业务经营的基本原则，贯穿商业银行业务经营活动的始终。当然，在不同的业务活动中，商业银行“三性”原则的具体要求不同。以资金来源制约资金运用、保持资产负债结构对称、实现资产负债组合效益最大化就是“三性”原则在资产负债管理中的具体体现。

（1）以资金来源制约资金运用的原则

商业银行以各种形式筹集资金，目的是通过贷款的发放或证券投资将其运转起来，在资产收益大于负债成本的条件下获取盈利。在商业银行的资金来源中，资本金和以负债形式获得的资金构成了商业银行可运用的资金总量。也就是说，在商业银行资金来源既定的条件下，其资产规模、资金运用总量也是既定的，资金来源的规模决定了资产的规模。因此，对一家商业银行来讲，要扩大其资产总量，增加盈利总额，就必须采取多种办法，尽可能多地组织资金来源。

在这里，一定要正确理解商业银行的信用创造职能。信用创造职能是指商业银行在吸收原始存款的基础上，基于非现金结算和部分准备金制度，通过其信用活动，派生出若干倍于原始存款的存款数量。从这一角度来看，似乎可以得出这样的结论：商业银行即使不吸收存款或少吸收存款，也照样可以扩大其资产规模。一方面，能否派生及派生能力的大小要受制于原始存款的数量；另一方面，商业银行发放贷款后，借款人将款项的绝大部分通过银行转账实现对外支付，又形成了另一客户在银行存款数量的增加，也只有这样，派生过程才能继续下去。可见，商业银行对资产的占用必须建立在负债合理增长的基础上，根据资金来源的实际可能，合理地运用资产，以保证银行的支付清偿能力，防止超负荷经营。

（2）保持资产负债结构对称的原则

在商业银行的资金来源中，既有短期的资金来源，也有中长期的资金来源；既有成本较低的负债，也有成本较高的负债。在商业银行的资产运用中，既有短期的资产，也有中长期资产；既有流动性较高的资产，也有流动性较低的资产；既有收益较低的资产，也有收益较高的资产。商业银行业务经营就是要根据资金来源的期限结构、流动性高低、成本高低等合理安排资产的结构，使资产的结构与资金来源的结构相对称。

从商业银行的资金来源来看，活期存款（包括居民个人和企事业单位的活期存款）可以随时提取，没有约定期限，不付利息或利率很低，构成了商业银行短期的、低成本的、流动性要求较高的负债；定期存款（包括居民个人和企事业单位的定期存款）事先约定了期限，利率较高，稳定性较强，构成了商业银行中长期的、高成本的、流动性要求较低的负债。从商业银行的资产运用来看，短期贷款和短期证券投资变现能力强，但收益率较低；中长期贷款和中长期证券投资收益率较高，但变现能力较差。保持资产负债结构对称的原则要求商业银行必须根据不同时期资金来源的结构，合理配置其资产运用结构。

（3）实现资产负债组合效益最大化的原则

不论采取何种办法与措施对商业银行的资产负债结构进行配置，都必须围绕一个基本点：组合效益最大化。在商业银行的经营过程中，由于受多种因素的影响，安全性、流动性和营利性并不总是一致的。也就是说，商业银行不可能在任何时候、任何环境下都按照资金来源的期限结构、流动性高低、成本高低等自主配置资产结构。在这种情况下，以效益最大化为出发点和立足点，灵活调整资产和负债的结构就成了商业银行的唯一选择。

以上3个原则相辅相成、相互作用、缺一不可。以资金来源制约资金运用是基础，保持资产负债结构对称是条件，实现资产负债组合效益最大化是目的。

4.我国商业银行的资产负债比例管理

我国商业银行的资产负债比例管理起步于20世纪80年代末期。1987年，交通银行提出了“总量、比例控制”、“总量平衡、结构对称”和“经营目标管理”等资产负债管理的构想，并且向各分行提出7项自控性指标。1994年2月，中国人民银行颁布了《关于对商业银行实行资产负债比例管理的通知》，其指导思想是：适应新的金融管理体制，增强商业银行自我约束和自我发展能力，改进中国人民银行宏观调控方式，保证银行业的稳定发展。

1996年12月，中国人民银行根据资产负债比例管理的执行情况及金融形势的变化，对1994年规定的资产负债比例管理的指标进行了修改，将指标分为监控性指标和监测性指标，并将外汇业务和表外业务纳入监管指标体系，使新的指标体系更加全面。

1998年1月1日，中国人民银行取消了对四大国有银行贷款的限额要求，至此我国商业银行的资产负债比例管理不需要再服从贷款限额的限制，商业银行可以根据本行的经营状况，自主放贷，灵活地进行资产负债比例管理。

我国商业银行的资产负债比例管理推动了我国银行从专业银行向商业银行的转变，强化了商业银行的自我约束机制，同时也便于中央银行进行宏观监管。

10.2 商业银行资产负债管理模型

10.2.1 利率敏感性缺口管理

1.利率敏感性缺口模型

（1）基本模型

利率敏感性缺口（interest sensitive gap，ISG）模型是通过监控和调整利率敏感性资产（interest sensitive assets，ISA）和利率敏感性负债（interest sensitive liabilities，ISL）的期限缺口来进行资产负债管理的方法。根据利率的特点，商业银行的资产与负债可以分为3类：利率期限相匹配的资产和负债、利率敏感性资产和利率敏感性负债、固定利率的资产和负债。利率发生变动时，并非所有资产和负债都受影响，只有利率敏感性资产和利率敏感性负债受利率的影响。

利率敏感性缺口在数量上等于利率敏感性资产和利率敏感性负债之间的差额，其计算公式为：

$$ISG=ISA-ISL \quad \text{（公式10-1）}$$

由于商业银行净利息收入（net interest income，NII）等于商业银行利息收入减去其负债利息支出，当利率变化时：

$$\Delta NII=ISA\cdot\Delta r-ISL\cdot\Delta r \quad \text{（公式10-2）}$$

将（公式10-1）代入（公式10-2），得到：

$$\Delta NII=ISG\cdot\Delta r \quad \text{（公式10-3）}$$

由（公式10-3）可以看出，当利率变动时，利率敏感性缺口的数值将直接影响银行的净利息收入。缺口越大，商业银行利差对市场利率变动就越敏感，利率风险就越大。

（2）用缺口衡量利率风险值

净利息收入变动=风险值缺口×利率变动额　　（公式10-4）

① 若ISG>0，称为正缺口，表明利率浮动的资产中有一部分来自固定利率负债，商业银行在利率上升时获利；

② 若ISG<0，称为负缺口，表明一部分固定利率资产来自利率浮动的负债，商业银行在利率下降时获利；

③ 若ISG=0，称为零缺口，表明利率浮动的资产等于利率浮动的负债，商业银

行处于平衡状态。

（3）用敏感性比率（sensitive ration，SR）衡量利率风险

敏感性比率是指利率敏感性资产与利率敏感性负债之比。由于各商业银行的规模不同，如果只使用利率敏感性缺口，无法比较不同金融机构的利率敏感性，从而很难制定降低利率风险的管理策略。敏感性比率有利于不同规模的商业银行之间的比较，也有利于统一商业银行不同时期的比较。其计算公式为：

SR=RSA/RSL （公式10-5）

① 当利率敏感性资产大于利率敏感性负债时，敏感性比率大于1；

② 当利率敏感性资产等于利率敏感性负债时，敏感性比率等于1；

③ 当利率敏感性资产小于利率敏感性负债时，敏感性比率小于1。

利率敏感性缺口表示利率敏感性资产与利率敏感性负债差额绝对量的大小，而敏感性比率表示两者相对量的大小，显示银行承受利率风险的程度，可以用表10-1概括利息变动对银行净利息的影响。

表10-1 **利率敏感性缺口与商业银行净利息收入的关系**

敏感性比率	缺口	利率变化	净利息收入变化
>1	正	上升	增加
>1	正	下降	减少
<1	负	上升	减少
<1	负	下降	增加
=1	零	上升	不变
=1	零	下降	不变

由表10-1可知，如果预期市场利率上升，就应扩大正缺口或减少负缺口，即从增加利率敏感性资产或减少利率敏感性负债两方面开展业务活动。增加利率敏感性资产的方法主要包括增加浮动利率贷款、提前回收固定利率贷款、增加短期贷款、减少长期贷款等。减少利率敏感性负债的方法主要包括增加固定利率负债、减少浮动利率负债、增加长期负债、减少短期负债（通过出售长期大额存单以及减少同业拆入等办法，最终达到延长负债到期日的目的）。反之，如果商业银行预期市场利率下降，则应采取减少正缺口或扩大负缺口的方法。

2.利率敏感性缺口模型的局限性

利率敏感性缺口模型是对利率变动进行敏感性分析的方法之一，有效的缺口管理能够测量一家商业银行利率敏感性资产和利率敏感性负债的缺口，估算银行的利率风险。该模型也存在局限性：第一，忽略了时间因素，由于假定同一时间段内的所有头寸到期时间或在新利率水平下重新定价时间相同，因此忽略了同一时间段内

的所有头寸到期时间或在新利率水平下重新定价期限的差异。在同一时间段内的加总程度越高，对计量结果精确性的影响就越大。同时，未考虑因利率改变而引起的支付时间的变化，即忽略了与期权有关的头寸在收入敏感性方面的差异。第二，不能精确地反映商业银行面临的利率风险。由于利率敏感性缺口不能显示缺口所处的利率水平，因而不能精确计算利润的变化和评估市场利率变动导致的市场价值的变化。

10.2.2 持续期缺口管理

1.持续期的计算及应用

在利率波动环境中，利率敏感性缺口模型控制和管理利率敏感性资产和利率敏感性负债不匹配所带来的利率敞口风险。然而，固定利率的资产和负债并非没有风险，其市场价值会随市场利率的变化而发生波动，持续期缺口模型通过对银行资产和负债持续期缺口进行调整的方式，来控制和管理在利率波动中由总体资产负债匹配不当给银行带来的风险。

（1）持续期的计算

持续期（duration）是由美国经济学家弗雷德里·麦考莱于1936年提出的，持续期缺口模型是从20世纪80年代发展起来的一个利率风险管理模型。从经济含义上讲，持续期是指固定收入金融工具预期现金流的加权平均时间，或是固定收入金融工具各期现金流抵补最初投入的平均时间。它度量了金融工具的市场价值对利率的敏感性。持续期的绝对值越大，受利率影响越大。在计算中，持续期等于金融工具各期现金流发生的相应时间乘以各期现金流现值除以该金融工具市场价格。其计算公式为：

$$D = \sum_{t=1}^{t} t \times W_t \qquad (公式10-6)$$

$$W_t = \frac{CF_t/(1+Y)^t}{P_0} \qquad (公式10-7)$$

式中：D为金融工具的持续期；t为该金融工具产生现金流的各个时期；W_t为t期现金流量的时间权重；CF_t为t期现金流量；Y为该金融工具的到期收益率；P_0为该金融工具的市值。

（2）持续期计算应用举例

某固定收入债券的息票利率为8%，偿还期为3年，面值为1 000元。另一零息债券的面值也为1 000元，偿还期为3年。我们假定两个金融工具的实际收益率（市场利率）为10%，求以上两种债券的持续期。

在计算中，先计算每期现金流的现值，然后用每个现值乘以相应的发生时间，再把各项乘积相加，并以各项乘积之和除以各个现值之和，就得到该债券的持续期，见表10-2。

表10-2 **两种债券的持续期计算过程**

项目	(1)至支付日的时间(年)	(2)支付金额(元)	(3)现值(元)(贴现率为10%)	(4)权重	(5)=(1)×(4)
1.息票利率为8%的债券	1	80	72.727	0.0765	0.0765
	2	80	66.116	0.0696	0.1392
	3	1 080	811.420	0.8539	2.5617
总计	—	—	950.263	1.000	2.7774
2.零息债券	1	0	0	0	0
	2	0	0	0	0
	3	1 000	751.315	1.0	3
总计	—	—	751.315	1.0	3

注：权重=每个现金流的现值除以债券价格。

第6列数字是至支付日的时间同权重的乘积。将第6列的数字加起来就能计算出每种债券的持续期。零息债券的持续期正好是它的到期时间，即3年。3年期固定收入债券的持续期为2.7774年。

2.持续期缺口模型及其运用

通过公式可计算出单项资产或负债的持续期，而银行资产或负债组合的持续期等于组合中每一金融工具的持续期由价值加权的平均值。持续期缺口（duration gap）可用以下公式计算得出：

$$D_{Gap}=D_A-\mu\times D_L \quad \text{（公式10-8）}$$

$$\mu=L/A \quad \text{（公式10-9）}$$

式中：D_{Gap}为持续期缺口；D_A为总资产持续期；D_L为总负债持续期；μ为资产负债率，即总负债/总资产。

银行的净值（亦即资本）等于资产总值减去负债总值。在利率变动的情况下，资产和负债的总值会发生变化，净值也会发生变化，用公式表示为：

$$\Delta NW=\Delta A-\Delta L \quad \text{（公式10-10）}$$

$$\Delta A=-[D_A A/(1+r)]\Delta r \quad \text{（公式10-11）}$$

$$\Delta L=-[D_L L/(1+r)]\Delta r \quad \text{（公式10-12）}$$

式中：ΔNW为净值变化；ΔA为资产总值变化；ΔL为负债总值变化；D_A为总资产持续期；D_L为总负债持续期；Δr为利率变动；A为总资产初始值；L为总负债初始值。

当市场利率上升时，银行固定利率资产和固定利率负债的市场价格将下降；银行资产和负债的到期日越长，长期资产和长期负债的市场价格下降的幅度也越大。

因此，由于利率变化引起的银行净值变化取决于资产和负债的相对期限。由于持续期是计算平均到期日，所以我们把持续期缺口公式代入银行净值公式，来度量利率变化对银行净值的影响程度，计算可得：

$$\frac{\Delta NW}{NW} = -D_{Gap}\frac{\Delta r}{(1+r)(1-\mu)} \quad \text{（公式10-13）}$$

式中：ΔNW/NW为银行净值的变化率。

① 当持续期缺口为正时，银行净值随利率上升而下降，随利率下降而上升。因为资产持续期超过负债持续期，利率变化，会使银行负债价格的变化小于银行资产价格的变化。在这种情况下，利率上升会使银行资产价格的降幅大于负债价格的降幅，银行净值就会下降。

② 当持续期缺口为负时，银行净值价格随市场利率升降同方向变动。因为资产持续期小于负债持续期，利率变化引起的负债价格变化的幅度大于资产价格变化的幅度。如果利率上升，负债价格下降幅度会大于资产价格下降幅度，银行净值会上升。

③ 当持续期缺口为零时，银行净值免受利率波动的影响。

对这些变动关系的总结见表10-3。

表10-3 **持续期缺口对银行净值的影响**

持续期缺口	利率变动	资产市值变动	变动幅度	负债市值变动	净值市值变动
正	上升	减少	>	减少	减少
正	下降	增加	>	增加	增加
负	上升	减少	<	减少	增加
负	下降	增加	<	增加	减少
零	上升	减少	=	减少	不变
零	下降	增加	=	增加	不变

3.持续期缺口模型的局限性

与利率敏感性缺口管理相比，持续期缺口管理是一种更为先进的利率风险计量方法。利率敏感性缺口管理侧重于计量利率变动对银行短期收益的影响；而持续期缺口管理则能更准确地估计利率变化对银行资产和负债价值及银行净值的影响程度，并且可使商业银行的净资产对利率波动具有免疫性。

持续期缺口管理尽管有一定的优越性，但也存在一些缺陷：第一，需要银行信息系统提供大量的有关现金流量的数据，预测银行未来所有的现金流量，然而，现金流量信息对大多数银行来说都是有限的，持续期缺口管理目前仍不是银行的常规决策方法。第二，持续期缺口模型实际上暗含了一个前提——市场的收益率曲线是水平的，即不存在长短期利率的差异。当利率变化时，收益率曲线平行移动，不同期限的利率发生同等程度变化。现有研究表明，市场的收益率曲线呈现出各种形状，其平行移动是罕见的，因此，若收益率曲线不是水平的，使用持续期来分析商业银行资产、负债和净值的利率敏感性就可能发生偏差。

4.有效持续期和有效凸度

鉴于麦考莱的持续期没有考虑隐含期权对资产和负债价值的影响，弗兰克·法波齐于1986年提出基于期权调整的有效持续期和有效凸度模型。有效持续期和有效凸度认为，随着利率的变化，与其相关的未来现金流会发生变化，债券价值的表现也会受到影响。它直接运用于以不同收益率曲线变动为基础的证券价格，这些价格反映了证券中隐含期权价值的变动。

10.2.3 其他的资产负债管理方法

目前有许多资产负债管理方法都在应用，用到的数学方法主要集中于优化、随机控制等。

1.多阶段模型

大多数早期的资产负债管理模型只能解决短期问题或只能以公式明确表示单阶段问题，随着时间的推移，人们越来越多地提出多阶段模型。库斯（Kusy）和茨姆巴（Ziemba）提出了一个5年规划的多阶段随机规划模型，此外还有很多成功的多阶段随机资产负债管理模型。在所有文献中提及的资产负债管理模型中，数学规划是多数模型使用的主要方法，布雷纳（Brennan）等建议以优化、随机控制模型代替数学规划作为基础模型。

2.账面价值法

传统的资产负债管理模型因为在估价时用的是账面价值而不是市场价值，因而被J.P.摩根银行的风险矩阵（risk metrics）所批判，其建议以VaR作为资产负债管理模型的替代方法。但是，目前的资产负债管理模型可以同时考虑账面价值与市场价值，而VaR一般只用于短期（一般不超过10天）市场风险的管理。与VaR不同，资产负债管理模型除市场风险外，还可以管理流动性风险、信用风险等。在管理相应的风险时，资产负债管理模型会考虑法律与政策的限制，来决定公司资产的分配。对资产负债管理模型的另一个批评是其在长期预测中的可靠性，然而现代资产负债管理模型以场景设置或模拟代表未来的各种可能性，其结果可以是各种状况出现的概率而不再是单一的预测结果。

3.效率前沿模型

效率前沿模型最初是由马科维茨提出，作为资产组合选择的方法而发展起来的。它以期望代表收益，以对应的方差（或标准差）表示风险程度，因此也称为期望-方差模型。该模型产生了一系列效率前沿而非一个单独建议。这些效率前沿只包括所有可能的资产组合中的一小部分。资产负债管理最常用的手段之一就是利用模拟方法发现一个基于期望-方差的效率前沿策略。假定有两个投资策略，我们很容易计算它们的期望与方差。如果随机增加路径和策略，期望-方差散点图的上界将达到效率前沿线，这就意味着识别出了最优的风险回报投资策略。

4.多重限制决策模型

在银行实际管理中，可能会考虑一些互相冲突的目标，如可能会考虑期望收益、风险、流动性、资本充足率、增长性、市场份额等。如果一一考虑这些目标，并寻求最终解决办法，模型将极为复杂而且解决的方法可能很多，决策者要进行有效分析将非常麻烦，因此发展出了多限制决策模型。以目标规划模型为例，该模型是最常用的多限制决策模型之一，其主要优点是灵活性，它允许决策者同时考虑众多的限制和目标。

5.随机规划与随机控制资产负债管理模型

目前资产负债管理模型越来越多地运用随机规划或随机控制方法。随机规划资产负债管理模型实际上是一类模型，它提供了模拟一般目标的方法。这些目标包括交易费用、税费、法律和政策限制等方面的要求。由于考虑了众多因素，模型的变量越来越多，出现了大量优化问题，其计算成本相当高，实用性较差。

6.动态财务分析模型

动态财务分析作为资产负债管理的一种方法，是近些年才发展起来的，将它单独归为一类也许不是很合理，因为它会用到前述若干模型的方法，如随机规划、随机控制等，但其思想有所变化。前述各种模型都是采取各种办法，将未来的不确定性以离散状态假定（或者是确定性假定或者是随机产生）来表示，而动态财务分析模型是以连续状态描述未来的不确定性。这种分析方法目前较多被非寿险公司所采用。

7.压力测试

银行通过压力测试来预测突发小概率事件等极端不利情况下银行可能遭受的损失，如利率、汇率、股票价格等市场要素发生剧烈变动，发生意外的政治和经济事件等。压力测试的目的是评估银行在极端不利情况下的亏损承受能力，主要采用敏感性分析和情景分析方法进行模拟和估计。

8.资产负债比例管理

为了实现银行短期和长期资产负债管理战略目标，保持银行的竞争能力和抵御风险能力，兼顾资金的流动性、安全性和营利性，西方国家商业银行通过建立资产负债比例指标体系来指导、监管、约束银行的资产和负债业务，促进资产负债管理。资产负债比例管理指标体系一般分为流动性指标、安全性指标和营利性指标。

此外，资产负债管理方法还包括期权交易法、金融期货交易法和利率调换法等。

小资料 10-1

新常态下资产负债管理的转型

我国金融改革向更深层次发展，利率市场化进程加快，互联网金融影响扩大，资本监管进一步趋严，这都对商业银行经营管理理念及方法、盈利能力、控制风险等方面提出更高要求。商业银行资产负债管理方式也要进行调整和改革，主要表现在以下4个方面：

1.建立大资产负债管理模式，即基于银行资产负债表管理，对银行各种资产、负债以及资本的余额和变化组合进行规划、支配和控制。在负债端，应以资金募集为中心统筹表内外负债管理。客户资金进入银行的渠道逐渐多元化，资金募集将逐渐取代传统存款模式。

2.推进主动型资产负债管理。随着利率市场化完全放开，商业银行被动负债比重将明显降低，但资金补充形式会增加，如永续债等的发行。与之相对应，商业银行需要实施主动资产负债管理。在负债方面，应强化主动负债管理。商业银行应从发展性资金需求、利率敏感组合的资金需求、流动性资金需求和再筹资资金需求等方面把握一个时期的总体资金需求规模，以此确定主动负债需求，制定负债发展策略，明确金融债券、清算资金、定期存单等主动负债的配置。在资产方面，应强化主动资产管理。贷存比红线取消后，商业银行可根据资产配置的需求来决定负债的类型、规模、期限甚至价格，实施“以贷定存”，或者“以资产定负债”。随着金融市场改革向纵深推进，未来几年信贷、投行、理财等业务之间的壁垒将被打破，跨境金融、证券化、结构性融资等业务将成为资产业务新的增长点，商业银行可在监管合规的前提下，加大创新力度，推动资产业务做大做强。

3.树立轻资本型资产负债管理意识。商业银行通过调整业务结构，叙做轻资本业务以稀释表内风险，提升个人贷款占比，大力发展个人住房贷款、汽车贷款、综合消费贷款、个人经营贷款等业务；统筹好表内表外业务，在贸易金融、金融市场、投资银行等与表外业务相关的领域做文章；积极推动资产证券化、不良资产创新处置，提高资本运用效率。在转型机制上，进一步理顺价值传导机制，把风险调整后资本收益率（RAROC）作为表内资产组合管理的依据，建立基于内部资本充足率的信贷配置机制，实现目标、过程和结果协调统一；建立以客户风险资本回报率为核心评判标准的风险定价模型，优化资源配置；引入资本分配机制，通过资本预算优先导向，形成有多少资本、做多大业务，且资本向贡献大的机构或条线倾斜的良性机制。

4.建立互联网+资产负债管理机制。在负债管理方面，要构建多层次业务平台。商业银行要大力构建基于互联网模式的多元化业务平台，提供保险、基金、证券、理财等服务，提升资金募集和主动负债能力；条件成熟的银行还可以抓住人民币国际化契机，尝试与境外电商对接，粘住境外低成本人民币资金以打造比较优势。在资产管理方面，要构建网络信贷新模式。以互联网生态体系形成共享的大数据为基础，构建基于“互联网+银行”和“银行+互联网”交易过程的信用风险管理模型，建立网络直接融资新模式，切实解决信息不对称问题，围绕客户融资需求真正创造价值。

资料来源：杨坚旭. 新常态下商业银行资产负债管理突围转型［J］. 银行家，2016（4）.

本章小结

商业银行经营管理经历了资产管理阶段、负债管理阶段，现在各国商业银行普遍运用资产负债综合管理的理论和方法。资产负债综合管理是现代商业银行在经营实践中总结出来的一种比较安全、高效的资金经营管理模式。它是指商业银行在业务经营过程中，将资产和负债综合起来，通过对各类资产和负债进行预测、组织、调节和监督，协调各种不同资产和负债在总量、结构、利率、期限、风险和流动性等方面的搭配，实现资产负债总量平衡和结构合理，达到经营总目标的要求。资产负债综合管理一般运用利率敏感性缺口模型和持续期缺口模型等多种方法。

即测即评

第10章单项选择题

第10章多项选择题

第10章判断题

第11章

商业银行内部控制与外部监管

思政小课堂

严格管理　规范运营　走稳定发展之路

党的十九大报告指出，要健全金融监管体系，守住不发生系统性金融风险的底线。2021年，中国银保监会修订出台规章14部、规范性文件44件，发布公司治理准则、董事监事履职评价、大股东行为监管、绩效薪酬追索扣回等监管规定。央行、中国银保监会2022年工作重点中提出：进一步加强监管能力建设。完善风险监测预警体系，提高发现问题和处置风险的能力。遵循宪法宗旨和立法精神，加强金融法治建设，强化监管执法，全面提高金融违法违规成本。优化监管资源保障。夯实监管数据基础，深入推进监管大数据平台建设，提高监管数字化智能化水平。

11.1 商业银行内部控制

11.1.1 商业银行内部控制概述

1.商业银行内部控制的含义

“内部控制”是一个管理学的概念，是一个机构内部为达到一定的经营目的，通过有效的制度、方法和程序，对各部门、各类人员、各种业务进行的动态管理活动。内部控制是市场主体的自律管理行为。

（1）美国注册会计师协会和发起组织委员会的定义

美国注册会计师协会（AICPA）1988年4月发布的《审计准则公告第55号》的定义为：“内部控制结构是为确保机构目标得以实现所建立的一套政策和程序。”该定义将内部控制称为“内部控制结构”，内容包括控制环境、会计、控制程序3个方面。1992年美国发起组织委员会（Committee of Sponsoring Organizations of the Treadway Commission，COSO）发布报告，提出内部控制体系的概念并将其分为控制环境、风险评估、控制活动、信息与沟通、监督5个要素。2004年10月，COSO发布了《企业风险管理——整体框架》报告，对上述5个要素进行了深化和拓展，将其演变为8个要素，即内部环境、目标设定、事件识别、风险评估、风险对策、控制活动、信息和交流、监控。

（2）巴塞尔银行监管委员会的定义

1998年，巴塞尔银行监管委员会在吸收COSO报告的研究成果，总结成员国的经验、教训和其前期发布有关文件精华的基础上，发布了《银行业组织内部控制系统框架》，系统地提出了评价商业银行内部控制体系的指导原则。

（3）我国《商业银行内部控制指引》的定义

按照中国银监会2014年修订的《商业银行内部控制指引》的规定，商业银行内部控制是指商业银行董事会、监事会、高级管理层和全体员工参与的，通过制定和实施系统化的制度、流程和方法，实现控制目标的动态过程和机制。

内部控制是一个企业内部复杂的管理控制系统，它不是简单的规章制度的汇总，而是一种机制，是企业业务运行过程中部门、人员之间相互协调和相互监督、相互制约的动态机制。只要存在经营活动和管理，就需要相应的内部控制。

商业银行作为一个风险高度集中的行业，通过货币资金这一纽带，联系社会的各行各业与方方面面。国内外市场的变化、企业的兴衰、政策的调整，以及个人的信誉都威胁着银行经营的安全性。同时，商业银行内部管理者、业务操作者的意识、素质、能力，以及管理制度、方法、程序的漏洞也使银行经营险象环生。除了强化外部风险管理外，从内部来看，加强和完善商业银行的内部控制建设，也是防范风险的重要手段。20世纪90年代末，蔓延整个东南亚的金融危机平息后，各国的商业银行和监管机构都将内部控制改革作为商业银行风险管理的重中之重，这充分说明内部控制在商业银行经营管理中的重要性。建立一个完善、高效的内部控制体系始终是银行家和银行监管者不懈努力的目标。从银行内部来看，高效的内部控制有利于明确银行各部门的职责权限，实行分级授权管理；有利于建立健全各项内部管理和财务会计制度；有利于促使银行各级管理者以安全、经济、有效的方式完成预定工作目标；有利于保护银行资产的安全性、流动性，进而实现营利性的总目标。不仅如此，作为金融业安全保障体系的微观基础，银行内部控制的完善还有利于一国经济、金融的稳定与发展。

2.商业银行内部控制的目标

内部控制应当与商业银行的经营规模、业务范围和风险特点相适应，以合理的成本实现内部控制目标。商业银行内部控制的目标有以下4个：

（1）保证国家有关法律法规及规章的贯彻执行

金融业作为现代经济的核心，在一国经济发展中发挥无法替代的作用，而商业银行作为现代金融体系的核心，其经营的安全性关系到国家经济的安全。为此，各国都通过立法的形式对商业银行的经营行为予以规范。国家有关金融法律和中央银行的监管规章是国家金融管理部门和中央银行对商业银行经营的要求，是为保证金融体系的规范有序、实现稳健经营的目标，从而保证国民经济持续稳定发展而制定的，为商业银行的业务活动提供指导和规范，同时对金融机构的无序竞争加以限制，降低金融风险。从近年来世界各国出现的金融风险案例来看，其起因基本上都是无视商业银行自身的内部控制制度，或违反了国家或中央银行的法律法规和监管规章的要求。因此，必须加强商业银行的内部控制，这是确保国家金融法律和中央银行监管规章得以贯彻执行所必需的。

（2）保证商业银行发展战略和经营目标的实现

商业银行自身的发展战略和经营目标是根据一定时期宏观经济形势及银行的实际状况而制定的未来所要达到的宏观目标。这一目标的实现有赖于商业银行各部门、各类人员协调配合，步调一致。完善的内部控制是保证银行整体高效运行的基础。设计良好的内部控制制度能够保证各级管理人员尽职尽责，这对银行整体经营目标的实现无疑是关键的。

（3）保证商业银行风险管理的有效性

商业银行从事的是高风险业务，每笔业务都和风险相联系，从结算到储蓄、信贷及中间业务、表外业务，任何制度或管理的缺陷都可能导致经营风险的产生，因此，有效防范和控制风险是商业银行的基本经营原则之一，也是内部控制的核心目标。只有控制了风险，才能保障商业银行安全经营，实现营利性的总目标。商业银行的经营过程就是风险管理的过程，就是不断加强和完善内部控制的过程。内部控制搞好了，也就建立了有效的风险管理体系。

（4）保证商业银行业务记录、会计信息、财务信息和其他管理信息的真实、准确、完整和及时

银行管理部门需要可靠的业务记录和会计信息、财务信息，以便在经营活动中做出正确的经营决策；股东、信贷管理者和其他各方需要可靠的财务信息，以便进行正确的投资、贷款和其他决策；银行监管部门需要真实、完整、及时的业务记录、会计信息、财务信息和其他管理信息，以便实施监管和判断宏观经济形势。这些信息的提供要依赖健全有效的内部控制体系。

3.商业银行内部控制的基本原则

① 全覆盖原则。商业银行内部控制应当贯穿决策、执行和监督全过程，覆盖各项业务流程和管理活动，覆盖所有部门、岗位和人员。

② 制衡性原则。商业银行内部控制应当在治理结构、机构设置及权责分配、业务流程等方面形成相互制约、相互监督的机制。

③ 审慎性原则。商业银行内部控制应当坚持风险为本、审慎经营的理念，设立机构或开办业务均应坚持内控优先。

④ 相匹配原则。商业银行内部控制应当与管理模式、业务规模、产品复杂程度、风险状况等相适应，并根据情况变化及时进行调整。

4.商业银行内部控制体系

一个健全、有效的商业银行内部控制体系应当包括内部控制职责、内部控制措施、内部控制保障、内部控制评价和监督等内容。

(1) 明确内部控制职责

从内部组织结构来讲，商业银行应当建立良好的公司治理以及分工合理、职责明确、报告关系清晰的组织结构，为内部控制的有效性提供必要的前提条件。

从各职能部门的职责权限来讲，商业银行的董事会、监事会和高级管理层应当充分认识自身所承担的责任，专门部门、内部审计部门、业务部门应当完成各自职责范围内的工作。

① 董事会、监事会和高级管理层的责任。董事会负责保证商业银行建立并实施充分有效的内部控制体系，保证商业银行在法律和政策框架内审慎经营；负责明确设定可接受的风险水平，保证高级管理层采取必要的风险控制措施；负责监督高级管理层对内部控制体系的充分性与有效性进行监测和评估。监事会负责监督董事会、高级管理层完善内部控制体系，负责监督董事会、高级管理层及其成员履行内部控制职责。高级管理层负责执行董事会的决策；负责根据董事会确定的可接受的风险水平，制定系统化的制度、流程和方法，采取相应的风险控制措施；负责建立和完善内部组织机构，保证内部控制的各项职责得到有效履行；负责组织对内部控制体系的充分性与有效性进行监测和评估。

② 专门部门、内部审计部门和业务部门的工作。商业银行应当指定专门部门作为内控管理职能部门，牵头内部控制体系的统筹规划、组织落实和检查评估。商业银行内部审计部门履行内部控制监督职能，负责对商业银行内部控制的充分性和有效性进行审计，及时报告审计中发现的问题，并监督整改。商业银行的业务部门参与制定与自身职责相关的业务制度和操作流程，严格执行相关制度规定，组织开展监督检查，按照规定时限和路径报告内部控制存在的缺陷，并组织落实整改。

(2) 完善内部控制措施

内部控制是一种管理行为，其具体实施表现为一系列措施，通过这些措施在各类业务运作过程中发挥风险防范和控制作用，如信贷业务中的授权授信、审贷分离、分级审批制度，会计业务中的账务复核、总分核对、密押制度等。换言之，内部控制就是一系列相互制约的方法、措施和程序的总称。商业银行内部控制措施主要有：

① 建立健全内部控制制度体系，为各项业务活动和管理活动制定全面、系统、规范的业务制度和管理制度，并定期进行评估。

② 合理确定各项业务活动和管理活动的风险控制点，采取适当的控制措施，执行标准统一的业务流程和管理流程，确保规范运作。采用科学的风险管理技术和方法，充分识别和评估经营中的风险，对各类主要风险进行持续监控。

③ 建立健全信息系统控制，通过内部控制流程与业务操作系统和管理信息系

统有效结合，加强对业务和管理活动的自动控制。

④ 根据经营管理的需要，合理确定部门、岗位的职责及权限，形成规范的部门、岗位职责说明书，明确相应的报告路线。

⑤ 全面系统地分析、梳理业务流程和管理活动中涉及的不相容岗位，实施相应的分离措施，形成相互制约的岗位安排。

⑥ 明确重要岗位，提出重要岗位内部控制要求，对重要岗位人员实行轮岗或强制休假制度，原则上不相容岗位人员之间不得轮岗。

⑦ 商业银行应当制定规范员工行为的相关制度，明确对员工的禁止性规定，加强对员工行为的监督和排查，建立员工异常行为举报、查处机制。

⑧ 根据各分支机构和各部门的经营能力、管理水平、风险状况和业务发展需要，建立相应的授权体系，明确各级机构、部门、岗位、人员办理业务和事项的权限，并实施动态调整。

⑨ 严格执行会计准则与制度，及时准确地反映各项业务交易，确保财务会计信息真实、可靠、完整。

⑩ 建立有效的核对、监控制度，对各种账证、报表定期进行核对，对现金、有价证券等有形资产和重要凭证及时进行盘点。

⑪ 设立新机构、开办新业务、提供新产品和服务，应当对潜在的风险进行评估，并制定相应的管理制度和业务流程。

⑫ 建立健全外包管理制度，明确外包管理组织架构和管理职责，至少每年开展一次全面的外包业务风险评估。涉及战略管理、风险管理、内部审计及其他有关核心竞争力的职能不得外包。

⑬ 建立健全客户投诉处理机制，制定投诉处理工作流程，定期汇总分析投诉反映的事项，查找问题，有效改进服务和管理。

（3）强化内部控制保障

内部控制保障体系可以保证内部控制各环节任务的顺利实施及完成。商业银行建立内部控制保障体系包括以下几方面：

① 建立贯穿各级机构、覆盖所有业务和全部流程的管理信息系统和业务操作系统，及时、准确地记录经营管理信息，确保信息的完整、连续、准确和可追溯。

② 加强对信息的安全控制和保密管理，对各类信息实施分等级安全管理，对信息系统访问实施权限管理，确保信息安全。

③ 建立有效的信息沟通机制，确保董事会、监事会、高级管理层及时了解本行的经营和风险状况，确保相关部门和员工及时了解与其职责相关的制度和信息。

④ 建立与战略目标相一致的业务连续性管理体系，明确组织结构和管理职能，制订业务连续性计划，组织开展演练和定期业务连续性管理评估，有效应对运营中断事件，保证业务持续运营。

⑤ 制定有利于可持续发展的人力资源政策，将职业道德修养和专业胜任能力

作为选拔和聘用员工的重要标准，保证从业人员具备必要的专业资格和从业经验，加强员工培训。

⑥ 建立科学的绩效考评体系，合理设定内部控制考评标准，对考评对象在特定期间的内部控制管理活动进行评价，并根据考评结果改进内部控制管理。商业银行应当在内控管理职能部门和内部审计部门建立区别于业务部门的绩效考评方式，以利于其有效履行内部控制管理和监督职能。

⑦ 培育良好的企业内控文化，引导员工树立合规意识、风险意识，提高员工的职业道德水准，规范员工的行为。

（4）持续开展内部控制评价

商业银行内部控制评价是对商业银行内部控制体系建设、实施和运行结果开展的调查、测试、分析和评估等系统性活动。为了对内部控制效果进行评价，商业银行应做到以下7点：

① 建立内部控制评价制度，规定内部控制评价的实施主体、频率、内容、程序、方法和标准等，确保内部控制评价工作规范进行。

② 商业银行内部控制评价应由董事会指定的部门组织实施。

③ 对纳入并表管理的机构进行内部控制评价，包括商业银行及其附属机构。

④ 根据业务经营情况和风险状况确定内部控制评价的频率，至少每年开展一次。当商业银行发生重大并购或处置事项、营运模式发生重大改变、外部经营环境发生重大变化，或其他有重大实质影响的事项发生时，应当及时组织开展内部控制评价。

⑤ 制定内部控制缺陷认定标准，根据内部控制缺陷的影响程度和发生的可能性划分内部控制缺陷等级，明确相应的纠正措施和方案。

⑥ 建立内部控制评价质量控制机制，对评价工作实施全流程质量控制，确保内部控制评价客观公正。

⑦ 强化内部控制评价结果运用，可将评价结果与被评价机构的绩效考评和授权等挂钩，并作为被评价机构领导班子考评的重要依据。

年度内部控制评价报告经董事会审议批准后，于每年4月30日前报送中国银保监会或对其履行法人监管职责的属地银行业监督管理机构。商业银行分支机构应按上述时限要求，将其内部控制评价情况报送属地银行业监督管理机构。

（5）强化内部控制监督与纠正机制

监督与纠正机制就是对银行各项经营活动的合法性、合规性进行独立的评价、监督，并对违规行为及时纠正、处罚。其功能是保证银行各项内部控制措施的有效实施，并通过监测和评价监督银行各部门不断改进和完善内部控制。可以说，监督与纠正机制是银行内部控制系统中一个特殊的构成因素，是对内部控制的再控制。商业银行的监督与纠正机制包括以下7个方面：

① 商业银行内部审计部门、内控管理职能部门和业务部门均承担内部控制监

督检查的职责，应根据分工协调配合，构建覆盖各级机构、各个产品、各个业务流程的监督检查体系。

② 建立内部控制监督报告和信息反馈制度，内部审计部门、内控管理职能部门、业务部门人员应将发现的内部控制缺陷，按照规定报告路线及时报告董事会、监事会、高级管理层或相关部门。

③ 建立内部控制问题整改机制，明确整改责任部门，规范整改工作流程，确保整改措施落实到位。

④ 建立内部控制管理责任制，强化责任追究。董事会、高级管理层应当对内部控制的有效性分级负责，并对内部控制失效造成的重大损失承担管理责任。内部审计部门、内控管理职能部门应当对未适当履行监督检查和内部控制评价职责承担直接责任。业务部门应当对未执行相关制度、流程，未适当履行检查职责，未及时落实整改承担直接责任。

⑤ 银行业监督管理机构通过非现场监管和现场检查等方式实施对商业银行内部控制的持续监管，并根据《商业银行内部控制指引》及其他相关法律法规，按年度组织对商业银行内部控制进行评估，提出监管意见，督促商业银行持续加以完善。

⑥ 对内部控制存在缺陷的商业银行，中国银保监会及其派出机构应当责成其限期整改；逾期未整改的，可以根据《中华人民共和国银行业监督管理法》（以下简称《银行业监督管理法》）第三十七条的有关规定采取监管措施。

⑦ 商业银行违反《商业银行内部控制指引》有关规定的，中国银保监会及其派出机构可以根据《银行业监督管理法》的有关规定采取监管措施。

11.1.2 商业银行内部控制的内容

商业银行的内部控制是一个具有事前防范功能的有机运作系统，主要包括授信内部控制、资金业务内部控制、存款及柜台业务内部控制、中间业务内部控制、会计内部控制和计算机信息系统内部控制，以及内部控制的监督与纠正。

1.授信内部控制

授信是指商业银行向客户直接提供资金支持，或者对客户在有关经济活动中可能产生的赔偿、支付责任做出保证。授信包括但不限于贷款、贸易融资、票据承兑与贴现、透支、保理、担保、贷款承诺、开立信用证等表内外业务。商业银行持有集团客户成员企业发行的公司债券、企业债券、短期融资券、中期票据等债券资产以及通过衍生产品等交易行为所产生的信用风险暴露，应纳入集团客户授信业务进行风险管理[①]。

① 2010年6月4日，中国银监会颁布《商业银行集团客户授信业务风险管理指引》，旨在切实防范风险，促进商业银行加强对集团客户授信业务的风险管理。2019年，该文件进行了修订并于2019年6月1日颁布实施。

商业银行应当设立独立的授信风险管理部门，对不同币种、不同客户对象、不同种类的授信进行统一管理，设置授信风险限额，避免信用失控。商业银行授信岗位设置应当做到分工合理、职责明确，岗位之间应当相互配合、相互制约，做到审贷分离、业务经办与会计账务处理分离。授信内部控制的主要内容是：

（1）授信决策机制

商业银行应当建立有效的授信决策机制，设立授信审查委员会，负责审批权限内的授信；行长不得担任授信审查委员会的成员；授信审查委员会审议表决应当遵循集体审议、明确发表意见、多数同意通过的原则，全部意见应当记录存档；商业银行应当建立严格的授信风险垂直管理体制，对授信实行统一管理。

（2）法人授信制度

商业银行应当实行统一的法人授信制度，上级机构应当根据下级机构的风险管理水平、资产质量、所处地区经济环境等因素，合理确定授信审批权限。商业银行应当根据风险高低，对不同种类、期限、担保条件的授信确定不同的审批权限，审批权限应当采用量化风险指标。

（3）同一客户的授信控制

商业银行应当对单一客户的贷款、贸易融资、票据承兑和贴现、透支、保理、担保、贷款承诺、开立信用证等各类表内外授信实行“一揽子”管理，确定总体授信额度。商业银行对集团客户授信应当遵循统一、适度和预警原则，对集团客户应当实行统一授信管理，合理确定对集团客户的总体授信额度，防止多头授信、过度授信和不适当分配授信额度。商业银行应当建立风险预警机制，对集团客户授信的集中风险实行有效监控，防止集团客户通过多头开户、多头借款、多头互保等形式套取银行资金。一家商业银行对单一集团客户授信余额不得超过该商业银行资本净额的15%，否则将被视为超过其风险承受能力。

（4）规范授信操作标准

商业银行应当建立统一的授信操作规范，明确贷前调查、贷中审查、贷后检查各个环节的工作标准和尽职要求。贷前调查应当做到实地查看，如实报告授信调查掌握的情况，不回避风险点，不因任何人的主观意志而改变调查结论；贷中审查应当做到独立审贷，客观公正，充分、准确地揭示业务风险，提出降低风险的对策；贷后检查应当做到实地查看，如实记录，及时将检查中发现的问题报告给有关人员，不得隐瞒或掩饰问题。

（5）授信的独立性

商业银行应当对授信工作实施独立的尽职调查，授信决策应依据规定的程序进行，不得违反程序或减少程序进行授信。在授信决策过程中，应严格要求授信工作人员遵循客观、公正的原则，独立发表决策意见，不受任何外部因素的干扰。商业银行对关联方的授信，应当按照商业原则，以不优于对非关联方同类交易的条件进行。在对关联方的授信调查和审批过程中，商业银行内部相关人员应当回避。

（6）授信的审查监控

商业银行应当严格审查和监控贷款用途，防止借款人通过贷款、贴现、办理银行承兑汇票等方式套取信贷资金，改变借款用途；商业银行应当严格审查借款人资格的合法性、融资背景以及申请材料的真实性和借款合同的完备性，防止借款人骗取贷款，或以其他方式从事金融诈骗活动。

（7）资产质量控制

商业银行应当建立资产质量监测、预警机制，严密监测资产质量的变化，及时发现资产质量的潜在风险并发出预警提示，分析不良资产形成的原因，及时制定防范和化解风险的对策。商业银行应当建立贷款风险分类制度，规范贷款质量的认定标准和程序，严禁掩盖不良贷款的真实状况，确保贷款质量的真实性。

（8）授信风险责任制

商业银行应当建立授信风险责任制，明确规定各部门、各岗位的风险责任，具体包括：调查人员应当承担调查失误和评估失准的责任；审查和审批人员应当承担审查、审批失误的责任，并对本人签署的意见负责；贷后管理人员应当承担检查失误、清收不力的责任；放款操作人员应当对操作性风险负责；高级管理层应当对重大贷款损失承担相应的责任。

（9）银行业金融机构联合授信管理要求

2018年6月1日，中国银保监会发布《银行业金融机构联合授信管理办法》。该办法是落实党中央、国务院关于降低企业杠杆率要求，防范化解重大金融风险的重要举措。联合授信机制对于提高银行业金融机构信用风险整体管控能力，有效遏制多头融资、过度融资，以及优化金融资源配置，提高资金使用效率，支持供给侧结构性改革具有重大意义。联合授信是指拟对或已对同一企业（含企业集团，下同）提供债务融资的多家银行业金融机构，通过建立信息共享机制，改进银企合作模式，提升银行业金融服务质效和信用风险防控水平的运作机制。

对在3家以上银行业金融机构有融资余额，且融资余额合计在50亿元以上的企业，银行业金融机构应建立联合授信机制。对在3家以上银行业金融机构有融资余额，且融资余额合计在20亿~50亿元之间的企业，银行业金融机构可自愿建立联合授信机制。

2.资金业务内部控制

商业银行资金业务内部控制的重点是：对资金业务对象和产品实行统一授信，实行严格的前后台职责分离，建立中台风险监控和管理制度，防止资金交易员越权交易，防止欺诈行为，减少因违规操作和风险识别不足导致的重大损失。

商业银行资金业务的组织结构应当体现权限等级和职责分离的原则，做到前台交易与后台结算分离、自营业务与代客业务分离、业务操作与风险监控分离，建立岗位之间的监督制约机制。资金业务内部控制的内容包括：

（1）定期检查制度

商业银行应当根据分支机构的经营管理水平，核定各分支机构的资金业务经营权限。对分支机构的资金业务应当定期进行检查，对异常资金交易和资金变动应当建立有效的预警和处理机制。未经上级机构批准，下级机构不得开展任何未设权限的资金交易。

（2）资金营运控制

商业银行应当完善资金营运的内部控制，资金的调出、调入应当有真实的业务背景，严格按照授权进行操作，并及时划拨资金，登记台账。

（3）资金交易的风险评估机制

商业银行应当建立完备的资金交易风险评估和控制系统，制定符合本行特点的风险控制政策、措施和定量指标，开发和运用量化风险管理模型，对资金交易的收益与风险进行适时、审慎评价，确保资金业务各项风险指标控制在规定的范围内。商业银行应当根据资金交易的风险程度和管理能力，就交易品种、交易金额和止损点等对资金交易员进行授权。资金交易员上岗前应当取得相应资格；商业银行应当对资金交易员建立适当的约束机制，对资金交易员实施有效管理；资金交易员应当严格遵守行为准则，在职责权限、授信额度、各项交易限额和止损点内，以真实的市场价格进行交易，并严守交易信息秘密。

（4）资金交易的监督机制

商业银行应当建立资金交易中台和后台对前台交易的反映和监督机制。中台监控部门应当核对前台交易的授权交易限额、交易对手的授信额度和交易价格等，对超出授权范围的交易应当及时向有关部门报告。后台结算部门应当独立进行交易结算和付款，并根据资金交易员的交易记录，在规定的时间内向交易对手逐笔确认交易事实。

（5）资金业务的风险责任制

商业银行应当建立资金业务的风险责任制，明确规定各部门、各岗位的风险责任。前台资金交易员应当承担越权交易和虚假交易的责任，并对未执行止损规定形成的损失负责；中台监控人员应当承担对资金交易员越权交易报告的责任，并对风险报告失准和监控不力负责；后台结算人员应当对结算的操作性风险负责；高级管理层应当对资金交易出现的重大损失承担相应的责任。

3.存款及柜台业务内部控制

商业银行存款及柜台业务内部控制的重点是：对基层营业网点、要害部位和重点岗位实施有效监控，严格执行账户管理、会计核算制度和各项操作规程，防止内部操作风险和违规经营行为，防止内部挪用、贪污以及洗钱、金融诈骗、逃汇、骗汇等非法活动，确保商业银行和客户资金的安全。商业银行存款及柜台业务内部控制的内容包括：

（1）账户管理控制

商业银行应当严格执行账户管理的有关规定，认真审核存款人身份和账户资料的真实性、完整性和合法性，对账户开立、变更和撤销的情况定期进行检查，防止存款人出租、出借账户或利用存款账户从事违法活动。商业银行应当严格管理预留签章和存款支付凭据，提高对签章、票据真伪的甄别能力，并利用计算机技术，加大预留签章管理的科技含量，防止诈骗活动。

（2）跟踪监控报告制度

商业银行应当对内部特种转账业务、账户异常变动等进行持续监控，发现情况应当进行跟踪和分析。商业银行应当对异常现金存取和异常转账情况采取设置标识等监管措施，必要时向有关部门报告；商业银行应当对每日营业终了的账务实施有效管理，当天的票据当天入账，对发现的错账和未提出的票据或退票，应当履行内部审批、登记手续；商业银行应当认真遵循“了解你的客户”的原则，注意审查客户资金来源的真实性和合法性，提高对可疑交易的鉴别能力，如发现可疑交易，应当逐级上报，防止犯罪分子进行洗钱活动。

（3）“印、押、证”三分管制度

使用和保管重要业务印章的人员不得同时保管相关的业务单证，使用和管理密押、压数机的人员不得同时使用或保管相关的印章和单证。使用和保管密押的人员应当保持相对稳定，人员变动应当经主管领导批准，并办好交接和登记手续。人员离岗，“印、押、证”应当落锁入柜，妥善保管。

（4）复核制度

商业银行应当对现金收付、资金划转、账户资料变更、密码更改、挂失、解挂等柜台业务建立复核制度，确保交易记录的完整性和可追溯性。柜台人员的名章、操作密码、身份识别卡等应当实行个人负责制，妥善保管，按章使用。

（5）重要资产、凭证管理制度

商业银行应当对现金、贵金属、重要空白凭证和有价单证实行严格的核算和管理，严格执行入库、登记、领用手续，定期盘点查库，正确、及时处理损溢。

（6）事后监督制度

商业银行应当建立会计、储蓄事后监督制度，配备专人负责事后监督，实现业务与监督在空间与人员上的分离。商业银行应当严格执行营业机构重要岗位的请假、轮岗制度和离岗审计制度。对要害部门和重点岗位应当实施有效管理，对非营业时间进入营业场所、电脑延长开机时间等应当办理审批、登记手续。

4.中间业务内部控制

商业银行中间业务内部控制的重点是：开展中间业务应当取得有关主管部门核准的机构资质、人员从业资格和内部业务授权，建立并落实相关的规章制度和操作规程，按委托人指令办理业务，防范或有负债风险。中间业务内部控制的内容包括：

（1）支付结算业务的控制

商业银行办理支付结算业务，应当根据有关法律规定的要求，对持票人提交的票据或结算凭证进行审查，并确认委托人收、付款指令的正确性和有效性，按指定的方式、时间和账户办理资金划转手续。

（2）结售汇业务的控制

商业银行办理结汇、售汇和付汇业务，应当对业务的审批、操作和会计记录实行恰当的职责分离，并严格执行内部管理和检查制度，确保结汇、售汇和付汇业务的合规性。

（3）代理业务的控制

商业银行办理代理业务，应当设立专户核算代理资金，完善代理资金的拨付、回收、核对等手续，防止代理资金被挤占挪用，确保专款专用；商业银行应当对代理资金的支付进行审查和管理，按照代理协议的约定办理资金划转手续，遵循银行不垫款原则，不介入委托人与其他人的交易纠纷；商业银行应当严格按照会计制度的规定正确核算和确认各项代理业务收入，坚持收、支两条线，防止代理收入被截留或挪用。

（4）银行卡的控制

商业银行发行借记卡，应当按照实名制规定开立账户。对借记卡的取款、转账、消费等支付业务，应当制定并严格执行相关的管理制度和操作规程。商业银行发行贷记卡，应当在全行统一授信管理原则下，建立客户信用评价标准和方法，对申请人相关资料的合法性、真实性和有效性进行严格审查，确定客户的信用额度，并严格按照授权进行审批；商业银行应当对贷记卡持卡人的透支行为建立有效的监控机制，业务处理系统应当具有实时监督、超额控制和异常交易止付等功能；商业银行应当定期与贷记卡持卡人对账，严格管理透支款项，切实防范恶意透支等风险。

（5）基金托管业务的控制

商业银行从事基金托管业务，应当遵守法律法规的规定以及基金合同和基金托管协议的约定，恪守职业道德和行为规范，诚实信用、谨慎勤勉，为维护基金份额持有人的利益履行基金托管职责。商业银行基金托管部门高级管理人员和其他从业人员应当忠实、勤勉地履行职责，不得从事损害基金财产和基金份额持有人利益的证券交易及其他活动。商业银行应当将所托管的基金财产与其固有财产及其受托管理的各类财产严格分开保管，不得将所托管的基金财产归入其固有财产或其受托管理的各类财产，切实保障基金财产的完整和独立；应当建立严格的“隔离墙”制度，确保托管业务与本机构其他业务保持独立，隔离业务风险，切实防范利益冲突和利益输送。①

---

① 2020年7月7日，中国证监会、中国银保监会共同颁布并实施《证券投资基金托管业务管理办法》，旨在规范证券投资基金托管业务，维护证券投资基金托管业务竞争秩序，保护基金份额持有人及相关当事人合法权益，促进证券投资基金健康发展。

（6）咨询顾问业务的控制

商业银行开展咨询顾问业务，应当坚持诚实信用原则，确保客户对象、业务内容的合法性和合规性，对提供给客户的信息的真实性、准确性负责，并承担为客户保密的责任。

（7）保管箱业务的控制

商业银行开办保管箱业务，应当在场地、设备和处理软件等方面符合国家安全标准，对用户身份进行核验确认。对进入保管场地和开启保管箱，应当制定相应的操作规范，明确要求租用人不得在保管箱内存放违禁或危险物品，防止利用商业银行场地保管非法物品。

5.会计内部控制

商业银行会计内部控制的重点是：实行会计工作的统一管理，严格执行会计制度和会计操作规程，运用计算机技术实施会计内部控制，确保会计信息的真实性、完整性和合法性，严禁设置账外账，严禁乱用会计科目，严禁编制和报送虚假会计信息。

商业银行应当依据《企业会计准则》和国家统一的会计制度，制定并实施本行的会计规范和管理制度。下级机构应当严格执行上级机构制定的会计规范和管理制度，确保统一的会计规范和管理制度在本行得到实施。会计内部控制的内容包括：

（1）确保会计工作的独立性

商业银行应当确保会计工作的独立性，确保会计部门、会计人员能够依据国家统一的会计制度和本行的会计规范独立办理会计业务，任何人不得授意、暗示、指示、强令会计部门、会计人员违法或违规办理会计业务。对违法或违规的会计业务，会计部门、会计人员有权拒绝办理，并向上级机构报告，或者按照职权予以纠正。

（2）坚持责任分离、相互制约的原则

商业银行会计岗位的设置应当坚持责任分离、相互制约的原则，严禁一人兼任非相容岗位或独自完成会计岗位全过程的业务操作。

（3）对会计账务处理的全过程实行监督

商业银行应当对会计账务处理的全过程实行监督，会计账务应当做到账账、账据、账款、账实、账表和内外账六相符。凡账务核对不一致的，应当按照权限进行纠正或报上级机构处理。

（4）强制休假、定期轮换制度

商业银行应当对会计人员实行强制休假制度，联行、同城票据交换、出纳等重要会计岗位人员和会计主管还应当定期轮换，落实离岗（任）审计制度。

（5）差错责任人追究制度

商业银行应当实行会计差错责任人追究制度，发生重大会计差错、舞弊或案件的，除对直接责任人员追究责任外，机构负责人和分管会计的负责人也应当承担相应的责任。

(6) 账务处理客观性

商业银行应当做到会计记录、账务处理的合法、真实、完整和准确，严禁伪造、变造会计凭证、会计账簿和其他会计资料，严禁提供虚假财务报告。

(7) 信息披露制度

商业银行应当建立规范的信息披露制度，按照规定及时、真实、完整地披露会计、财务信息，满足股东、金融监管层和社会公众对信息的需求。

(8) 会计档案管理制度

商业银行应当完善会计档案管理，严格执行会计档案查阅手续，防止会计档案被替换、更改、毁损、散失和泄密。

6.计算机信息系统内部控制

商业银行计算机信息系统内部控制的重点是：严格划分计算机信息系统开发部门、管理部门与应用部门的职责，建立健全计算机信息系统风险防范制度，确保计算机信息系统设备、数据、系统运行和系统环境的安全。

商业银行应当明确计算机信息系统开发人员、管理人员与操作人员的岗位职责，做到岗位之间相互制约，各岗位不得相互兼任。各级机构应当配备计算机安全管理人员，明确计算机安全管理人员的职责。计算机信息系统内部控制的内容包括：

(1) 计算机信息系统开发、软硬件购置和网络安全控制

商业银行应当对计算机信息系统的项目立项、开发、验收、运行和维护整个过程实施有效管理，开发环境应当与生产环境严格分离。技术部门与业务部门之间应当进行沟通协调，确保系统的整体安全。商业银行购买计算机软、硬件设备，应当对供应商的资格条件进行严格审查，在使用前进行试用性安全测试，明确产品供应商对产品在使用期间应当承担的责任，确保产品的正常使用和有效维护。商业银行计算机房建设应当符合国家有关标准，出入计算机房应当有严格的审批程序和出入记录，确保计算机硬件、各种存储介质的物理安全，计算机房和营业网点应当具有完备的计算机监控系统，确保计算机终端的正常使用。商业银行应当建立健全网络管理系统，有效管理网络的安全、故障、性能、配置等，并对接入互联网实施有效的安全管理。

(2) 计算机信息系统使用的安全控制

商业银行应当对计算机信息系统实施有效的用户管理和密码（口令）管理，对用户的创建、变更、删除，用户口令的长度、时效等有严格的控制。员工之间严禁转让计算机信息系统的用户名或权限卡，员工离岗后应当及时更换密码和密码信息。商业银行应当及时更新系统安全设置、病毒代码库、攻击特征码、软件补丁程序等，通过认证、加密、内容过滤、入侵监测等技术手段，不断完善安全控制措施，确保计算机信息系统的安全。

(3) 电子银行业务安全控制

商业银行电子银行服务应当具备客户身份识别、安全认证等功能，防止发生泄密事件，确保交易安全。商业银行应当尽可能利用计算机信息系统的系统设定，防

范各种操作风险和违法犯罪行为。

（4）商业银行应当建立计算机安全应急系统

商业银行应制订详细的应急方案，并定期进行修订和演练。数据备份应当做到异地存放，应当建立异地计算机灾难备份中心。

7.内部控制的监督与纠正

商业银行应当指定不同的机构或部门分别负责内部控制的建设、执行和内部控制的监督、评价。内部控制的建设、执行部门负责设计内部控制体系，组织、督促各业务部门、分支机构建立健全内部控制。内部控制的监督、评价部门负责组织检查、评价内部控制的健全性和有效性，督促管理层纠正内部控制存在的问题。内部控制的监督与纠正需要建立的制度包括：

（1）内部控制的报告和信息反馈制度

商业银行应当建立内部控制的报告和信息反馈制度，业务部门、内部审计部门和其他控制人员发现内部控制的隐患和缺陷的，应当及时向董事会、管理层或相关部门报告。商业银行内部控制的监督、评价部门应当对内部控制的制度建设和执行情况定期进行检查、评价，提出改进建议，对违反规定的机构和人员提出处理意见。商业银行上级机构应当根据自身掌握的内部控制信息，对下级机构的内部控制状况定期做出评价，并将评价结果作为绩效考核的重要依据。

（2）内部控制问题和缺陷的处理纠正机制

商业银行应当建立内部控制问题和缺陷的处理纠正机制，管理层应当根据内部控制的检查情况和评价结果，提出整改意见和纠正措施，并督促业务部门和分支机构落实。

（3）内部控制的风险责任制

董事会、高级管理层应当对内部控制的有效性负责，并对内部控制失效造成的重大损失承担责任；内部审计部门应当对未执行审计方案、程序和方法导致重大问题未能被发现，对审计中发现问题隐瞒不报或者未如实反映，审计结论与事实严重不符，对审计发现问题查处整改工作跟踪不力等行为，承担相应的责任；业务部门和分支机构应当及时纠正内部控制存在的问题，并对出现的风险和损失承担相应的责任；高级管理层应当对违反内部控制的人员，依据法律规定、内部管理制度追究责任并予以处分，并承担处理不力的责任。

11.2 商业银行内部稽核

11.2.1 内部稽核概述

1.内部稽核的含义

稽核是审计在银行中的传统称谓，“稽核”一词的含义与“审计”的含义完全相同。这里的稽核是指商业银行对自身的稽核检查，因此也称为内部稽核。内部稽核可以定义为企业内部为企业服务的、对控制系统和经营质量进行独立评估的一项功能。内部稽核客观地检查、评估和报告内部控制是否足够，以确保资源得到有效、适当、经济和高效的使用。

从这一定义可以看出，评估内部控制系统的目的是确保资源得到有效、适当、经济和高效的使用，而早期的定义注重账务资料的真实、准确和堵错、纠弊的稽核思路。这个定义将稽核的作用延伸到管理领域。随着现代银行业务规模不断扩大、业务品种不断增加和业务操作日趋复杂，银行管理日益成为一门内涵丰富的学问。银行管理层单靠自身的力量已无法高效、及时地实施管理，需要更多地借助职能部门的力量。稽核是从控制的角度来看资源使用的效果，这正好迎合了银行管理层的需要，成为管理层实施管理的得力助手。上述定义满足了银行管理的需要，赋予银行内部稽核更广阔的发展前景。

同时，上述定义明确了内部稽核的服务对象是企业本身而不仅是企业董事会或管理层。虽然在实务中，稽核是在银行董事会或管理层领导下的一个部门，但正如董事会或管理层也是为企业服务一样，稽核的最终服务对象是企业本身。在董事会或管理层的行为对企业不利的极端情况下，稽核部门应立场鲜明地站在企业利益这一边，这一点是保持稽核独立地位的意义所在。

上述定义基本代表了当今稽核理论的最新发展，在原有的保护资产完整职能之外，又赋予稽核一项新的管理职能。有人因此会说，现代内部稽核人员所做的事，只不过是银行总经理想做而未能做到的。

2.稽核准则和标准

（1）稽核准则

稽核准则是指稽核人员在实施稽核检查时应当遵循的一般性工作规范。稽核准则通常是由专业团体颁布的、要求有关专业人员在工作中遵守的规定和要求。它也是衡量有关工作是否达到专业要求的标准。这里所称的稽核是指商业银行的内部稽核，因此，稽核准则也指内部稽核准则。

设在美国的国际内部审计师协会于1979年3月印发了《内部审计实务准则》(2001年修订)，对于内部审计工作范围，信息可靠性和完整性的确定，遵守政策、计划、程序、法律条例的检查，保护资产、资源的节约和有效利用的检查，既定目标完成情况的确定，审计计划的制订，信息的检查和评价，审计报告，审后查询，内部审计管理，内部审计部门的目的、责任和权力，内部审计部门的计划，内部审计部门提供的策略和程序，内部审计人事管理和发展，同外部审计人员的配合，工作质量的保证等均做了明确而具体的规定。《内部审计实务准则》在世界范围内具有较大的影响力，许多国家的内部审计工作都是参照此准则进行的。由于内部审计作为一种职业在国外已有半个多世纪的历史，其理论与实务都已比较成熟，因而具有很高的借鉴价值。

中国内部审计学会于1990年制定了《内部审计标准（草案）》，作为学会的一项研究成果，供企事业单位内部审计试用。该草案指出，我国的内部审计是部门、单位内部的审计机构和人员对本单位经济活动的真实性、合法性、效益性进行审查和评价的独立性经济监督活动。该草案的内容包括内部审计的组织机构，内部审计人员职业道德、专业知识、技能和培训，内部审计作业，内部审计报告和审计质量等。

为促进银行业金融机构完善公司治理，加强内部控制，健全内部审计体系，中国银监会在2006年6月颁布了《银行业金融机构内部审计指引》，并于2016年4月对其进行修订，颁布了《商业银行内部审计指引》。该指引指出，内部审计是商业银行内部独立、客观的监督、评价和咨询活动，通过运用系统化和规范化的方法，审查评价并督促改善商业银行业务经营、风险管理、内控合规和公司治理效果，促进商业银行稳健运行和价值提升。

商业银行内部审计目标包括：推动国家有关经济金融法律法规和监管规则的有效落实；促进商业银行建立并持续完善有效的风险管理、内控合规和公司治理架构；督促相关审计对象有效履职，共同实现银行的战略目标。

商业银行内部审计工作应独立于业务经营、风险管理和内控合规，并对上述职能履行的有效性实施评价。内部审计活动应遵循独立性、客观性原则，不断提升内部审计人员的专业能力和职业操守。

《商业银行内部审计指引》是针对我国国情制定的，具有很强的操作性，是我国商业银行内部稽核工作的根本依据。

（2）稽核标准

稽核标准是指用来衡量业务活动是否真实、合法、合理、有效和正确反映的尺度或依据，包括法律、命令、法规、方针、政策、决策、计划、规章制度、方案、协议、技术标准和业务处理惯例等，如中国人民银行规定的商业银行存贷比率就是一项稽核标准。稽核人员在进行有关检查时，应以此为标准来评估判断有关业务活动是否正常或是否符合规定。

3.稽核原则

稽核原则是指稽核关系中各方关系人正确而有效地实施稽核工作、履行稽核职责的基本依据。一般来说，在稽核工作中应坚持以下4个原则：

（1）独立性原则

稽核的独立性原则是指稽核人员对于所要审查的业务活动和经济责任保持独立的地位。这里所说的独立的地位有两层含义：一是稽核人员不参与被稽核单位的经济业务活动；二是若稽核人员与被稽核单位存在一定的利害关系时（如持有被稽核单位的股票、与被稽核单位的业务操作或管理人员有亲属关系等），应回避。

（2）权威性原则

稽核的权威性原则是指稽核人员有权代表稽核授权人或委托人，对被稽核单位所负经济责任进行审查监督，并且被稽核单位有受稽核人员审查监督的责任。稽核的权威性表现在3个方面：第一，被稽核单位对稽核人员提出的有关稽核工作的要求，如提供稽核场所、资料、答询及其他有关活动，必须主动、积极、及时、妥善地配合；第二，稽核人员通过合格的稽核工作，提出恰当的稽核意见，恰如其分地证实经济责任的承担和履行，取得稽核授权人或委托人以及有关方面的信任，从而树立起稽核的权威性；第三，稽核的权威性还存在于对其他经济监督的较高层次上，是银行内部控制体系的重要组成部分。

（3）客观性原则

稽核的客观性原则是指稽核人员应当依据稽核标准，对被稽核单位的经济责任承担和履行情况进行实事求是的评审。稽核人员审查因履行经济责任而发生的经济活动，必须根据客观的稽核标准，评审其真实性、合法性和效益性，然后提出稽核意见，呈报稽核报告，公正、客观地证实经济责任完成情况，正确处理稽核授权人、委托人同被稽核单位的关系。

（4）公正性原则

稽核的公正性原则是指稽核人员在稽核工作中，应当坚持稽核行为的公道、正派、有理、有据、有节；同各方面处理各种关系时，应当不偏不倚、不亢不卑、讲究分寸、恰如其分，维护各方面的正当权益。公正性原则不仅要以客观性原则为基础，而且要以稽核的科学性为依据，以求促使被稽核单位经济责任完成情况评价的公允和恰当。

4.内部稽核的基本范畴

内部稽核的基本范畴是引导稽核工作沿着正确方向有效开展的基本内容。正确把握稽核的基本范畴，对于有效开展稽核工作具有十分重要的意义。内部稽核的范围包括银行所有的经营活动，即技术、商业、财务、安全、会计和管理。在实务中，为了使稽核人员有限的时间和精力得到最有效的使用，有关专业团体列出了稽核的具体范围。

（1）国际内部审计师协会列出的检查范围

国际内部审计师协会列出的检查范围包括：第一，财务和经营信息的可靠性和完整性以及这类信息的辨别、衡量、分类和报告方法；第二，对经营和报告有重大影响的政策、计划、措施、法律和规定的各项保障制度等，并判断银行是否遵从；第三，保护资产的方法，如有可能证明这些资产的存在；第四，评估资源使用的经济性和效益性；第五，操作或程序是否与计划吻合，并确定其结果是否与原定目标一致。

（2）我国《商业银行内部审计指引》规定的内部审计事项

我国《商业银行内部审计指引》规定的内部审计事项包括：第一，公司治理的健全性和有效性；第二，经营管理的合规性和有效性；第三，内部控制的适当性和有效性；第四，风险管理的全面性和有效性；第五，会计记录及财务报告的完整性和准确性；第六，信息系统的持续性、可靠性和安全性；第七，机构运营、绩效考评、薪酬管理和高级管理人员履职情况；第八，监管部门监督检查发现问题的整改情况以及监管部门指定项目的审计工作；第九，其他需要进行审计的事项。

11.2.2 内部稽核流程

稽核流程是指稽核人员完成一项稽核工作的全部过程。针对某个具体检查项目的稽核步骤和方法组成的具体实施计划称为稽核程序。一个完整的稽核流程通常可分为稽核计划、现场检查、稽核报告、稽核跟进4个阶段。

1.稽核计划

① 综合风险分析。综合风险分析的目的是从众多的业务品种中找出风险最大的作为稽核的对象。其主要内容是分析、判断业务操作或控制风险的集中领域或发生的概率。综合风险分析的主要依据包括宏观经济形势、业务发展状况、历史统计规律和非现场稽核。

② 业务流程检查。选定稽核对象后，就要了解所需稽核的业务操作流程和相应的需要控制的风险。稽核人员可以采用访问的形式实地了解业务操作流程和所有控制环节，或要求被稽核单位提供有关的业务操作流程图。

③ 个别风险分析。个别风险是指稽核人员依据选定的稽核对象的业务操作流程图，针对所有风险点评估内部控制是否有效、足够与合适。个别风险分析是稽核计划阶段最重要的环节，它决定了检查的重点和方法，直接影响稽核检查的质量。

④ 确定稽核程序。通过个别风险分析，稽核人员可以了解哪些业务操作环节风险较高，哪些环节的内部控制措施较完善，哪些环节的内部控制较弱。在掌握上述情况的基础上，稽核人员根据有关目的和要求，制定稽核检查的具体步骤和采用的技术方法，并估算所需的人员配备和查账时间。稽核程序指导稽核检查按时按质进行，它是稽核检查得以完成的保证，也是评价稽核工作质量的依据。这是稽核计划阶段的最后一环。

2.现场检查

现场检查阶段实际上是获取各个风险点内部控制可靠性证据的阶段。获取证据的方法可分为遵从性测试和实质性测试两种。遵从性测试是指对业务操作人员执行有关规章制度情况的检查，其目的是了解有关内部控制是否真正发挥了作用。实质性测试是指对有关业务或操作数据、信息的真实性进行检查。实质性测试包括分析性测试（通过分析某一信息与其他有关信息之间可能存在的合理关系来验证其真实性）和细节性测试。细节性测试又包括交易事项测试和账户余额测试。

实施现场检查时，采用何种测试方法要根据内部控制评估的结果而定。在稽核计划阶段，稽核人员通过个别风险分析，已对内部控制有了初步判断。稽核人员应根据内部控制是否可靠，灵活运用遵从性和实质性测试手段，以求达到经济、有效的目的。一般来说，运用这两种测试手段的基本模式有3种：

模式一：内部控制 $\xrightarrow{\text{可靠}}$ 遵从性测试 $\xrightarrow{\text{满意}}$ 实质性测试

模式一是通过个别风险分析环节，稽核人员对有关内部控制系统得出判断：可靠或不可靠。如果可靠，稽核人员应采取的下一个步骤是对有关内部控制进行遵从性测试。如果遵从性测试也获得满意的结果，则可按预定的稽核程序进行实质性测试。

模式二：内部控制 $\xrightarrow{\text{可靠}}$ 遵从性测试 $\xrightarrow{\text{不满意}}$ 修订稽核程序 $\xrightarrow{\text{加大}}$ 实质性测试

模式二是在内部控制可靠但遵从性测试结果不令人满意的情况下，稽核人员应考虑是否需要对原稽核程序进行修改以加大实质性测试范围，防止因实质性测试范围太小或深度不够而未能发现潜在的问题。修订稽核程序之所以必要，是因为原稽核程序是在内部控制可靠的判断基础上制定的，其实质性测试的范围和深度都不够。

模式三：内部控制 $\xrightarrow{\text{不可靠}}$ 实质性测试

模式三是在综合风险分析或个别风险分析中，发现内部控制不可靠，在这种情况下，稽核人员应考虑直接进行实质性测试以获取有关数据。对不可靠的内部控制进行遵从性测试是毫无意义的。

现场检查是整个稽核流程中最关键和最复杂的阶段，稽核人员要具备敏锐的思维能力和良好的逻辑分析、推理和判断能力。上面给出的只是3种最基本的模式。在稽核实务中，情况错综复杂，仅按照上述3种最基本的模式进行稽核是远远不够的，有时还需要重复进行测试或采取其他辅助手段，这就要求稽核人员在把握风险与控制这两条主线索的基础上灵活运用各种测试方法和手段。

现场检查的最后一个环节是将检查中发现的问题与被稽核单位的有关人员进行交流，这实际上也是对稽核发现进行的最后一次核证。如果能获得被稽核单位的认同，则一方面证明稽核人员所发现问题的真实性，另一方面亦有利于被稽核单位日后贯彻和落实稽核建议。如果被稽核单位对某些问题存在不同的看法，在澄清问题的基础上，稽核人员应坚持自身独立的立场和看法，以维护稽核的权威性。

3.稽核报告

稽核报告是对稽核中发现的问题进行评估并形成稽核意见和建议的过程，稽核的最终结果是稽核报告。稽核人员在现场发现的问题比较多，在报告阶段，稽核人员要确定这些问题是否在稽核报告中反映出来，或以什么样的形式反映出来，以期收到最佳的监督效果。稽核人员还可以提出稽核建议，针对有关问题提出改进措施，其目的是完善内部控制、提高管理水平。稽核建议必须具有针对性、可行性和经济性，以利于被稽核单位贯彻和落实。

4.稽核跟进

一般来说，一个稽核项目在发出稽核报告以后就已经结束了，但稽核报告的发出不等于有关问题就一定能得到解决，稽核建议还需要有关业务的管理和操作人员去认真落实。只有当可行有效的稽核建议变成内部控制的具体措施后，稽核的作用才得到了真正的发挥。近年来，稽核人员越来越重视稽核跟进，通过稽核跟进了解稽核建议的落实情况来评估稽核工作的有效性。

稽核跟进是一个稽核项目完成一段时间之后才进行的，理论上的最短间距应是稽核建议充分发挥作用所需的时间。稽核跟进可以是专门针对某一个或某几个稽核项目所安排的跟进检查。在实务中，出于资源使用上的考虑，它往往是在对同一单位进行另一新的稽核项目时进行的，稽核跟进结束时应形成跟进报告，并归入有关的稽核项目档案中。

稽核跟进可以是多次跟进，即第一次跟进、第二次跟进……直到稽核人员认为已无必要进行跟进为止。稽核跟进主要是对前期稽核报告中提出的稽核建议是否得到有效的贯彻和落实进行检查，并评估所提建议的效果。对于未得到贯彻和落实的建议，应查明原因，弄清楚是由于建议不可行还是被稽核单位不愿采用，或是其他什么原因。稽核跟进不仅是对被稽核单位的检查，也是对稽核工作质量的检查，对于完善被稽核单位的内部控制和提高稽核自身工作水平具有双重意义。

11.2.3 内部稽核方法

现代稽核理论的核心问题是如何识别和降低业务运作风险。解决这个问题可以运用以下3种方法：

1.风险分析法

直接以业务操作流程为研究对象，以业务操作流程中风险控制是否足够为目标，逐一对各个业务操作环节的风险和相应的控制进行分析，判断控制是否足够，从而针对风险完善控制，这种方法称为风险分析法。一般来说，风险分析法是必不可少的基本方法。

2.遵从性测试方法

在业务操作风险控制已经足够的前提下，以控制措施是否得到贯彻和落实为目标，对有关人员执行控制措施的情况进行核实，这种方法称为遵从性测试方法。

3.实质性测试方法

抛开业务操作流程而只对业务运作的结果进行核验，从而反证出业务风险的大小和操作控制的强弱，这种方法称为实质性测试方法。

遵从性测试方法与实质性测试方法种类繁多，可视需要灵活采用，以求达到最佳效果。一般情况下，稽核人员应首先采用风险分析法来确定被稽核业务操作流程中的风险控制是否足够，在确认风险控制足够的基础上，再运用遵从性或实质性测试方法对控制的有效性进行核证。稽核人员按照这样一种思路，在具备基本稽核素质的情况下，其工作是能得到专业认可的。当然，一个经验丰富的稽核人员在稽核一个十分熟悉的项目时，也可以直接采用实质性测试方法去核证有关事项，这在其对有关业务的控制和操作人员执行情况有充分了解的基础上也是可以的。

在稽核检查时，由于业务品种繁多、业务量（笔数）巨大，稽核人员不可能对所有业务逐笔检查，因此会大量用到抽样技术。严格地说，抽样技术并不是与上述3种方法并列的稽核方法，它是适用于各类方法，尤其是实质性测试方法的一种辅助技术。

11.2.4 稽核资料与稽核证据

1.稽核资料及其分类

所有业务操作与管理活动都可由有关的书面或非书面资料来体现，稽核人员可通过这些资料所反映的信息来评估各项业务操作与管理活动的真实性、合法性与效益性。所有体现业务操作与管理活动的资料都可称为稽核资料。稽核资料从不同的角度看有不同的分类。

① 从外形看，稽核资料可分为书面资料和非书面资料。书面资料包括经济核算（包括会计、统计和业务3类核算）的凭证、账簿、报表和记录，规范经济活动的法规和制度，经济活动的记录、计划、方案、合同和报告等有关文字图表的书面文件。非书面资料包括经济管理的有关人员提供的口头解释，外界人士提供的有关说明、摄影照片和影音记录等。

② 从提供和收集的来源看，稽核资料可分为内部资料和外部资料。前者为被稽核单位内部制作和提供的书面和非书面资料；后者为同被稽核单位有关的外界各部门、各单位提供的书面和非书面资料。

③ 从使用效应看，稽核资料可分为真实资料和虚假资料。前者为被稽核单位向稽核人员提供的全部审查资料；后者为提供的部分资料。

2.稽核证据及其应具备的条件

稽核证据是稽核人员提出稽核意见和撰写稽核报告的依据。稽核人员不仅要收集、分析、评价单个稽核证据，有时还需汇集相关稽核证据，并从中提出确切的稽核意见。合格的稽核证据应具备3个条件：

① 真实性。对稽核证据最根本的要求是其本身必须真实准确。本身不真实准确的资料不能成为稽核证据。影响稽核证据的因素比较多，如资料的独立性、直接性、综合性、时效性以及举证人的素质等。稽核人员在取证时，要对这些因素认真分析，以确定稽核证据的真实性。

② 相关性。稽核证据是用来证明稽核人员有关意见的，因而其必须与有关意见具有相关性。

③ 充分性。稽核证据仅具备真实性与相关性还不够，还必须具备充分的说服力。充分性是指“如该项稽核证据存在，则稽核意见必成立”这样一种逻辑关系。如果该项稽核证据单独存在，其所支持的稽核意见不一定成立，那就说明该项稽核证据不具备充分性。这时稽核人员应设法收集更多的稽核证据，直至上述逻辑关系

成立为止。

11.3 商业银行外部监管

11.3.1 商业银行外部监管的主体、目标和原则

1.外部监管的主体

广义的监管主体把银行放在整个国民经济的大背景下来考查，包括内部监管主体和外部监管主体两个部分；狭义的监管主体则是指对银行进行监管的官方机构。内部监管主体也是最基本的监管主体，即银行机构本身（这一部分监管称为内部控制）。与之相对应的是外部监管主体，包括官方监管机构、社会监管机构和行业工会等。

2003年3月10日，根据《全国人民代表大会常务委员会关于中国银行业监督管理委员会履行原由中国人民银行履行的监督管理职责的决定》，中国银监会接替中国人民银行成为银行业的官方监管机构；2018年4月8日，中国银行保险监督管理委员会正式挂牌。2003年12月《银行业监督管理法》颁布，2006年10月修正（2007年1月1日起施行）。该法第二条明确规定："国务院银行业监督管理机构负责对全国银行业金融机构及其业务活动监督管理的工作。"因此，我国商业银行的官方监管机构是中国银保监会。

2.外部监管的目标

《银行业监督管理法》第三条规定："银行业监督管理的目标是促进银行业的合法、稳健运行，维护公众对银行业的信心。"这样的监管目标符合巴塞尔银行监管委员会《有效银行监管的核心原则》对监管目标的建议，符合现代商业银行的发展目标。

3.外部监管的原则

银行业监督管理机构对银行业实施监督管理，应当遵循依法、公开、公正和效率的原则。

11.3.2 商业银行外部监管的内容

各国金融监管层对商业银行监管的内容多种多样，主要归纳为两类：一类是预防性管理；另一类是保护性管理。

1.预防性管理

预防性管理包括行政管理和预警制度。行政管理以市场准入管理为核心，包括银行（及分支机构）设立、变更、合并、停业、复业或破产，以及银行组织、名称、资本、所有权、管理人员、业务范围等方面的管理，目的是维护金融业的安全与稳定；预警制度包括各种业务活动限制和资产负债结构控制，目的是限制商业银

行接受风险的程度。

（1）市场准入管理

① 进入市场所需的资格条件，如资本金的最低限度、管理人员应具备的条件等。

② 进入市场的程度，即规定业务范围。关于业务范围，各国金融监管层在核发银行执照时，均有具体限定。

（2）利率限制

利率限制是一种价格限制，主要是指存款利率限制，旨在防止银行同业竞争风险。目前，各发达国家金融监管层对贷款利率限制较少，通常通过反高利贷法保护借款人的利益。

（3）资产流动性管理

各国金融监管层都明确规定，商业银行持有的具有一定程度流动性的资产必须在其总资产中占有相当的比例，通常称为流动性资产比率，旨在防止商业银行资金周转不灵而出现危机。

我国参考巴塞尔银行监管委员会2014年推出的新版净稳定资金比例（NSFR）国际标准，结合我国商业银行的业务特点，对流动性风险监管制度进行修订。2018年5月，中国银保监会正式发布《商业银行流动性风险管理办法》（以下简称《流动性办法》），从以下3个方面对流动性及其风险管理做出规定：

一是新引入3个量化指标，即净稳定资金比例、优质流动性资产充足率、流动性匹配率。其中，净稳定资金比例衡量银行长期稳定资金支持业务发展的程度，适用于资产规模在2 000亿元（含）以上的商业银行。优质流动性资产充足率是对流动性覆盖率的简化，衡量银行持有的优质流动性资产能否覆盖压力情况下的短期流动性缺口，适用于资产规模小于2 000亿元的商业银行。流动性匹配率衡量银行主要资产与负债的期限配置结构，适用于全部商业银行。

二是进一步完善流动性风险监测体系。《流动性办法》对部分监测指标的计算方法进行了合理优化，强调其在风险管理和监管方面的运用。

三是细化了流动性风险管理相关要求，如日间流动性风险管理、融资管理等。

修订后的《流动性办法》自2018年7月1日起施行。新引入的3个量化指标中，净稳定资金比例监管要求与《流动性办法》同步执行。优质流动性资产充足率采用了分阶段达标安排，商业银行分别于2018年年底和2019年6月底前达到80%和100%。流动性匹配率自2020年1月1日起执行，2020年前是监测指标。

（4）资本充足性管理

银行资本除具有营业职能（购置固定资产等）和保护功能（在银行停业清理时用来偿还存款及其他债务）外，还具有管制职能，即通过资本与银行的资产或负债保持一定的比例来限制银行的业务规模。许多国家规定商业银行资本对资产的比例要大于5%。《巴塞尔协议》要求签约国（地区）银行的资本对其经加权计算的风险资产的比率不小于8%。有些国家（地区）为加强资本充足性，实行强制性增加储备金的办法。我国2012年颁布的《商业银行资本管理办法（试行）》规定，资本充足率不得低于8%。其中，核心一级资本充足率不得低于5%，一级资本充足率不得低于6%。

（5）贷款管理

贷款管理的目的主要是防范银行面临的信用风险。其内容包括：第一，集中贷款限制，指限制一家银行向某一行业、某一客户或某一地区的贷款规模。如新加坡规定，商业银行对单一客户的贷款合计不得超过银行自身资本的60%。第二，内部贷款限制，指限制银行向关联企业，银行董事、经理和职员等各种“内部人士”贷款。第三，损失准备金和一般准备金的提取，金融监管层一般要求商业银行对贷款提取损失准备金，并对准备金的充足性进行经常性检查。2018年3月7日，中国银监会发布《关于调整商业银行贷款损失准备监管要求的通知》，明确拨备覆盖率监管要求由150%调整为120%~150%，贷款拨备率监管要求由2.5%调整为1.5%~2.5%。针对商业银行的规模和业务结构，金融监管层还要求其提取一定的一般准备金，作为风险补偿手段。

小资料11-1

《商业银行互联网贷款管理暂行办法》管理要求

2020年7月，中国银保监会发布《商业银行互联网贷款管理暂行办法》（以下简称《办法》）。

《办法》共7章70条，分别为总则、风险管理体系、风险数据和风险模型管理、信息科技风险管理、贷款合作管理、监督管理和附则。

《办法》的管理要求主要有：一是合理界定互联网贷款内涵及范围，明确互联网贷款应遵循小额、短期、高效和风险可控原则。二是明确风险管理要求。商业银行应当针对互联网贷款业务建立全面风险管理体系，在贷前、贷中、贷后全流程进行风险控制，加强风险数据和风险模型管理，同时防范和管控信息科技风险。三是规范合作机构管理。《办法》要求商业银行建立健全合作机构准入和退出机制，在内控制度、准入前评估、协议签署、信息披露、持续管理等方面加强管理、压实责任。对与合作机构共同出资发放贷款的，《办法》提出加强限额管理和集中度管理等要求。四是强化消费者保护。明确商业银行应当建立互联网借款人权益保护机制，对借款人数据来源、使用、保管等问题提出明确要求。《办法》还规定，商业银行应当加强信息披露，不得委托有违法违规记录的合作机构进行清收。五是加强事中事后监管。《办法》对商业银行提交互联网贷款业务情况报告、自评估、重大事项报告等提出监管要求。监管机构实施监督检查，对违法违规行为依法追究法律责任。

在过渡期安排方面，按照“新老划断”原则设置过渡期，过渡期为《办法》

实施之日起2年。在过渡期内，商业银行对照《办法》制定整改方案并有序实施，不符合《办法》规定的业务逐步有序压降。过渡期结束后，商业银行所有存续互联网贷款业务均应遵守《办法》的规定。

发布实施《办法》是完善我国商业银行互联网贷款监管制度的重要举措，有利于补齐制度短板、防范金融风险、提升金融服务质效。下一步，中国银保监会将加强督促指导，做好《办法》的贯彻落实工作，推进商业银行互联网贷款业务健康发展。

（6）其他业务活动限制

其他业务活动限制主要包括：第一，对证券投资、房地产投资、股权投资的限制，以防范投资风险；第二，对国际贷款规模的限制，以防范国别风险；第三，对外汇交易业务的限制，以防范利率、汇率、市场价格、信用等各种有关风险。

各国金融监管层一般根据每家商业银行的经营规模和清偿能力规定其持有的外汇隔夜敞口头寸金额。有些国家还规定每家商业银行每笔外汇交易的金额最多不得超过其资本金的一定比例。

2.保护性管理

保护性管理包括中央银行最后贷款人制度和存款保险制度。

（1）最后贷款人制度

即使银行完全按照金融监管层制定的预防措施的规定进行经营管理，商业银行在经营过程中仍会遇到临时性资金周转困难。在这种情况下，商业银行可以通过同业拆借、出售证券，或以票据向中央银行进行票据再贴现等方式筹借款项，以缓解资金临时周转困难。当商业银行清偿能力发生较大问题且临时筹集资金出现困难，存款人或其他债权人要求付款，资金收付出现较大缺口时，就面临破产清理的危险。此时，一国的金融监管层有责任向银行提供紧急资金援助，帮助其度过危机，并且使整个金融业避免产生连锁反应。

（2）存款保险制度

尽管各国金融监管层都制定了许多有助于银行谨慎经营的限制性措施，并不断对银行进行检查监督，在商业银行遇到严重困难时还提供必要的紧急资金援助，但仍不能保证商业银行不发生倒闭。为了在商业银行倒闭时保护存款人的利益，许多国家（地区）都建立了存款保险制度。美国是由中央政府出面建立存款保险制度最早的国家。美国联邦存款保险公司成立于20世纪30年代，凡参加这一存款保险体系的商业银行，在其倒闭清理时，每一私人存款账户可从联邦存款保险公司得到一定金额的偿付，最高偿付额目前为10万美元。

2015年5月1日，我国颁布《存款保险条例》，规定存款保险实行限额偿付，最高偿付限额为人民币50万元。这一限额高于世界多数国家的保障水平，能为我国99.63%的存款人提供全额保护。这标志着我国存款保险制度正式实施。

11.3.3 商业银行外部监管的方式和手段

正确的监管方式和手段能够保证金融监管层了解准确的监管方面的信息，是实施有效监管、对商业银行风险进行控制的重要途径，也是金融监管层审慎监管的重要保证。根据商业银行监管方式和手段的国际惯例，一般把商业银行的监管分为现场检查和非现场检查。

1.现场检查

（1）现场检查的含义

现场检查是指监管人员直接深入金融机构进行业务检查和风险判断分析。监管人员通过亲临现场，检验银行财务报表数据的准确性和可靠性，评估银行管理和内部控制的质量，检查银行遵守法律法规的情况，考查银行的整体经营管理水平。现场检查是金融监管的重要手段和方式。通过实施现场检查，有助于全面、深入地了解金融机构的经营和风险状况，有助于核实和查清非现场监管中发现的主要问题和疑点，有助于对金融机构的风险做出客观、全面的判断和评价。《银行业监督管理法》对商业银行的现场检查做出了规定，银行业监督管理机构应当对银行业金融机构的业务活动及风险状况进行现场检查；应当制定现场检查程序，规范现场检查行为。这只是对商业银行现场检查的机构做出了规定，更加详尽而具有操作性的规定还有待进一步规范。

（2）现场检查的特点

现场检查有4个特点：一是较强的直观性，现场检查能够直接检查银行财务资料的真实性和合规性，可以直接查访有关的人和事，比较容易发现问题并纠正问题；二是及时性，现场检查可以根据金融形势的变化及时对发生的各类金融问题进行验证、处理，防止风险扩散；三是灵活性，一旦在非现场检查中发现问题，可以进行专项检查，具有较强的灵活性；四是深入性，现场检查是一种实地检查，能够较好地发现问题，并且能够针对每家银行的实际情况提出改进意见。

（3）现场检查的主要方式及频率

现场检查可以分为两类：全面检查和专项检查。前者一般是定期进行的，如一年一次或者若干年一次；后者一般是针对非现场检查中发现的问题进行的，是不定期的。只要在非现场检查中发现问题，金融监管层认为有必要进行现场检查的都可以随时进行现场检查。一般来说，现场检查具有较强的针对性，能够对银行的情况有比较细致、准确的了解，因此，现场检查是非常重要、不容忽视的。

（4）现场检查的主要内容与措施

现场检查的主要内容包括商业银行的业务活动及风险状况。监管机构应当建立商业银行监督管理评级体系和风险预警机制，根据商业银行的评级情况和风险状况，确定对其进行现场检查的频率、范围和需要采取的其他措施。一般来说，可以采取下列措施进行现场检查：一是进入银行业金融机构进行检查；二是询问银行业金融机构的工作人员，要求其对有关检查事项做出说明；三是查阅、复制银行业金融机构与检查事项有关的文件、资料，对可能被转移、隐匿或者毁损的文件、资料予以封存；四是检查银行业金融机构运用电子计算机管理业务数据的系统。

（5）现场检查的程序

① 起草现场检查备忘录。这主要是确定现场检查的目标、范围、重点以及检查人员。现场检查备忘录主要包括3个方面的内容：一是明确现场检查是全面检查还是专项检查；二是阐述现场检查的重点、主要涉及的业务领域；三是现场检查的人员及时间安排。

② 进行现场检查。这是现场检查的关键环节。监管机构要进驻被现场检查的银行进行调查取证。在这个过程中，检查人员要按照一定的程序和方法对被检查银行的资本充足率、资产质量、流动性、营利性以及管理水平等进行检查和评估，并据此对银行的风险水平做出预测。现场检查包括3个环节：一是核心环节，检查人员要提供充分的证据，证明被检查领域的风险水平，不管有没有发现问题，检查人员都要在检查报告中做出结论，提出建议；二是扩展环节，如果在核心环节发现有明显的弱点和较大的风险，检查人员就会扩大检查的范围，或者进行进一步检查，使被检查银行的风险更加具体化，并进一步确定这些风险能否控制得住；三是救治环节，如果以上两个环节证明银行风险是明显的，检查人员就会对银行的问题进行深入分析，提出应该采取的监管措施。

③ 现场检查报告。现场检查结束以后，检查人员会就有关问题与被检查银行的管理层交换意见，然后就这次现场检查的情况，针对全面情况或者特别问题写出现场检查报告。报告应该对照监管的目标和依据，对被检查的商业银行目前的经营状况和发展趋势做出判断和评价。报告的主要内容包括：第一，对商业银行的总体评价，如银行的偿付能力是否可以满足其日常经营活动对流动性的需要，银行的经营操作是否稳健、经营是否合法等；第二，对监管的主要内容进行总结，包括资本充足率、流动性、资产质量等；第三，对未来的发展趋势进行预测，如根据现场检查的结果预测被检查银行的市场竞争情况等。

④ 后续监管。现场检查结束后，还需要进行后续监管，包括保管被检查银行的资料、监督现场检查报告中所提出的改进措施的实施情况、跟踪监测被检查银行的风险变化情况、对有问题银行的跟踪监管等。

2.非现场检查

商业银行的非现场检查是对商业银行报送的报表、数据按一定标准和程序、目标和原则进行分析，从而揭示银行资产和资金的流动性、安全性和营利性。

（1）非现场检查的定义

非现场检查又称非现场监管，是指金融监管部门对金融机构报送的报表、数据和有关资料，以及通过其他渠道（如媒体、定期会谈等）取得的信息，进行整理和综合分析，并通过一系列风险监测和评价指标，对金融机构的经营风险做出初步评价和早期预警。非现场检查是金融监管的重要方式和手段。通过非现场检查，能够及时和连续监测金融机构的经营和风险状况，有助于明确现场检查的对象和重点，有利于合理分配监督力量，提高监管的质量和效率。

非现场检查具有预警性、全面性、连续性等优点，金融监管层详细审查银行报送的各种报表和资料，通过现代化的金融风险预警系统，对商业银行的业务活动进行全面监控，能够随时掌握每一家商业银行和整个银行体系的运行状况及存在的问题，并且针对问题及时采取措施。非现场检查是一个很好的风险预防工具，其关键在于报表数据的真实性、及时性以及评级体系的科学性。

（2）非现场检查的主要内容

非现场检查按照检查内容分为合规性检查和风险性检查两种。合规性检查是通过对银行财务报表和其他资料的分析，检查银行各项监管指标是否符合金融监管层制定的审慎政策及有关规定；风险性检查是通过资料、数据进行对比分析、趋势分析或者计量模型分析，评估银行的风险状况，预测银行的发展趋势。大部分检查结论都是通过分析各种指标及其变化得出的，分析内容主要包括资产质量分析、资本充足性分析、流动性分析、市场风险分析和盈亏分析。

（3）非现场检查的基本程序和主要环节

① 采集数据。被监管对象按中国银保监会统一规定的格式和口径报送基础报表和数据，形成中国银保监会金融监管基础数据库。中国银保监会各监管部门从数据库中采集所需要的数据，进行非现场分析。

② 对有关数据进行核对、整理。中国银保监会统计部门和监督部门在对金融机构所报送数据口径、连续性和准确性进行初步核对的基础上，按照非现场检查指标及风险分析的要求，进行分类和归并。

③ 生成监管指标。金融监管部门将基础数据加以分类、归并后，按照事先设计好的软件系统和一套风险监测、控制指标，自动生成资产质量、流动性、资本充足率、盈亏水平和市场风险水平等一系列监管指标，再根据这些指标进行风险监测与分析。

④ 进行指标分析。金融监管部门对各项指标进行水平分析、历史分析和行业分析，分析银行业务经营的合规情况和风险程度，得出对该金融机构风险水平及发展趋势的初步综合评价。

⑤ 报告处理。金融监管部门写出非现场检查报告，对发现的违规问题，根据有关规定做出处理决定。

⑥ 信息反馈。金融监管部门要定期向上级部门提交月度、季度和年度非现场检查报告。

（4）非现场检查的报告

1997年中国人民银行下发的《商业银行非现场监管报表说明书》和《商业银行非现场监管指标报表填报说明》对我国商业银行非现场监管报告制度做了规定。

2007年，中国银监会首次编写《非现场监管报表使用手册》；2012年，由于《商业银行资本管理办法（试行）》及《商业银行实施资本管理高级方法监管暂行细则》等一系列新资本监管法规的实施，该手册于2013年进行了修订，以帮助有关人员充分理解和掌握最新的非现场监管报表和要求。

2018年，中国银保监会的非现场监管业务制度进行重大更新。伴随着中国银保监会补短板出台一系列监管政策，非现场监管业务制度升级主要有4点变化：一是随着资管新规的到来，加强了对理财、委外投资、非标准化债券类资产的统计分析；二是随着金融市场联系越来越紧密，新增了流动性匹配率、优质流动性资产覆盖率统计；三是随着普惠金融越来越受到重视，增加了无还本续贷、银税合作贷款统计和整套普惠金融重点领域报表；四是根据《企业会计准则》和国民经济行业分类，调整了相关统计报表。

11.3.4 商业银行监管评级

2021年9月，中国银保监会发布了《商业银行监管评级办法》(以下简称《评级办法》)，旨在加强商业银行风险监管，完善商业银行同质同类比较和差异化监管，合理分配监管资源，促进商业银行可持续健康发展。

1.适用对象

《评级办法》适用于开业满一个完整会计年度以上的商业银行和农村合作银行、农村信用社、村镇银行的法人机构，监管机构可依据《评级办法》对当年新设立的银行进行试评级。

2.评级要素及权重设置

① 评级要素，包括资本充足、资产质量、公司治理与管理质量、盈利状况、流动性风险、市场风险、数据治理、信息科技风险和机构差异化要素。商业银行监管评级要素由定量和定性两类评级指标组成。

② 评级要素的标准权重，资本充足15%、资产质量15%、公司治理与管理质量20%、盈利状况5%、流动性风险15%、市场风险10%、数据治理5%、信息科技风险10%、机构差异化要素5%。中国银保监会根据监管重点、银行业务复杂程度和风险特征，具体设定和调整各评级要素权重。

3.评级指标、评级要素得分及级别

① 评级指标得分由监管人员按照评分标准评估后结合专业判断确定。评级要素得分为各评级指标得分加总。

② 单项要素得分按权重换算为百分制后分6个级别：90分（含）至100分为1级，75分（含）至90分为2级，60分（含）至75分为3级，45分（含）至60分为4级，30分（含）至45分为5级，30分以下为6级。

③ 级别确定。评级结果分为1~6级和S级。其中，1级进一步细分为A、B两个档次，2~4级进一步细分为A、B、C三个档次。评级结果为1~6级的，数值越大说

明机构的风险越大，需要监管关注的程度越高。正处于重组、被接管、实施市场退出等情况的商业银行，经监管机构认定后直接列为S级，不参加当年的监管评级。

4.评级结果

① 综合评级结果为1级，表示银行在各方面都是健全的，发现的问题较轻且能够在日常运营中解决，具有较强的风险抵御能力。

② 综合评级结果为2级，表示银行基本是健全的，风险抵御能力良好，但存在一些可以在正常运行中得以纠正的弱点，若存在的弱点继续发展可能产生较大问题。

③ 综合评级结果为3级，表示银行存在一些明显的弱点，风险抵御能力一般，勉强能够抵御业务经营环境的大幅变化，但存在的弱点若不及时纠正很容易导致经营状况劣化，应当给予监管关注。

④ 综合评级结果为4级，表示银行存在的问题较多或较为严重，并且未得到有效处理或解决，需要立即采取纠正措施；否则，可能损害银行的生存能力，存在引发倒闭的可能性。

⑤ 综合评级结果为5级和6级，表示银行为高风险机构。其中，评级结果为5级，表示银行业绩表现极差，存在非常严重的问题，需要采取措施进行风险处置或救助，以避免发生倒闭的风险；评级结果为6级，表示银行存在的问题极度严峻，可能或已经发生信用危机，严重影响银行消费者和其他客户的合法权益，或者可能严重危害金融秩序、损害公众利益。

本章小结

商业银行内部控制是指商业银行为实现经营目标，通过制定和实施一系列制度、程序和方法，对风险进行事前防范、事中控制、事后监督和纠正的动态过程和机制。商业银行作为一个风险高度集中的行业，通过货币资金这一纽带，联系社会的各行各业与方方面面。从内部管理来看，加强和完善商业银行的内部控制建设，是防范风险的重要手段。高效的内部控制有利于明确银行各部门的职责权限，实行分级授权管理；有利于建立健全各项内部管理和财务会计制度；有利于促使银行各级管理者以安全、经济、有效的方式完成预定工作目标；有利于保护银行资产安全性、流动性，进而实现营利性的总目标。

商业银行主要对授信、资金业务、存款及柜台业务、中间业务、会计、计算机信息系统等实施内部控制。商业银行外部监管主要由中国人民银行和中国银保监会完成，以促进银行业的合法、稳健运行，维护公众对银行业的信心为监管目标；本着依法、公开、公正和效率的基本原则，运用现场检查和非现场检查等方式进行外部监管。商业银行监管评级加强了商业银行风险监管，完善了商业银行同质同类比较和差异化监管，合理分配监管资源，促进了商业银行可持续健康发展。

即测即评

第11章单项选择题

第11章多项选择题

第11章判断题

第12章 商业银行风险管理

思政小课堂

强服务 防风险 稳金融 促发展

党的十九大报告提出，深化金融体制改革，增强金融服务实体经济能力，提高直接融资比重，促进多层次资本市场健康发展。健全货币政策和宏观审慎政策双支柱调控框架，深化利率和汇率市场化改革。健全金融监管体系，守住不发生系统性金融风险的底线。这彰显了金融是国家重要的核心竞争力，党中央对防控金融风险、保障金融安全的高度重视。金融资产的规模巨大，金融投资也复杂多变，保障金融业经营安全、使金融业更高效地发挥作用，是时代发展向金融业提出的更高要求。

12.1 商业银行风险管理概述

风险是伴随着商业银行的产生而存在的。随着银行业务的不断发展和市场竞争的加剧，银行业风险也呈现出复杂多变的特征。随着人们对金融风险的重视和认识的加深，国际银行业风险管理的内涵和理念不断深化，风险管理水平不断提高。我国经济发展处于转型过程中，国内外经济环境较为复杂，风险的表现形式更为特殊，这些都对商业银行的风险管理提出了更高的要求。

12.1.1 商业银行风险的含义和分类

1.商业银行风险的含义

一般认为，金融风险是指经济主体在金融活动中遭受损失或获取额外收益机会的不确定性或可能性。商业银行是以信用为基础、以经营货币借贷和结算业务为主的高负债、高风险金融企业。商业银行风险是指商业银行在经营过程中，由于不确定因素的影响而蒙受经济损失或获取额外收益机会的可能性。

2. 商业银行风险的特征

商业银行风险具有隐蔽性和扩散性，一旦银行经营风险转化成现实损失，不仅会导致银行破产，而且将对整个国民经济产生巨大的破坏力。认清商业银行风险的特征，可以帮助我们更好地管理风险，减少风险损失，获得更多利润。商业银行风险的特征主要有：

（1）普遍性

商业银行风险普遍存在于各项业务中。从严格意义上讲，商业银行所有业务都存在风险，原因有两个：第一，商业银行的主要业务以信用为基础，商业银行作为融资中介，实质上是一个由多边信用共同建立的客体，信用的原始借贷关系通过这一中介互相交织联动，任何一端的风险都可以通过这个“综合器”传递给其他信用关系；第二，信用发生对象具有复杂性，借款人的理论对象包括全社会成员，社会成员的复杂性导致授信对象不可能永远、绝对无风险。因此，商业银行风险的控制和防范就不可避免地成为其业务经营和管理中的难题，防范风险是商业银行经营管理过程中贯穿始终的主题。

（2）传导性和渗透性

商业银行风险的发生很容易造成信用危机，而在高度商业化的经济体系中，单一的信用机构不可能孤立于整个信用体系而单独存在，因而单一信用机构的信用危机很快就会直接或间接地传导到其他信用机构乃至整个信用体系。同时，单一信用风险发生后，往往不仅局限于这笔业务本身的失败，而且会影响这一类业务，乃至整个信用体系。可见，商业银行风险的作用力可以同时影响多个层次。所以，除了要对单一风险的发生直接采取措施外，还要考虑它的影响是否已渗透到其他层次和范围。对这两种情况都要采取措施，才能真正做到有效地控制和防范商业银行风险。

（3）隐蔽性

商业银行风险具有很强的隐蔽性。隐蔽性是指由于商业银行具有创造信用能力，并且其经营活动不完全透明，在其不爆发金融危机或存款支付危机时，可能因信用特点及措施维护、掩盖或补救已经失败的信用关系或者已经发生的损失。政府或其他有影响力的外部力量的作用也可能掩盖商业银行的风险和损失。同时，隐蔽性还可以给商业银行提供一些缓冲和弥补的机会，如果银行能够及时、有效地采取措施，对已经发生的风险加以控制，就可以利用银行风险的隐蔽性特点创造信用，进而提高生存和发展的能力，并对发生的那部分损失进行弥补。

（4）潜伏性和突发性

商业银行风险既可能表现为突发性，也可能表现为潜伏性。一般情况下，传统的金融风险表现为潜伏性，新兴的金融风险表现为突发性。如传统贷款中的信用风险，对一个有问题的客户贷款，可能一开始这笔贷款就是有风险的，但由于贷款期长，需要3~5年的时间这笔贷款才被提取完毕；或者还款期长，要5~10年或者更长时间才能发生还款困难的问题，这就使这笔贷款的风险能潜伏很长一段时间。但是，现代金融产品风险，如外汇交易头寸风险，可能因为一笔极大外汇交易敞口使一家银行在一夜之间由巨额盈利变为亏损；或者由于电脑等现代技术直接参与交易，发生技术故障使一家银行的管理信息系统在极短的时间内崩溃。

（5）双重性

在对风险进行管理时，我们更多地强调它的损失，但在实际业务中，风险的存在也提供了获得额外收益的可能性。这种正的效应也是经济主体所渴求的，它会激励人们去承担风险，获取收益，在竞争中不断创新，以促进经济主体的发展。风险的双重性对商业银行产生一种约束和激励并存的机制，促使其运用风险管理技术更好地配置资源，创造利润。

（6）扩散性

商业银行风险具有一定的扩散性。扩散性是指随着现代金融业的发展，金融体系内部各种主体的联系日益密切，金融机构之间时刻发生复杂的债权债务关系，存在由于一家机构出现支付危机而导致多家机构倒闭的效应。商业银行风险的扩散性因创造信用的机制而被不断放大，最后演变为金融体系的整体风险，甚至引发经济危机。

（7）可管理性

商业银行风险虽然具有很大的危害，且频繁发生，但它是可以管理的。可管理性是指通过金融理论的发展、金融市场的规范、不断发展的管理技术，风险可以得到有效的预测和控制，从而把风险降低到可以承受的范围之内，并通过风险的降低提高收益水平。商业银行可以通过增加资本金、调整风险资产来增强抵御风险的能力；可以通过加强外部监管、行业自律，逐步规范风险管理体系。

（8）周期性

商业银行风险的产生与经济周期有密切关系。周期性是指金融风险受经济循环周期和货币政策变化的影响，呈现规律性的、周期性的特点。一般而言，在经济发展上升期和繁荣期，货币政策宽松，社会资金流动规模大，货币供需矛盾容易被掩盖，商业银行风险不易发生；而在经济处于衰退期或低谷期时，货币政策紧缩，社会各种矛盾激化，货币供需缺口明显，商业银行风险容易发生。

3.商业银行风险的分类

按照不同的标准，商业银行风险可以划分为不同的种类。按风险的性质、严重程度和管理方法划分，可以分为系统性风险和非系统性风险；按风险的层次划分，可以分为微观风险和宏观风险；按风险的地域划分，可以分为国内风险和国外风险。通常情况下，为了满足管理的需要，可以按照风险的表现形式，划分为以下几种类型：

（1）信用风险

信用风险（credit risk）是指因交易对方无法履约偿还款项而造成损失的可能

性。信用风险存在于一切信用活动中，也存在于一切交易活动中。信用最初表现为商品货币关系，随着经济和金融市场的发展，信用更多地表现为银行信用。

（2）流动性风险

流动性风险（liquidity risk）是指由于流动性不足给经济主体造成损失的可能性。流动性风险可以分为两类：一是市场流动性风险，是指由于市场活动不充分或者市场中断，无法按照现行市场价格或相近价格对冲某一头寸所产生的风险；二是现金流动性风险，是指无力满足现金流动性要求，从而迫使银行较早地破产的风险。

（3）利率风险

利率风险（interest rate risk）是指利率变动给经济主体造成损失的可能性。资产负债表的绝大多数收入和费用是以利率为指标的，利率不稳定会导致收入不稳定。只要商业银行的资产和负债的类型、数量及期限不一致，利率的变动就会对其资产、负债产生影响，使其资产的收益、负债的成本发生变动。对于某个时期内被重新定价的资产来说，它将面临到期利率下降、利息收入减少的风险；而对于某个时期被重新定价的负债来说，它将面临到期日利率上升、利息支出增加的风险。对于一些固定利率资产或负债来说，尽管现金流量确定，但是利率的升降也可能带来一些间接的损失，如按固定利率收取利息的投资者必将面临市场利率可能高于原先确定的固定利率的风险。此外，利率的变动可能影响资产的市场价格，利率的变动还会影响汇率，进而给金融活动的当事人造成不利影响。

（4）汇率风险

汇率风险（foreign exchange risk）又称外汇风险，是指汇率的变动可能给商业银行带来不利影响的可能性。汇率变动使得以外币标价的收入和支出、资产和负债发生相应变化，这会使交易者面临难以观察到的风险。1973年布雷顿森林体系崩溃以来，汇率的波动越来越频繁，汇率风险也越来越大。汇率风险主要有3类：交易风险、会计风险和经济风险。

（5）操作风险

操作风险（operation risk）又称运作风险，是指由于不健全或失灵的内部程序、人员、系统和外部事件导致损失的可能性。操作风险已经成为全球金融风险管理的重要领域之一，主要产生于两个层面：第一，技术层面，主要指信息系统、风险测量系统不完善，技术人员违规操作；第二，组织层面，主要指风险报告和监控系统出现疏漏，以及相关的法律法规不完善。

（6）法律风险

法律风险（legal risk）是指商业银行没有适当履行其对客户的法律和条规职责，或者没有正确实施法律条款而引致的风险。法律风险是一种复合风险，其表现形式有：金融合约不能受到法律应给予的保护而无法履行，或金融合约条款不周密；法律法规跟不上金融创新的步伐，使金融创新的合法性难以保证，交易一方或双方可能因得不到相应的法律保护而遭受损失；各种犯罪及不道德行为对金融资产安全构成极大威胁；经济主体在金融活动中违反法律法规，受到法律的制裁。

（7）通货膨胀风险

通货膨胀风险（inflation risk）又称购买力风险，是指通货膨胀可能使经济主体的实际收益率下降，或使其筹资成本提高。通货膨胀造成单位货币购买力下降，即通常所讲的货币贬值，最终会使人们持有的货币的实际余额下降。

（8）政策风险

政策风险（policy risk）是指因国家政策变动而给金融活动参与者带来的风险。一个国家的货币政策、财政政策、地区发展政策等不是一成不变的，一个国家会在不同时期根据不同情况采取不同的经济政策。国家经济政策的调整可能给金融活动的参与者造成影响，这种影响可能是消极的，也可能是积极的。

（9）国别风险

国别风险（country risk）是指由于某一国家或地区经济、政治、社会变化及事件，导致该国家或地区借款人或债务人没有能力或者拒绝偿付银行业金融机构债务，或使银行业金融机构在该国家或地区的商业存在遭受损失或使银行业金融机构遭受其他损失的风险。国别风险可能由一国或地区经济状况恶化、政治和社会动荡、资产被国有化或被征用、政府拒付对外债务、外汇管制或货币贬值等情况引发。转移风险是国别风险的主要类型之一，是指借款人或债务人由于本国（地区）外汇储备不足或外汇管制等原因，无法获得所需外汇偿还其境外债务的风险。

（10）声誉风险

根据2021年2月8日中国银保监会发布的《银行保险机构声誉风险管理办法（试行）》的规定，声誉风险（reputational risk）是指由银行保险机构行为、从业人员行为或外部事件等，导致利益相关方、社会公众、媒体等对银行保险机构形成负面评价，从而损害其品牌价值，不利于其正常经营，甚至影响市场稳定和社会稳定的风险。声誉事件是指引发银行保险机构声誉明显受损的相关行为或活动。

在商业银行内部业务及产品极其复杂的今天，各种金融风险相互影响、相互渗透、相互转化，越来越难以截然分开。风险在不同产品、层次、机构、地域、时间之间相互传导，形成复杂的金融风险系统。

12.1.2 商业银行风险管理的内涵和目的

风险管理是商业银行经营管理的核心内容。风险管理起源于20世纪50年代的美国，是指对企业的人员、财产，以及自然、财务资源进行适当保护的管理科学。

1.风险管理的内涵

（1）风险管理的概念

从狭义角度讲，风险管理是指风险度量，即对风险存在及发生的可能性、风险损失的范围和程度进行估计和衡量；从广义角度讲，风险管理是指风险控制，包括监测及制定风险管理规章制度等。一般认为，风险管理是指人们通过实施一系列政策和措施来控制金融风险，以消除或减少其不利影响的行为。金融风险管理的内涵是多重的，对金融风险管理的含义应从不同角度、不同层面加以理解。

（2）风险管理的分类

商业银行风险管理根据管理主体不同，可以分为内部管理和外部管理。风险内部管理是指作为风险直接承担者的商业银行对其自身面临的各种风险进行管理；风险外部管理主要包括行业自律管理和政府监管，其管理主体不参与金融市场的交易，因而不是受险主体对自身的风险进行管理，而是对金融市场的参与者的风险进行约束。风险的行业自律管理是指金融业组织对其成员的风险进行管理；而风险的政府监管是官方监管机构以国家权力为后盾，对金融机构乃至金融体系的风险进行监控和管理，具有全面性、强制性、权威性。

2.风险管理的目的

商业银行风险管理旨在通过消除和尽量减轻风险的不利影响，改善商业银行的经营管理，从而对整个宏观经济的稳定和发展起到积极的促进作用。商业银行风险管理目的有以下4点：

① 创造持续稳定的生存环境。通过实施金融风险管理，商业银行能够制定和实施各种防范措施和对策，在各种经济变量发生变化的情况下，保持相对稳定的收入和支出，并在损失发生后，在一段合理时间内恢复经营。同时，金融风险管理可以避免商业银行行为短期化，通过对长期项目和新兴项目的风险研究，采取控制措施，达到优化资源的目的。

② 以最经济的方法减少损失。风险管理能在损失发生后及时、合理地提供预先准备的补偿基金，从而直接或间接降低费用开支，并以最经济的方法预防潜在的损失，这要求对安全计划及防损技术进行财务分析。

③ 保护社会公众利益。银行存款人等公众客户作为风险的承受者，在信息拥有、资金规模等方面不占优势，而这个庞大的群体也是市场的支撑者，金融监管机构对他们的合法权益应加以保护。风险管理的总体目标是在一定的约束条件下追求最佳的效果，在稳定、公平、效率三者间达到均衡。

④ 维护金融体系的稳定和安全。货币资金的筹集和经营不仅涉及生产领域和分配领域，还涉及流通领域和消费领域，以及社会再生产的各个环节。商业银行风险管理可以保证市场参与者的行为合理化、规范化，规范交易规则，建立和维护金融交易秩序。防范风险、监督商业银行稳健经营对维护公众对金融体系的信心、防止系统危机和市场崩溃的发生具有重要意义。

12.1.3 商业银行风险管理方法

1.风险管理的定性方法

（1）风险预防

风险预防是指在风险尚未导致损失之前，经济主体采用一定的防范措施，以防止损失实际发生或将损失控制在可承受的范围之内。风险预防是一种传统的风险管理方法，具有安全可靠、成本低廉、社会效果好的特点，可以防患于未然，对防范信用风险、流动性风险、操作风险等十分重要。风险预防通常运用在银行和其他金融机构的信用风险和流动性风险的管理中。

（2）风险规避

风险规避是指经济主体根据一定的原则，采取一定的措施避开金融风险，以减少或避免由于风险引起的损失。风险规避策略的实施成本主要在于风险分析和经济资本配置方面的支出。风险规避策略的局限性在于它是一种消极的风险管理策略。规避与预防有类似之处，两者都可使经济主体事先减少或避免风险可能引起的损失。不过，预防较为主动，在积极进取的同时采取预先控制风险的措施；而规避较为消极保守，在避开风险的同时，也放弃了获取较多收益的可能性。如当经济主体在选择投资项目时，尽可能选择风险低的项目，放弃风险高的项目，而风险高的项目也可能有较高的预期投资收益。银行在发放贷款时，倾向于发放短期的、以商品买卖为基础的自偿性流动资金贷款，而对固定资产贷款采取十分谨慎的态度。规避可以应用在信用风险、汇率风险和利率风险管理中。

（3）风险自留

风险自留是指企业自我承担风险。如果某些金融因素的改变可能给银行造成损失，企业将以此时可获得的所有资金偿付，以使损失减小或消失。通常情况下，风险自留可以是有计划的，也可以是非计划的，且可以预先为可能发生的损失留存资金或不留存资金。计划自留是指有意识地对预计的风险的自我承担。采取计划自留策略一般是因为它比较便利，有时也是在比较了各种方法之后，结合企业自身能力而做出的决策。非计划自留是人们没有预计到风险会产生而形成的，但有时即使预计风险会发生，而风险造成的最大可能损失被低估，也仍然会发生非计划自留。

在许多情况下，风险自留的目的是当损失发生的时候对其进行偿付，而不是在损失发生之前安排资金。风险自留有3种方式：

① 储备基金。会计准则要求金融机构针对相关资产建立准备资金，用于补偿风险自留的损失。如果风险所引起的损失有限的话，可以通过准备资金有效地防范风险。我国银行从1988年起建立贷款呆账准备金制度。2002年4月，为了增强银行抵御风险的能力，鼓励银行逐步与国际通行标准接轨，配合贷款风险分类的全面实施，中国人民银行制定和发布了《贷款损失准备计提指引》，要求各银行及时足额提取各类贷款损失准备。2012年中国银监会颁布的《商业银行资本管理办法

（试行）》明确提出，商业银行资本充足率计算应当建立在充分计提贷款损失准备等各项减值准备的基础上。据统计，截至2021年第四季度末，我国商业银行不良贷款余额为2.8万亿元，不良贷款率为1.73%，贷款损失准备金余额为5.6万亿元，拨备覆盖率为196.91%，贷款拨备率为3.40%，商业银行在保证利润的同时，保持了较强的风险抵补能力。

② 自保。自保也称自保险，由于在这种策略中保险常常有风险转移的意思，所以有些人对此提出异议。自保并不涉及风险的转移，风险依然由商业银行自身承担，仍然属于风险自留范围。需要注意的是，自保有两个必要条件：一是风险暴露单位数目足够大，以便能准确地预计损失；二是通过设立专项基金对预期损失进行事先预留。

③ 资本充足率管理。商业银行的非预期损失要由资本来承担，商业银行持有充足的资本是风险管理所必需的，也是金融业监管的要求。在现阶段，遵循国际惯例，商业银行的资本充足率由巴塞尔银行监管委员会统一规定，并建议采取适当的计量方法。自2013年起，我国商业银行开始执行《商业银行资本管理办法（试行）》。据统计，截至2021年第四季度末，我国商业银行核心一级资本充足率为10.78%，一级资本充足率为12.35%，资本充足率为15.13%。

（4）内部风险抑制

从国际金融发展的进程来看，随着经济和金融的全球化、跨国公司的蓬勃发展、金融业务的规模逐步扩大、竞争的激烈程度增加，银行所面临的金融风险也越来越大。通过联合重组，建立股份制银团，不仅可以满足不断增加的市场需求，还可以将原来单个银行所面临的巨大风险合理分摊，使每家银行按照合同协议规定承担有限的风险，从而有利于从银行团体内部结构上抑制风险损失的严重性。此外，进行信息投资也是一种主要的内部风险抑制方法。市场信息具有不对称性、滞后性，不能及时掌握信息会导致对市场预测的失效。信息投资是对市场的未来趋势进行更加精确的估计或预测，目的是使预测的风险和损失程度更准确，使风险承担者可以及时、准确地实施有效的风险管理措施。

2.风险管理的定量方法

（1）损失控制

当金融风险不能规避时，应采取措施减少相关损失，这种处理金融风险的方法是损失控制。控制风险与规避风险不同，风险承担者仍然进行与金融风险有关的活动。损失控制不是放弃这些活动，而是在开展活动的过程中，通过采取一系列措施，来减少和避免最后的风险损失，或是降低损失发生时的成本。

风险承担者是否采用损失控制策略，要看采用这种策略的成本是否能够由所获得的预期收益所抵补。若成本远远超出收益，损失控制的投资就是不值得的。损失控制的收益应能够被合理量化。

（2）风险分散

风险分散是指通过多样化的投资来分散和降低风险的方法。风险分散是一个常用的风险管理策略。根据马柯维茨的资产组合管理理论，如果各资产彼此间的关系系数小于1，资产组合的标准差就会小于单个资产标准差的加权平均数，因此，有效的资产组合就是寻找彼此之间相关关系较弱的资产加以组合，在不影响收益的前提下尽可能降低风险。当资产组合中资产的数目趋于无穷大时，组合的非系统性风险将趋于零。

银行在信贷管理中，可以利用风险分散策略降低信用风险。银行的贷款对象不应过度集中于单一客户，而应分布于各个行业、地区、国家。银行都设立了对单一客户贷款的最高限额或限制性比率。若某客户贷款需求量巨大，多家银行将组成银团为其提供贷款，以分散信贷风险。风险分散策略还可以用于管理证券价格风险和汇率风险。

（3）风险转移

风险转移是指通过购买某种金融产品或采取其他合法的经济措施将风险转移给其他经济主体的一种风险管理办法。风险转移可分为保险转移和非保险转移。转移的风险通常是通过别的风险管理方法无法降低或消除的系统性风险，人们只得借用适当的途径将它转移出去。这种策略的重要特征是风险的转移必须以被转移者同意承担为条件。从宏观角度看，风险程度保持不变，只是从转移者到被转移者，改变了风险的承担者。风险转移有以下3种方式：

① 金融保险。保险是一种应用广泛且典型的风险转移方法。金融风险承担者可以向保险公司或某些担保银行投保，以保险费为代价，将风险转移给这些金融机构。通常情况下，保险是通过一个具备法律效力的合同（或称保险单）来实施的。在保险合同中，保险公司承诺对被保险人在合同期限内所遭受的金融损失进行一定数量的赔偿，这也暗示着保险公司将偿付任何可能发生的损失。但是，有时候保险公司可能无力偿付，不能履行其赔偿损失的承诺。在这种情况下，被保险人不得不承担原以为转移出去的损失。因此，在通过投保来转移风险时，要充分考虑保险公司的财务实力，以及一旦损失发生其及时进行赔付的能力。

② 担保。担保是指金融机构在发放贷款时，要求借款人以第三方信用或其拥有的各种资产作为还款保证的一种形式。在信用风险管理中，银行和其他金融机构对外贷款时常常采用有第三方担保的方式贷给借款人。这样，银行及其他金融机构通过设定担保，将所承担的信用风险转移给第三方。签订贷款合同后，担保人要监督借款人到期如数还本付息。如果借款人不能按期付清全部款项，担保人就必须依照合同有关规定承担连带责任，替借款人还清债务。

③ 延迟支付。在对外贸易和对外金融活动中，风险承担者也通过推迟外汇的支付，将面临的汇率风险转移给对方。当存在一笔远期外汇收入时，出口商和债权人预期外汇会升值，本币会贬值，则会要求尽可能地推迟收汇；相反地，进口商和

债务人预计外汇会贬值，本币会升值，也会尽量推迟付汇期限。当然，采用这种方式的前提是风险承担者预测汇率波动的准确性；否则，不但不会转移风险，还可能增加风险。

（4）风险对冲

对冲又称套期保值，是指通过投资或购买与标的资产收益波动负相关的某种资产或衍生产品，来冲销标的资产潜在的风险损失的一种风险管理策略。风险对冲可以管理系统性风险和非系统性风险，还可以根据投资者的风险承受能力和偏好，通过对对冲比率的调节将风险降低到预期水平。经济主体从事的不同金融交易的收益彼此之间呈负相关关系，当其中一种交易亏损时，另一种交易将获得盈利，从而实现盈亏相抵。对冲的工具主要是金融衍生产品，包括期货合约、远期合约、期权合约。

套期保值者通过在远期、期货市场上建立与现货市场相反的头寸，将未来的价格固定下来，使未来价格变动的结果保持中性化，以冲抵现货市场价格波动的风险，达到保值的目的。远期利率协议、远期外汇交易、外汇期货、利率期货、指数期货、股票期货等品种可用于对冲汇率、利率以及证券价格未来波动的风险。金融期权交易不仅可以用于套期保值，还可以使期权卖方获得可能出现的意外收益。

12.2 商业银行信用风险管理

12.2.1 信用风险管理概述

1.信用风险的概念

（1）传统的信用风险概念

传统观点认为，信用风险是指交易对象无力履约的风险，即债务人未能如期偿还其债务造成违约，而给经济主体的经营带来的风险。

信用风险有广义和狭义之分。从狭义上来讲，信用风险通常是指信贷风险。从广义上来讲，信用风险是指所有因客户违约（不守信）所引起的风险，如资产业务中的借款人不按时还本付息引起的资产质量恶化；负债业务中的存款人大量提前取款形成挤兑，加剧支付困难；表外业务中的交易对手违约引致或有负债转化为表内负债等。

（2）现代的信用风险概念

从组合投资的角度出发，信用资产组合不仅因为交易对手（包括贷款借款人、债券发行人等）直接违约而发生损失，而且交易对手履约可能性的变动也会带来风险。一方面，一些影响交易对手信用状况的事件发生，如信用等级降低、盈利能力下降，造成所发行的债券跌价，从而给银行带来风险；另一方面，在信用基础上发展起来的交易市场使贷款等流动性低的资产价值能得到更恰当和及时的反映，如在西方国家的信用衍生产品市场上，信用产品的市场价格是随着借款人的还款能力的变化而不断变动的，这样借款人信用状况的变动也会随时影响银行资产的价值，而不仅是在违约发生时出现。从这两个方面来看，现代的信用风险不仅包括违约风险，还包括由于交易对手（债务人）信用状况和履约能力的变化导致债权人资产价值发生变动遭受损失的风险。与传统的信用风险定义相比，这种对信用风险的解释更切合信用风险的本质。不同的信用风险定义，作为信用风险度量模型的概念框架会直接影响信用模型的建立。

2.信用风险的内容

（1）违约风险①

商业银行的违约风险是指借款人、证券发行人或交易对方因种种原因，不愿或无力履行合同而构成违约，致使商业银行遭受损失的可能性。

在市场经济条件下，无论是企业还是个人，在其经济活动中，只要与他人或企业签订经济合同，就面临合同对方当事人不履约的风险，如不支付钱款、不运送货物、不提供服务、不偿还借款等。此外，在信用保险、国际贸易、托收、汇票、合同保证书、第三方担保、对出口商的中长期融资、福费廷等业务中，以及不同的贸易支付方式（赊账、货到付款、预付货款、交货付款）下，均存在对方当事人违约的可能性。

（2）主权风险

主权风险是指当债务人所在国采取某种政策，如外汇管制，致使债务人不能履行债务时造成的损失。这种风险的主要特点是针对国家，而不像其他违约风险那样针对的是企业和个人。

（3）结算前风险和结算风险

结算前风险一般是指风险在正式结算前就已经发生；结算风险则是指在结算过程中发生不可预料的情况，即当一方已经支付了合同资金，但另一方发生违约的可能性。这种情况在外汇交易中较为常见，如交易的一方早晨在欧洲支付资金而后在美国进行交割，在这个时间差中，结算银行倒闭可能导致交易对手不能履行合同。

信用风险对衍生金融产品和基础金融产品的影响不同。对于衍生金融产品而言，违约带来的潜在损失小于产品的名义价值损失，实际上它只是头寸价值的变化；对于基础金融产品而言，如公司债券或银行贷款，信用风险所带来的损失就是债务的全部名义价值。

3.信用风险管理的特征及变化

信用风险管理不仅表现出与其他风险管理不同的特征，而且随着风险管理的迅速发展，信用风险管理也在不断深化，呈现出与传统管理不同的特点。

---

① 霍利韦尔．金融风险管理手册［M］．励雅敏，钱婵娟，陈利贤，译．上海：上海译文出版社，2000：78-79.

（1）信用风险管理的特征

① 信用文化及其对风险的态度对风险管理至关重要。商业银行管理层对风险的态度非常关键，它决定商业银行到底愿意承受多大的风险。在确定了可以承受的区域后，管理层应该让每一位员工对此都了解并给予支持，还要确定配套的系统、政策和程序来使所有员工严格执行。

② 随时监测企业所面临的风险并采取相应对策。要建立支持性的信用风险管理框架，明确风险管理的程序和环节。第一，完全暴露企业的各个经营环节及其风险状况，以便随时能检测问题所在；第二，明确企业各层级在风险管理方面的职能，并建立相应的约束激励机制；第三，在整个贷款管理的各个环节进行一系列分析工作，控制信用风险的生成和恶化，利用技术手段控制风险。

③ 在机构设置上更有利于风险管理，即在流量和存量两个方面解决问题。在流量方面，将客户关系管理与信贷风险管理分开，独立进行信贷风险评估，排除潜在利益冲突引起的道德风险，也避免对客户关系产生负面影响；在存量方面，对问题账户派专人进行管理，定期编制问题贷款报告。

（2）信用风险管理特征的变化

随着风险管理的迅速发展，信用风险管理也在不断变化，主要体现在以下5个方面：

① 信用风险的量化和模型管理更加困难。信用风险管理存在难以量化和衡量的问题，主要有两个原因：第一，数据匮乏，主要是由于信息不对称、不采取盯市原则计量每日损益、持有期限长、违约事件发生少等原因；第二，难以检验模型的有效性，模型有效性检验的困难很大程度上是由信用产品持有期限长、数据有限等原因造成的。近年来，在市场风险量化模型技术和信用衍生产品市场发展的推动下，信用风险量化和模型管理的研究与应用获得了相当大的发展，已成为现代信用风险管理的重要特征之一。

② 管理技术不断发展，信用风险对冲手段出现。在各种市场力量的推动下，以信用衍生产品为代表的新的信用风险对冲管理技术开始出现，并推动整个信用风险管理体系不断向前发展。

③ 信用风险管理实践中存在悖论现象。这包括两个方面：一方面，理论上要求银行在管理信用风险时应遵守投资分散化、多样化的原则，防止授信集中化；另一方面，实践中的银行信贷业务往往显示该原则很难得到贯彻执行，这使得银行信贷资产分散化程度不高。

④ 信用风险管理由静态转向动态。在现代信用风险管理中，信用风险更多地运用动态管理手段。信用风险计量模型的发展使得组合管理者可以每天根据市场和交易对手的信用状况动态地衡量信用风险水平，盯市的方法也被引入信用产品的估价和衡量中；信用衍生产品的发展使得组合管理者拥有了更加灵活、有效管理信用风险的工具，可以根据风险偏好，动态地进行调整。

⑤ 信用评级机构的重要作用。独立的信用评级机构在信用风险管理中具有重要作用。及时、全面地了解企业信用状况是投资者防范信用风险的基本前提。信用评级机构可以提供保护投资者利益、提高信息搜集与分析规模效益的制度保障，现代信用风险管理理论与方法对信用评级的依赖更加明显。巴塞尔银行监管委员会在《巴塞尔新资本协议》中加强了评级机构在金融监管中的作用。

12.2.2 信用风险的计量

1.定性计量方法

传统的信用风险管理方法主要是定性方法，包括专家制度、信用风险评级、信用评分方法。

（1）专家制度

专家制度是商业银行在长期的信贷活动中所形成的一种有效的信用风险分析和管理制度。这种方法的最大特征就是银行信贷的决策权是由那些经过长期训练、具有丰富经验的贷款人员所掌握的，他们做出是否贷款的决定。在信贷决策过程中，信贷人员的专业知识、主观判断及某些关键要素的权重均为最重要的决定因素，如"5C"分析方法就是一种专家制度。通过"5C"分析，即品德与声望（character）、资格与能力（capacity）、资金实力（capital or cash）、担保（collateral）、经营条件和商业周期（cycle and condition），对企业信用进行分析。

（2）信用风险评级

信用风险评级是常用的信用风险评估方法。大多数评级体系都是既考虑质量方面的因素，也考虑数量方面的因素，最后的评级结果取决于很多因素，通常都不是利用正规模型计算的结果。本质上，评级体系依靠的是对所有因素的全面考虑以及分析人员的经验，而不是数学模型。很显然，评级结果在一定程度上依赖评级人员的主观判断。常见的评级方法包括OCC的评级方法、标准普尔公司的信用评级体系、穆迪公司的信用评级体系等。

（3）信用评分方法——Z评分模型和θ模型

在信用风险评估中，如何选择财务指标构筑多变量的信用风险预测法，解决关键的破产指标确定、指标权重确定等问题尤为重要。在前人研究的基础上，美国纽约大学斯特商学院教授爱德华·阿尔特曼（Edward I.Altman）在1968年提出了著名的Z评分模型（Z-score Model）。1977年他对该模型进行了修正和扩展，建立了第二代模型——θ模型（θ Credit Risk Model）。其基本思路是，事先确定某些决定违约概率的关键因素，然后将它们加以联合考虑或加权计算，得出一个数量化的分数。Z评分模型一经推出，便引起各界的关注，许多金融机构纷纷采用它来预测信用风险，并取得一定的成效。目前它已经成为西方国家信用风险度量的重要模型之一。

2.定量计量方法

近年来，现代信用风险量化模型在国际金融界得到重视并快速发展。摩根大通银行继1994年推出著名的以VaR为基础的市场风险度量制后，1997年推出了信用风险量化度量和管理模型——信用计量制模型（Credit Metrics），随后瑞士信贷银行又推出另一类型的信用风险量化模型（Credit Risk$^+$），两者都在银行业引起很大的反响。同样为银行业所重视的其他一些信用风险模型还有以EDF为核心手段的信用监测模型（Credit Monitor Model，即KMV模型）、信用风险计算方法（Risk Calc模型）、风险中性定价模型（KPMG模型）、麦肯锡（Mckinsey）公司的信用风险组合模型（Credit Portfolio View模型）等。信用风险管理模型在金融领域的发展也引起了金融监管层的高度重视，1999年，巴塞尔银行监管委员会发布了《信用风险模型化：当前的实践和应用》研究报告，研究这些风险管理模型的应用对国际金融领域风险管理的影响，以及这些模型在金融监管，尤其是在风险资本监管方面应用的可能性。

（1）违约概率模型

① 信用风险计算方法（Risk Calc模型）。Risk Calc模型是在传统信用评分技术基础上发展起来的一种适用于非上市公司的违约概率模型，其核心是通过严格的步骤从客户信息中选择出最能预测违约风险的一组变量，经过适当变换后运用Logit/Probit回归技术预测客户的违约概率。

② 信用监测模型。利用期权定价理论对贷款和风险债券进行估价，并对其信用风险进行计量是现代信用风险管理模型的重要特征。其中，美国的KMV公司就利用期权定价理论建立了违约预测模型——信用监测模型，用来对上市公司和上市银行的信用风险（特别是违约状况）进行预测。信用监测模型利用了两个关系：其一，企业股权市值与其资产市值之间的结构性关系；其二，企业资产市值波动程度和企业股权市值变动程度之间的关系。人们可以用这个模型求出企业资产市值及其波动程度。一旦所有的变量值被算出，信用监测模型便可以测算出借款企业的预期违约概率。

③ 风险中性定价模型。风险中性定价模型假设金融市场中的每个参与者都是风险中性者，不论是高风险资产、低风险资产还是无风险资产，只要资产的期望收益是相等的，市场参与者对其接受态度就是一致的，这样的市场环境被称为风险中性范式。根据风险中性定价原理，无风险资产的预期收益与不同等级风险资产的预期收益是相等的，即：

$$P_1(1+K_1)+(1-P_1)\times(1+K_1)\times\theta=1+i_1$$

式中：P_1为期限为1年的风险资产的非违约概率，（$1-P_1$）即其违约概率；K_1为风险资产的承诺利息；θ为风险资产的回收率，等于（1-违约损失率）；i_1为期限1年的无风险资产的收益率。

（2）信用风险组合计量模型

①信用计量制模型。信用计量制模型的基础是：在一个既定的期限内（通常是1年）估计一笔贷款或者一个债券资产组合未来价值变动的分布。资产组合价值的变化与信用等级转移、降级、升级、债务人信用质量及违约事件有关。信用计量制模型要解决的问题是：如果下一年度是一个坏年头的话，我们的贷款及贷款组合的价值将会损失多少？

信用计量制模型主要用于对债券和贷款的处理。由于贷款是不能公开进行交易的，所以人们既无法观察到贷款的市值，也不能获得贷款市值的变动率，但是人们仍然可以通过掌握借款企业的一些资料来解决这个问题。这些资料包括：一是借款人的信用等级；二是在下一年度里该信用等级转换为其他信用等级的概率；三是违约贷款的收付率。一旦人们获得了这些资料，便可以利用在险价值方法对单笔贷款或贷款组合的在险价值进行计量。

②信用风险量化模型。该模型由瑞士信贷银行金融产品部开发，其基本思想来源于保险业，即保险的损失源自被保事件的发生频率或事件发生后损失的价值。将这种理念用于贷款，即形成贷款违约及违约严重性的联合分布，它运用一种实用的科学框架来推导债务或贷款组合的损失分布。信用风险量化模型假定，任何时期违约企业数量的概率分布服从泊松分布。在这个假设下，该模型认为，每笔贷款违约的概率是随机的；两两贷款之间的相关性为零，即各贷款违约的概率是相互独立的。该模型适合由小笔贷款组成的贷款组合。

③信用风险组合模型。信用风险组合模型对促进银行进行资产分散化从而降低信用风险具有重要意义，它可以在3个方面帮助银行进行决策：通过信用在险价值的分析权衡决定是否增加信贷；通过识别信用风险基于交易对手、行业、国家或工具的集中度来有效管理信用风险；通过准确计量信用风险来降低资本持有额，提高资本收益率。其中，较广泛使用的两种简单测度贷款组合信用风险的模型是信用等级转移分析和贷款集中度限制。

（3）我国《商业银行资本管理办法（试行）》中信用风险资本计量方法

①权重法。商业银行应当按照《商业银行资本管理办法（试行）》的规定，对因证券、商品、外汇清算形成的风险暴露计量信用风险加权资产；按照规定考虑合格质物质押或合格保证主体提供保证的风险缓释作用，但质物或保证的担保期限短于被担保债权期限的，不具有风险缓释作用。

小资料12-1

权重法下的资产分类

权重法下的资产分为以下16类：

（1）现金及现金等价物。

（2）对我国中央政府和中央银行的债权。

（3）对我国公共部门实体的债权。

（4）对我国政策性银行的债权。

（5）持有我国中央政府投资的金融资产管理公司的债权。

（6）对我国其他商业银行的债权。

（7）对我国其他金融机构的债权。

（8）对境外主权和金融机构的债权。

（9）对多边开发银行、国际清算银行和国际货币基金组织的债权。

（10）对一般企业的债权。

（11）对微型和小型企业的债权。

（12）对个人的债权。这主要包括：个人住房抵押贷款；对已抵押房产，在购房人没有全部归还贷款前，商业银行以再评估后的净值为抵押追加的贷款；个人其他债权。

（13）租赁资产余值。

（14）股权投资。

（15）非自用不动产。

（16）其他资产等。

权重法下，不同的资产类别分别对应不同的风险权重/信用转换系数。

②内部评级法。信用风险是商业银行面临的最重要的风险，允许商业银行采用内部评级体系计量信用风险监管资本要求是《巴塞尔新资本协议》最重要的制度创新。商业银行内部评级体系是指用于信用风险评估、风险等级确定和信用风险参数量化的各种方法、过程、控制措施和信息系统的总称。内部评级体系应能够有效识别信用风险，具备稳健的风险区分和排序能力，并准确量化风险。

我国商业银行采用内部评级法计量信用风险资本要求，应符合《商业银行资本管理办法（试行）》的规定，并经中国银保监会核准。商业银行内部评级体系包括对主权、金融机构和公司风险暴露的内部评级体系以及零售风险暴露的风险分池体系。

12.2.3 信用风险的控制方法

1.限额管理

在商业银行的风险管理实践中，限额管理包含两个层面的内容：银行管理层面和信贷业务层面。

（1）银行管理层面

在银行管理层面，限额的制定过程体现了商业银行董事会对损失的容忍程度，反映了商业银行在信用风险管理上的政策要求和风险资本抵御以及消化损失的能力。商业银行消化信用风险损失的方法首先是提取损失准备金或冲减利润，在准备金不足以消化损失的情况下，商业银行只能使用资本来弥补损失。如果资本也不足以弥补损失，银行可能会破产倒闭。

（2）信贷业务层面

在信贷业务层面，商业银行分散信用风险、降低信贷集中度的通常做法就是对客户、行业、区域和资产组合实行授信限额管理。具体到每一个客户，授信限额是商业银行在客户的债务承受能力和银行自身的损失承受能力范围内所愿意并允许提供的最高授信额。

（3）统一授信管理——确定综合授信限额

为加强银行业金融机构信用风险管理，防范风险累积，2016年9月，中国银监会发布了《关于进一步加强信用风险管理的通知》（以下简称《通知》），提出改进统一授信管理。银行业金融机构应将贷款（含贸易融资）、票据承兑和贴现、透支、债券投资、特定目的载体投资、开立信用证、保理、担保、贷款承诺，以及其他实质上由银行业金融机构承担信用风险的业务纳入统一授信管理，其中，特定目的载体投资应按照穿透原则对应至最终债务人。在全面覆盖各类授信业务的基础上，银行业金融机构应确定单一法人客户、集团客户以及地区、行业的综合授信限额。综合授信限额应包括银行业金融机构自身及其并表附属机构授信总额。银行业金融机构应将同业客户纳入实施统一授信的客户范围，合理设定同业客户的风险限额，全口径监测同业客户的风险暴露水平。对外币授信规模较大的客户设定授信额度时，应充分考虑汇率变化对风险暴露的影响。

2.关键业务流程/环节控制

（1）规范授信审批流程

《通知》要求：银行业金融机构应明确新增授信、存量授信展期和滚动融资的审批标准、政策和流程，并根据风险暴露的规模和复杂程度明确不同层级的审批权限。

对集团客户授信总额超过资本净额10%或单一客户授信总额超过资本净额5%的，应视为大额风险暴露，其授信应由董事会或高级管理层审批决定。银行业金融机构可根据风险管理的需要自行确定大额风险暴露管理政策，但不得低于以上要求。在计算大额风险暴露时，对具有经济关联关系的客户，参照集团客户进行授信和集中度管理。存在经济关联性是指一方的倒闭很可能对另一方的清偿能力造成重大负面影响的情形，包括但不限于：一方为另一方提供大额担保，一方作为另一方绝大部分产品的购买商且不易被替代，一方现金流大量来源于与另一方的交易等。

（2）贷款定价

贷款定价就是确定贷款的合同利率，在利率市场化条件下，利率的高低和种类是各种客观经济变量综合作用的结果。

我国银行正处于市场化进程中，健全有效的市场融资机制的核心是以价格机制为基础分配金融资源。因此，彻底改变银行单一的贷款定价模式，使收益与风险相匹配，是银行经营体制改革的必经之路。

3.资产分散化策略

投资的多样化和分散化是风险管理的重要策略，也是投资者普遍运用的投资理念。多样化和分散化可以有效防范或降低多种金融风险。对于银行来说，信贷资产分散化是降低银行信用风险的一个重要策略，当今许多信贷专家确信最有效的信贷管理就是合理地安排贷款组合。

4.贷款证券化

贷款证券化在20世纪80年代中期以后迅速发展起来，成为金融资产证券化最主要的推动力量。贷款证券化是运用各种结构化交易技术，将贷款组合组成贷款池，并对贷款池未来预期现金流进行分割，转换为资本市场可交易的、具有不同风险和收益特征的证券。

规范的资产证券化是指发起人将同质的、缺乏流动性但可产生稳定现金流的资产（如贷款、租赁、应收账款等）形成一个资产池，通过一个特殊目的载体（special purpose vehicle，SPV），并由其通过一定的结构安排和信用增级分离与重组资产的收益和风险，转化成以资产产生的现金流担保的证券发售给投资者。

贷款证券化是将银行资产负债表内信贷资产出售给投资者的一种结构性交易。这种批发性金融中介将已有的金融产品的未来现金流重新安排，通过出售贷款产生的现金流支付投资者到期债务，用新的证券代表对原有贷款的收益索取权。贷款证券化发行的结构化票据成为银行贷款再融资方式，投资者持有票据，获得相应收益索取权，并承担贷款信用风险。

我国金融行业开展资产证券化始于2000年，中国建设银行和中国工商银行相继获准实行住房抵押贷款证券化试点。2005年3月，国家开发银行和中国建设银行获准作为试点单位，分别进行信贷资产证券化和住房抵押贷款证券化试点。2021年，我国资产证券化市场规模延续增长态势，全年发行各类产品3.1万亿元，年末存量规模接近6万亿元。其中，信贷ABS（asset-backed securities，资产证券化）全年发行8 815.33亿元，同比增长10%，占发行总量的28%。受供需和政策推动，个人住房抵押贷款支持证券（RMBS）迅猛扩容，住房租赁证券化方兴未艾，供应链ABS显著提速，多只“首单”类创新产品成功落地，在盘活存量资产、化解不良风险、助力普惠金融方面发挥了重要作用。绿色资产支持证券（绿色ABS）迎来快速发展，知识产权ABS创新继续推进，对加快盘活存量资产、支持绿色发展、助力中小科创企业融资、服务实体经济发挥了积极作用。

监管部门和市场主体协同发力，完善法律体系，促进机制优化，坚持合规运作，加强风险防控，推动资产证券化市场高质量、规范化、标准化发展，进一步提升资产证券化服务实体经济的能力和水平。

小资料 12-2

各项制度出台，护航资产证券化业务发展

（1）住房租赁资产证券化获支持。2018年4月，中国证监会、住建部联合发布《关于推进住房租赁资产证券化相关工作的通知》，明确了开展住房租赁资产证券化的基本条件、优先和重点支持领域，以及住房租赁资产证券化的工作程序，明确提出加强住房租赁资产证券化的监督管理。受政策利好推动，住房租赁资产证券化加速推进和规范运行，有助于盘活住房租赁存量资产，提高资金使用效率，促进住房租赁市场发展。

（2）以资产证券化盘活信贷资产。2018年8月，中国银保监会发布《关于进一步做好信贷工作，提升服务实体经济质效的通知》（银保监办发〔2018〕76号），提出积极运用资产证券化、信贷资产转让等方式，盘活存量资产，提高资金配置和使用效率。这有助于提升信贷资产证券化市场参与主体的积极性，推动信贷资产证券化市场持续快速发展。

（3）“资管新规”“理财新规”利好资产证券化。2018年4月，中国人民银行、中国银保监会、中国证监会、国家外汇管理局联合印发《关于规范金融机构资产管理业务的指导意见》（简称“资管新规”），对资产证券化产品在期限错配、净值化、多层嵌套等方面做出豁免，利好资产证券化投资，对类资产证券化和非标产品的限制也使得资产证券化成为非标转标的有效途径。2018年9月，中国银保监会发布《商业银行理财业务监督管理办法》（简称“理财新规”），明确在银行间市场和证券交易所市场发行的资产支持证券属于理财产品的投资范围，有利于提升企业和金融机构发行资产支持证券的积极性，促进资产证券化的发展。

（4）支持金融机构发行微小企业贷款ABS。2018年10月，交易商协会发布新版《微小企业贷款资产支持证券信息披露指引》（2018版），大力支持银行业金融机构发行微小企业贷款资产支持证券，进一步降低小微企业融资成本，改进小微企业等实体经济金融服务。该指引2018版将原有“单笔入池贷款合同金额不超过100万元”的标准提升为“借款人单户授信不超过500万元”，体现了对微小企业金融扶持力度。

（5）交易所完善制度规则。一是强化信息披露和信用风险管理。2018年5月，上交所和深交所双双发布《资产支持证券存续期信用风险管理指引（试行）》和《资产支持证券定期报告内容与格式指引》，建立了覆盖资产支持证券存续期全过程和市场参与各方的持续性、常态化信用风险管理机制，明确了资产支持证券信息披露的原则和要求，有助于提升资产支持证券信息披露质量，保护投资者合法权益，进一步完善了资产证券化市场规则体系。二是优化两类资产支持证券业务规则。2018年上半年，沪深交易所和报价系统分别对各自市场参与

人发布了《融资租赁债权资产支持证券挂牌条件确认指南》、《融资租赁债权资产支持证券信息披露指南》、《基础设施类资产支持证券挂牌条件确认指南》和《基础设施类资产支持证券信息披露指南》。这4份指南的发布，对融资租赁债权ABS和基础设施类ABS的挂牌和信息披露进行了规定，有利于两类资产证券化业务的规范开展和风险管控。

（6）资产支持计划获准参与长租市场。2018年6月，中国银保监会发布《关于保险资金参与长租市场有关事项的通知》，明确了保险资产管理机构通过发起设立债权投资计划、股权投资计划、资产支持计划、保险私募基金等方式间接参与长租市场。这一方面有利于发挥保险资金长期、稳定的优势，助推国家房地产调控长效机制的建设，加快房地产市场供给侧结构性改革；另一方面为资产支持计划的发行注入了新的动力，保交所资产证券化有望借助长租市场的风口迎来发展良机。

（7）2021年4月26日，中共中央办公厅、国务院办公厅印发《关于建立健全生态产品价值实现机制的意见》，要求加大绿色金融支持力度，鼓励企业和个人依法依规开展水权和林权等使用权抵押、产品订单抵押等绿色信贷业务，探索“生态资产权益抵押+项目贷”模式，支持区域内生态环境提升及绿色产业发展，探索生态产品资产证券化路径和模式。

5.风险资本比率约束机制

风险资本比率是国际上公认的用于度量银行信用风险和稳健程度的指标。它与银行经营管理、银行信贷风险、金融危机都有密切联系。以风险资本比率为依据，控制银行信贷资产的扩张规模，控制银行资产组合风险，风险资本比率成为银行信用风险控制体系的重要组成部分。1999年修订的《巴塞尔新资本协议》对资本充足率提出了新的计量要求。巴塞尔银行监管委员会在新框架中将银行风险分为3类：信用风险，主要指由银行账面信贷资产引发的风险；市场风险；其他风险，包括银行交易所承受的利息风险、操作风险、流动性风险、法律风险和名誉风险等。巴塞尔银行监管委员会的有关研究成果表明，银行的资本支出即资本储备，要与银行所承受的风险保持高度的正相关。

2010年修订的《巴塞尔资本协议Ⅲ》规定，截至2015年1月，全球各商业银行的一级资本充足率下限上调至6%。其中，由普通股构成的核心一级资本占银行风险资产的下限提高至4.5%。此外，各银行还需增设资本防护缓冲资金，总额不得低于银行风险资产的2.5%。商业银行的核心一级资本充足率将由此被提高至7%。该规定在2016年1月至2019年1月间分阶段执行。

我国商业银行呈现“数量-扩张-风险”经营模式，导致信用风险因素在银行内部逐步积累。随着银行业资产的日益多样化和资本金比例不断缩小，在银行内部建立起规模适度扩张约束与资本充足率约束并重的双重约束，对于控制银行信用风险尤其必要。

中国银监会2012年公布的《商业银行资本管理办法（试行）》规定，商业银行各级资本充足率最低要求为：核心一级资本充足率不得低于5%，一级资本充足率不得低于6%，资本充足率不得低于8%。

12.3 商业银行利率风险管理

12.3.1 利率风险管理概述

1.利率风险的概念

利率风险是由利率水平变动的不确定性所导致的行为人遭受损失的可能性。当商业银行的资产与负债在期限或利率差价匹配不当时，或当浮动利率的金融债务对于以后的现金流动不稳定时，就会产生利率风险，或称资金价格风险。

从本质上看，商业银行的业务是根据管理者对市场利率的预期进行的。也就是说，商业银行的业务在一定程度上依赖于对利率走势的预测，如商业银行发放了一笔固定利率贷款，而资金来源是以浮动利率计价的，并且贷款的持续期长于资金来源的持续期，商业银行之所以有这样一组借入和贷款的行为，是因为管理者对利率走势进行了如下判断：市场利率即使上升，也不会超过管理者预期的水平。既然市场利率上升的幅度在管理者的预期幅度之内，商业银行就可以根据管理者对市场利率的预期从事上述借贷行为。此时，利率风险表现在市场利率的非预期性波动给商业银行经营造成的影响上。如果市场利率发生了与预期方向相反的变化，就会给商业银行带来不利影响，也就是降低商业银行净利差，减少盈利，使得权益资本的收益下降，股票价格下降。

2.利率风险的分类

根据中国银监会颁布的《商业银行市场风险管理指引》（2004年），利率风险按照来源不同，可以分为重新定价风险、收益率曲线风险、基准风险和期权性风险。

（1）重新定价风险

重新定价风险（pepricing risk）也称期限错配风险，是最主要和最常见的利率风险形式，来源于银行资产、负债和表外业务到期期限（就固定利率而言）或重新定价期限（就浮动利率而言）所存在的差异。这种重新定价的不对称性使银行的收益或内在经济价值会随着利率的变动而变化。例如，如果银行以短期存款作为长期固定利率贷款的融资来源，当利率上升时，贷款的利息收入是固定的，但存款的利息支出会随着利率的上升而增加，从而使银行的未来收益减少，经济价值降低。

（2）收益率曲线风险

收益率曲线是将某一债券发行者发行的各种期限不同的债券收益率用一条线在

图表上连接起来而形成的曲线。收益率曲线风险（yield curve risk）也称利率期限结构变化风险，是指由于收益率曲线斜率的变化，期限不同的两种债券的收益率之间的差幅发生变化而产生的风险。随着经济在整个商业周期的不断运动，收益率曲线的斜率会呈现显著变化。在商业周期的大部分时间，收益率曲线的斜率为正数，即短期利率低于长期利率，但在商业周期处于扩张阶段时，央行会提高短期利率以抑制经济过快增长，此时收益率曲线的斜率会变为负数，也就是短期利率高于长期利率。

（3）基准风险

基准风险（basis risk）是指由于基准利率工具重新定价的变动和不完全相关性，使得期限或重新定价区间较为接近的资产、负债和表外金融工具的现金流和盈利发生变动而引发的风险，主要表现为利息收入和支出所依据的基准利率变动不一致所导致的对银行净息差的影响。例如，一家银行可能用1年期存款作为1年期贷款的融资来源，贷款按照美国国库券利率每月重新定价一次，而存款则按照伦敦银行同业拆放利率每月重新定价一次。以1年期的存款为来源发放1年期的贷款，虽然由于利率敏感性负债与利率敏感性资产的重新定价期限完全相同而不存在重新定价风险，但因为其基准利率的变化可能不完全相关、变化不同步，该银行仍然可能面临因基准利率的利差发生变化而带来的基准风险。

（4）期权性风险

期权性风险（optionality risk）是指隐含在商业银行表内外业务中，由于不对称支付特征给商业银行整体收益和经济价值带来的不利影响，主要表现为银行账户买方的存贷款期限、利率的重新安排和相关业务高杠杆性与期权头寸增加所引发的银行财务风险。

一般利率水平如果发生较大变化，就会促使客户提前偿还贷款或提取存款而导致银行利息收入发生变化，这称为隐含期权风险。如利率变动对存款人或借款人有利，存款人就可能选择重新安排存款，借款人可能选择重新安排贷款，从而对银行产生不利影响。利率变动的速度越快，变动的幅度越大，隐含期权风险对银行净利差的影响就越显著。此外，由于越来越多的期权品种具有较高的杠杆效应，可能还会进一步对银行财务状况产生不利影响。

12.3.2 利率风险管理的传统方法

利率风险管理的传统方法包括选择有利的利率形式、订立特别条款、利率敏感性缺口分析、有效持续期缺口管理。每一种方法都能起到管理利率风险的作用，但也都存在缺陷和不足。

1.选择有利的利率形式

当经济主体面临单一利率风险时可选用这种方法，在固定利率和浮动利率之间选择对自己有利的利率形式。选择有利的利率形式的基本原理是：在受险时间开始以前，对有关货币资本借贷进行磋商时，有关主体根据对利率在未来受险时间的走势所做的预测，选用对自己有利的利率，据以成交签约。选择有利的利率形式的具体做法是：对货币资本的借方而言，如果预测利率在未来的受险时间内将上升，就选择固定利率；反之，则选择浮动利率。对货币资本的贷方而言，其选择刚好与借方相反，在预测利率在未来的受险时间内将上升时，选用浮动利率；反之，则选用固定利率。采用这样的利率选择策略，货币资本的借方和贷方不仅可以将蒙受经济损失的机会转移给交易对方，而且可以为自己争取到获取经济收益的机会。选择有利的利率形式属于风险转移方法，在运用这种方法时，有关主体并不付出直接成本。运用这种方法进行风险管理的效果如何，取决于有关主体对利率在未来受险时间内的走势预测准确与否。

2.订立特别条款

（1）领子利率和帽子利率

为避免利率波动的风险，借款人可以在浮动利率的借款协议中增订特别条款，设定一个利率上限（帽子利率）或利率下限（领子利率），在借款期限内，借款利率只能在利率上、下限之间波动。当市场利率高于帽子利率时，以帽子利率作为借款利率；当市场利率低于领子利率时，则以领子利率作为借款利率。这样就可以把利率的波动限制在一定的范围内，从而起到利率风险管理的作用。如果在浮动利率的贷款协议中增订了帽子利率条款，即规定了利率浮动的上限，借款人通常要向贷款人支付一定的费用；如果增加了领子利率条款，借款人通常可以得到优惠利率的贷款。因此，如果市场利率没有达到帽子利率，借款人的借款成本将比没有签订帽子利率条款时高；但是如果市场利率没有降到领子利率以下，借款人就会因为享受了优惠的贷款利率而获得净收益。

领子利率或帽子利率协议为浮动利率的借款人避免利率波动的风险提供了一定的保护，是否在贷款协议中订立该条款，取决于借款人对待利率风险的态度以及借款人对利率未来走势的预期。帽子利率和领子利率的作用类似于利率期权，但它们之间最大的区别在于利率期权是就利率问题签订专门协议，而特别条款只是贷款协议中的一个条款，比利率期权简便易行。

（2）浮动利率贷款转换成固定利率贷款

除了领子利率和帽子利率条款，借款人也可以在浮动利率的贷款协议中增订一项条款，规定当利率的波动达到协议中的最高限或最低限时，借款人可以将浮动利率贷款转换成固定利率贷款，从而避免利率进一步波动的风险。贷款银行在多数情况下也愿意在贷款协议中加入这样的条款，将利率波动对借款人借款成本的影响控制在一定的范围之内。由于在协议中签订了特别条款，贷款银行要额外承受超出协议限定之外的利率波动风险，就必须对这种利率波动的风险进行套期保值，由此产生的额外费用将体现在贷款银行提供这种服务的价格里。借款人在签署这种协议之前，要对其利弊慎重权衡。

3.利率敏感性缺口管理

依据剩余到期日或重新定价的期限，可将银行的资产与负债分为利率敏感性与非利率敏感性两类。利率敏感性资产和利率敏感性负债分别指该资产的利息收入或该负债的利息支出于剩余到期日或重新定价的期间内将受到利率变动的影响。利率敏感性资产减去利率敏感性负债所得的差额称为利率敏感性缺口。20世纪80年代，西方国家许多商业银行陆续将利率敏感性缺口引入商业银行的利率风险管理中，用其来分析银行净利息收入对市场利率的敏感程度。

4.有效持续期缺口管理

持续期是指一笔债务支付流量的加权平均寿命或加权平均有效期，这一持续期从债权人角度看是资产持续期，从负债人角度看是债务持续期。资产持续期是把一笔资产作为现金收回平均所需要的时间；债务持续期则是把一笔债务清偿平均所需要的时间。持续期分析也称久期分析，在货币时间价值的基础上，持续期测定了金融机构收回贷款初始投资额所需要的时间。在持续期内所收到的现金流反映了对初始贷款投资的收回，而从持续期末到到期日之间所收到的现金流才是金融机构赚取的利润。持续期可以用来揭示银行资产和负债的市场价值对利率变动的敏感性。用持续期分析利率敏感性源于债券操作上以存续期间反映现值变动的观念。

在持续期分析的基础上，弗兰克·法波齐提出"有效持续期"概念。有效持续期考虑到随着利率的变化，预期的现金流会随之改变，因而金融工具的价格会受到影响。衡量资产与负债的有效持续期，借以考查在利率变化时，资产与负债价值的相对变化，并对利率风险进行有效的管理。

有效持续期缺口实际上反映了银行利率风险敞口的大小，因此，有效持续期缺口与银行净资产价值之间存在规律性。在有效持续期缺口大于零时，利率与银行净资产价值的变动方向相反，即如果利率下降，银行资产与负债的价值都会上升，但资产价值上升的幅度大于负债价值上升的幅度，银行的净资产价值将上升；在有效持续期缺口小于零时，利率与银行净资产价值的变动方向相同，即如果利率上升，则银行资产与负债的价值都会下降，但资产价值下降的幅度小于负债价值下降的幅度，银行的净资产价值将上升。

12.3.3 利率风险管理的创新工具

1.远期利率协议

远期利率协议（forward rate agreement，FRA）是一种远期合约，交易双方在订立协议时商定未来某一时间的协议利率，并规定协议生效时，由一方向另一方支付协议利率与到期结算日时参照利率之间的利息差。

远期利率协议是一种由银行提供的、在场外交易的利率远期合同，它没有固定的份额标准，适用于一切可兑换货币，交易金额和交割日期都不受限制，并且不需要保证金。FRA一般由银行在交易室操作，交易者之间的联系、洽谈、成交是通过电话、计算机网络进行的。

2.利率期货

利率期货（interest rate futures）是指买卖双方按照事先约定的价格在期货交易所买进或卖出某种有息资产，并在未来某一时间进行交割的一种金融期货业务。

利率期货是有利息的有价证券期货，进行利率期货交易是为了固定资本的价格，即得到预先确定的利率或收益。由于利率期货将利率事先通过期货协议确定下来，避免了因利率出现始料未及的变化而影响金融资产价格或投资收益，所以成为利率风险管理的一种方式。

3.利率互换

利率互换（interest rate swap）是不同交易主体之间的一种协议，协议双方均同意在预先约定的一系列未来日期，按照事先约定的计算利率方式，交换一定的现金流量。在利率互换中，双方交换的现金流量是按某一金额计算的不同特征的利息，而计算利息的本金仅以一定数量的货币形式存在，它只是计息的基础但并不发生实际交换，因而可以称为名义本金。在典型的利率互换中，双方所付款项为同一货币。协议的一方为固定利率支付方，固定利率在互换开始时已确定；协议的另一方为浮动利率支付方，浮动利率在互换协议期间参照某一特定市场利率加以确定，通常选用伦敦银行同业拆放利率。虽然利率互换产生于降低筹资成本的需要，但也可以用于管理利率风险。借款机构通过利率互换合同锁住利差来避免利率波动风险。

4.利率期权

利率期权（interest rate option）是指以各种利率相关产品或利率期货合约作为交易标的物的一种金融期权业务。利率期权的买方获得一项权利，在到期日或期满前按预先确定的利率（即执行价格）和一定的期限借入或贷出一定金额的货币。

利率期权一般采用远期利率协议的形式，如一项有效期限为3个月的利率期权，借贷期限为6个月，被称为3×9利率期权，用来防范3个月之后为期6个月的利率风险。利率期权执行时，也采用远期利率协议的方式交割，市场利率与执行价格之间的差额以贴现的形式支付给期权的买方，因此利率期权也被认为是以远期利率协议为载体的期权，又称远期利率协议期权。

5.利率上限、利率下限和利率上下限

（1）利率上限

利率上限（interest rate cap）的交易双方确定一项固定利率水平，在未来确定期限内每个设定的日期，将选定的参考利率与固定利率相比较，如果参考利率超过固定利率，买方将获得两者之间的差额；反之，将不发生资金交割。买方需支付给卖方一笔费用以获得该项权利。

（2）利率下限

利率下限（interest rate floor）的交易双方确定一项固定利率水平，在未来确定期限内每个设定的日期，将选定的参考利率与固定利率相比较，如果参考利率低于固定利率，买方将获得两者之间的差额；反之，将不发生资金交割。

（3）利率上下限

利率上下限（interest rate collar）由利率上限和利率下限合成。买入一项利率上下限可以通过买入一项利率上限，同时卖出一项利率下限合成，达到将未来一段时间的利率成本限定在一定幅度内的目的。借款人买入一项利率上限需支付期权费，出售一项利率下限可以收取期权费，同时做两笔交易可以减少费用支出；通过特定的组合，也可能使期权费为零。成本的利率上下限对于有浮动利率债务的借款人来说，尤其具有吸引力。借款人买入一项利率上限，规避利率水平上升的风险；卖出一项利率下限，以期权费收入抵消支出。

12.4 商业银行操作风险管理

12.4.1 操作风险管理概述

1.操作风险的定义

操作风险是指由不完善或有问题的内部程序、员工和信息科技系统，以及外部事件所造成损失的风险，包括法律风险，但不包括策略风险和声誉风险。这个定义是由中国银监会颁布的《商业银行资本管理办法（试行）》界定的，与《巴塞尔新资本协议》界定的操作风险基本相同。

2.操作风险的特征

操作风险大部分内生于商业银行的业务活动，覆盖面大，不易区分和界定，体现出与其他风险的不同。

（1）内生性

操作风险的内生性是指多数操作风险存在于商业银行业务管理活动中，可以说是一种内部各层次的“系统性风险”，且大多与银行独特的内部风险管理环境有关。操作风险的内生性决定了风险来源或种类的多样性，操作风险在实践中可以转化为市场风险和信用风险，这增加了识别的难度。

（2）灾难风险多为外生风险

自然灾害、恐怖袭击等外部事件引起的外生操作风险具有低频高损的特点，使操作风险在分布上呈现出肥尾、非对称特征。

（3）风险诱因与风险损失相关性复杂

风险诱因复杂，引发的操作风险事件及由其可能导致的损失规模、频率之间关系复杂。在管理流程中，非常小的疏忽就可能把操作风险遗漏在管理框架之外，这增加了管理的难度。

（4）风险与收益的对应关系不明显

银行因承担操作风险而获得的额外收益不明显或不能短期显现，风险控制技术的使用受到成本支出和资本金的约束，管理中应注重降低操作风险和增加管理成本之间的平衡。

（5）风险不易分散

操作风险很难通过机构自身来对冲和分散。操作风险一般不直接与特定的产品相联系，而是产生于服务和经营过程之中，与不同的区域文化、素质不同的员工队伍、特定的经营机构等因素有关，并且操作风险往往具有很强的隐蔽性，信息的有限披露也使操作风险很难运用市场化的风险解决方案，所以操作风险宜采用内部控制、资本配置、风险缓释等综合控制方法。

3.操作风险的基本分类

中国银监会2007年5月颁布的《商业银行操作风险管理指引》将操作风险分为内部欺诈事件，外部欺诈事件，就业制度和工作场所安全事件，客户、产品和业务活动事件，实物资产的损坏事件，营业中断和信息技术系统事件，执行、交割和流程管理事件7种类型，与《巴塞尔新资本协议》的分类基本一致。

（1）内部欺诈事件

内部欺诈事件是指故意骗取、盗用财产或违反监管规章、法律及公司政策导致的损失事件，此类事件至少涉及内部一方，但不包括歧视及差别待遇事件。

（2）外部欺诈事件

外部欺诈事件是指第三方故意骗取、盗用、抢劫财产，伪造要件，攻击商业银行信息技术系统或逃避法律监管导致的损失事件。

（3）就业制度和工作场所安全事件

就业制度和工作场所安全事件是指违反就业、健康或安全方面的法律或协议，个人工伤赔付或者因歧视及差别待遇导致的损失事件。

（4）客户、产品和业务活动事件

客户、产品和业务活动事件是指因未按有关规定对特定客户履行分内义务（如诚信责任和适当性要求），或因产品性质及设计缺陷导致的损失事件。

（5）实物资产的损坏事件

实物资产的损坏事件是指因自然灾害或其他事件（如恐怖袭击）导致实物资产丢失或毁坏的损失事件。

（6）营业中断和信息技术系统事件

营业中断和信息技术系统事件是指因信息技术系统生产运行、应用开发、安全管理以及由于软件产品、硬件设备、服务提供商等第三方因素，造成系统无法正常办理业务或系统速度异常所导致的损失事件。

（7）执行、交割和流程管理事件

执行、交割和流程管理事件是指因交易处理或流程管理失败，以及与交易对手、外部供应商及销售商发生纠纷导致的损失事件。

12.4.2 操作风险计量

操作风险计量是操作风险管理流程的核心环节。操作风险计量的目的是给管理层决策提供一个工具，以便确定机构能承受的操作风险的最大损失。不同国家和不同规模的银行对操作风险度量模型的选择有较大不同。操作风险度量是一个复杂的过程，需要使用标准框架，依赖量化管理技术来定期进行评估，包括发生特定操作风险的可能性、操作风险损失可能给业务目标带来的影响。《巴塞尔新资本协议》提出了操作风险监管资本的度量方法，包括基本指标法、标准法和高级计量法。鉴于目前我国商业银行的具体情况，中国银监会于2012年颁布的《商业银行资本管理办法（试行）》中的附件12《操作风险资本计量监管要求》规定，我国商业银行操作风险监管资本的度量方法包括基本指标法、标准法和高级计量法。各商业银行可根据自身特点选择适宜的方法。

1.基本指标法

商业银行采用基本指标法，应当以总收入为基础计量操作风险资本要求。总收入为净利息收入与净非利息收入之和。净利息收入为利息收入减去利息支出；净非利息收入包括手续费和佣金净收入、净交易损益、证券投资净损益、其他营业收入。

2.标准法

标准法将资本要求的计提建立在各业务条线总收入的基础上。它根据不同业务条线（总收入中的业务单元）的相对风险来确定相应的百分比（β）。银行业监督管理机构目前规定了9个业务条线：公司金融、交易和销售、零售银行、商业银行、支付和结算、代理服务、资产管理、零售经纪、其他业务。银行被要求将自身的经营活动和相关收入与该结构相匹配。

商业银行采用标准法应当符合以下条件：

① 商业银行应当建立清晰的操作风险管理组织架构、政策、工具、流程和报告路线。董事会应承担监控操作风险管理有效性的最终责任，高级管理层应负责执行董事会批准的操作风险管理策略、总体政策及体系。商业银行应指定部门专门负责全行操作风险管理体系的建设，组织实施操作风险的识别、监测、评估、计量、控制、缓释、监督与报告等。商业银行应在全行范围内建立激励机制，鼓励提高操作风险管理水平。

② 商业银行应当建立与本行的业务性质、规模和产品复杂程度相适应的操作风险管理系统。该管理系统应能够记录和存储与操作风险损失相关的数据和操作风险事件信息，能够支持操作风险及控制措施的自我评估和对关键风险指标的监测。该管理系统应配备完整的制度文件，规定对未遵守制度的情况进行合理的处置和补救。

③ 商业银行应当系统性地收集、跟踪和分析与操作风险相关的数据，包括各

业务条线的操作风险损失金额和损失频率。商业银行收集内部损失数据应符合附件12第四部分（操作风险损失事件统计要求）的规定。

④ 商业银行应当建立操作风险评估机制，将风险评估整合进业务处理流程，建立操作风险和控制自我评估或其他评估工具，定期评估主要业务条线的操作风险，并将评估结果应用到风险考核、流程优化和风险报告中。

⑤ 商业银行应当建立关键风险指标体系，实时监测相关指标，并建立指标突破阈值情况的处理流程，积极开展风险预警管控。

⑥ 商业银行应当制定全行统一的业务连续性管理政策措施，制订业务连续性管理应急计划。

⑦ 商业银行负责操作风险管理的部门应定期向高级管理层和董事会提交全行操作风险管理与控制情况报告，报告中应包括主要操作风险事件的详细信息、已确认或潜在的重大操作风险损失等信息、操作风险及控制措施的评估结果、关键风险指标监测结果，并制定流程对报告中反映的信息采取有效行动。

⑧ 商业银行的操作风险管理系统和流程应接受内部独立审查。内部独立审查应覆盖业务部门活动和全行各层次的操作风险管理活动。

⑨ 商业银行应当投入充足的人力和物力支持在业务条线实施操作风险管理，并确保内部控制和内部审计的有效性。

⑩ 商业银行的操作风险管理体系及其审查情况应接受中国银保监会的监督检查。

3.高级计量法

商业银行使用高级计量法，除应符合标准法实施条件外，还应满足治理结构、数据处理、模型建立和计量等方面的要求，见表12-1。

表12-1 **商业银行使用高级计量法的要求**

要求	具体内容
治理结构	（1）商业银行的操作风险计量应成为操作风险管理流程的重要组成部分，相关计量体系应能促进商业银行改进全行和各业务条线的操作风险管理，支持向各业务条线配置相应的资本 （2）商业银行应当根据附件16的要求，建立对操作风险资本计量系统严格的独立验证程序。验证应包括操作风险高级计量模型及支持体系，证明高级计量模型能够充分反映低频高损事件风险，审慎计量操作风险的监管资本。商业银行的操作风险管理系统和流程应接受第三方的验证，验证应覆盖业务条线和全行的操作风险管理，验证的标准和程序应符合规定
数据处理	商业银行操作风险计量系统的建立应基于内部损失数据、外部损失数据、情景分析、业务经营环境和内部控制等4个基本要素，并对其在操作风险计量系统中的作用和权重做出书面合理界定

续表

要求	具体内容
模型建立和计量	(1) 商业银行用于计量操作风险资本要求模型的置信度应不低于99.9%，观测期为1年 (2) 操作风险计量系统应具有较高的精确度，考虑到非常严重和极端损失事件发生的频率和损失的金额 (3) 商业银行如不能向中国银保监会证明已准确计算出了预期损失并充分反映在当期损益中，应在计量操作风险资本时综合考虑预期损失和非预期损失之和 (4) 商业银行在加总不同类型的操作风险资本时，可以自行确定相关系数，但要书面证明所估计的各项操作风险损失之间相关系数的合理性 (5) 商业银行可以将保险作为操作风险高级计量法的缓释因素。保险的缓释最高不超过操作风险资本要求的20%

12.4.3 操作风险控制

1.操作风险的内部控制

有效的内部控制体系对金融机构的所有风险管理都是非常重要的，而加强内部控制制度建设，是商业银行操作风险管理的基础。

巴塞尔银行监管委员会认为，资本约束并不是控制操作风险的最好办法，应对操作风险的第一道防线是严格的内部控制机制。由于内部因素形成的操作风险是可以防范的，通过加强内部控制制度建设，完善银行的业务流程、人事安排和会计系统，并强化法规执行控制，就能在相当程度上避免内部失误和违规操作，从而防范操作风险。对于外部因素导致的操作风险，因为外部事件是银行不可控制的，可以采用保险等风险缓释手段进行规避。

中国银监会出台的《商业银行内部控制指引》对推动商业银行内部控制体系建设具有非常重要的意义。

2.操作风险的缓释

操作风险缓释技术是指商业银行根据操作风险识别、度量的结果，结合银行发展战略、业务规模与复杂性，通过采取业务外包、保险等一系列缓释方法，对操作风险进行转移、分散、规避，降低操作风险带来的损失。

《巴塞尔新资本协议》规定，只有当商业银行采取高级计量法计算操作风险资本时，才允许采用保险缓释技术，除此之外，还要符合相关标准。所以，银行通过保险代替资本和内部控制的程度是有限的。

商业银行可以将保险理赔收入作为操作风险的缓释因素。保险的缓释最高不超过操作风险监管资本要求的20%。

本章小结

商业银行风险是指商业银行在经营过程中，由于不确定因素的影响而蒙受经济损失或获取额外收益机会的可能性。我国处于转型过程中，外部经济环境较为复杂，银行业发展不成熟，风险的表现形式更为特殊，这些都对商业银行的风险管理提出了更高的要求。商业银行风险主要包括信用风险、流动性风险、利率风险、汇率风险、操作风险、法律风险、通货膨胀风险、政策风险、国别风险和声誉风险等。风险管理的目的是创造持续稳定的生存环境；以最经济的方法减少损失；保护社会公众利益；维护金融体系的稳定和安全。在现阶段，商业银行信用风险、市场风险、操作风险、流动性风险等是风险管理的重点。

即测即评

第12章单项选择题

第12章多项选择题

第12章判断题

参考文献

［1］彻诺拜，维特夫，法伯兹．操作风险：新巴塞尔协议资本要求、模型与分析指南［M］．龙海明，译．大连：东北财经大学出版社，2010.

［2］巴塞尔银行监管委员会．第三版巴塞尔协议［M］．中国银行业监督管理委员会，译．北京：中国金融出版社，2011.

［3］米什金．货币、银行和金融市场经济学（英文影印版）［M］．8版．北京：北京大学出版社，2011.

［4］财政部会计司编写组．《企业会计准则第22号——金融工具确认和计量》应用指南（2018）［M］．北京：中国财政经济出版社，2018.

［5］戴国强．商业银行经营学［M］．6版．北京：高等教育出版社，2022.

［6］庄毓敏．商业银行业务与经营［M］．5版．北京：中国人民大学出版社，2019.

［7］冯科．金融监管学［M］．北京：北京大学出版社，2015.

［8］万光彩，曹强．互联网金融［M］．北京：中国金融出版社，2022.